大師系列 08

大師教你一次就會觀人術

陳為聖◎著

陳為聖

曾獲多位榮總、台大醫師之請益，博學多聞，橫跨醫學、美容、命理、八字、姓名學、紫微斗數、面相，精通五術。

二十多年來，將其所學融合古今中外學說，對於命理學有其獨到見解，加上閱人無數的臨床經驗，更是獨樹一幟。

曾任中華民國芳香美容協會理事長、教育廣播電台：「做自己的醫生，為健康加油」主講顏面視診經絡學資深老師。

現任蘇州中新文化教育交流培訓學校副校長、千億兀岩生物科技股份有限公司董事長。

改寫屬於自己的人生故事

陳為聖

34歲時，我的事業突然從高峰跌落谷底，深感痛不欲生，完全不知道自己究竟做錯了什麼，為什麼會有這樣的下場？因為我非常努力地工作，一天睡不到幾個小時，當年甚至聘請了前經濟部長黃營杉為總經理，產品也具市場性，實在不明白為何失敗。

幸好當時遇到兩位智者，他們告訴我：「你並沒有做錯什麼，只因為個性上有些瑕疵，又碰上流年運勢不佳，當然會一敗塗地；失敗是一種學習經驗，只是代價太大了點。」從此以後，我對命相學有了一番體認，也改變了我的一生。

生命是宇宙的一大秘密，我們人與人之間基因（DNA）的差別不到0.1％，但地球上近六十億人口，卻找不到完全一模一樣的人，即使雙胞胎也會有些許差異。每個人的思想、個性、健康狀況都不同，所以長相也就不同，所謂「人心不同，各如其面。」

臉部猶如一面鏡子，誠實照見了一個人的身、心健康狀態，述說著每一個器官、每一吋肌膚的故事。因為每個人從胎兒開始，即將曾經有過的記憶、心路歷程，儲存在大腦裡，同時在臉上留下痕跡；或許有些記憶已然模糊，但卻時時影響著我們的人生價值觀。

看懂面相，是了解別人最快速方便、最好的方法。雖然我們常說：「知人知面不知心，吉凶禍福不可知」，其實只要用心研究，臉上的五官就是告密者，就像我們無法改變氣候，但預知氣象報告，卻可讓我們提早預防，以減少不必要的損失。

涉獵命相學近20年來，我不得不佩服先賢的智慧，這個經過數千年觀察統計的學說，就像是一個深藏不露的智者，導引你看見問題的核心，時時傳遞著生命智慧的風采。令人感到惋惜的是，不是有人視為無稽之談，就是過度迷信有心之士的吹噓，讓它被歸類淪為江湖術士之說。

因此，本書結合了命相學、中醫的望診，及現代解剖學等智識，加上本人經過數萬人的臨床印證，準確度高達九成以上。本書內容分別詳述了個性、運勢、健康如何影響我們的一生，簡明易懂，如同看故事一般，一掃命理學的艱澀模糊且難懂的困擾，適合每一個人閱讀，甚至作為傳家經典。

其實，學習命相學，最重要的是了解自己，特別是個性方面，因為個性影響一個人的命運甚巨。若能了解自己又能了解別人的個性，那麼面對人生難題、困惑，或人際關係觸礁時，可以多一樣分析、溝通的工具，以減少不理性或錯誤的判斷。此外，也能隨時為自己健康、個性、運勢作診斷，做自己的生理、心理醫師，適時調整，改寫屬於自己的人生故事。

目錄

臉部

耳朵

額頭

眉毛

目錄

目錄

鼻子

下庭

目錄

臉部

概念的・整體的

個性思維、性別地域、運勢流年、
五行學說、三分庭法、健康養生

有沒有想過，如果有一天，一直陪伴在臉上的五官，和我們的現實世界一樣，也想比較自己地位的高低與重要性，那會是什麼樣的景象？究竟誰輸誰贏呢？

有一天，一個男孩對女孩說：「我最喜歡妳的眼睛，因為它最漂亮了。」聽到這一席話，眼睛沾沾自喜，非常得意，但是耳朵、眉毛、鼻子、嘴巴實在很不服氣。演變到最後，變成了五官之間的相互爭論，誰都認為自己是最重要的角色，應該位居在最高的地方。

平時嘴巴就對鼻子看不順眼了，因此首先發難對鼻子說：「所有的食物、營養，都需要通過我，如果我不吃東西，大家都別想活下去，當然我最重要了。而你，有什麼大本領，竟然位居在我的上面？」

不甘示弱的鼻子哼了一下說：「這就是你的偏見了，我只要幾分鐘不工作不呼吸，那麼任憑有再多的食物，你也沒有能耐吃了，所以我的位置應該在你之上！」

嘴巴一時語塞，雖然不甘心，但只能選擇沉默了。

這時，鼻子得意了，渾然忘我地覺得自己不可一世，也認為自己是五官當中最重要的，但是為什麼自己會屈居在眼睛之下，於是怒氣沖沖地對眼睛說：「你究竟有什麼本事，竟然位居在我的上頭？」

眼睛被激怒了，瞧都不瞧鼻子一眼地說：「我眼觀四方，望盡天下事，人類所有的訊息幾乎有80%都通過我獲得，其他的根本就是小事一樁，況且我一閉上眼睛，最先撞到牆的就是你——鼻子了。跟我的能力比起來，你們全部不值一提！我居你們之上，本來就是天經地義的事！」

說完後，眼睛得意且傲慢地往上一翻，突然發現眉毛在自己的上面，覺得這世界實在太沒道理了，於是非常生氣地對眉毛說：「樓上的是什麼東西？憑什麼位居在我上面？」

這時眉毛蹙著眉，隨即揚起眉說：「我也不知道上帝究竟有什麼道理，把我放在你之上。不過你想想，如果把我擺在眼睛、鼻子或嘴巴之下，那可就滑稽了，那麼整個臉能出去見人嗎？」

在旁邊聽了好一會兒的耳朵終於表示意見了，「各位的爭論我都聽見了。我耳聽八方，辨別動靜，若要真正論能耐功勞，我決不在你們之下呀！可是我卻連臉都上不了，說起來我最委屈了，我實在不服氣呀！」

這時大家同時往上看，額頭覺得一股涼意，楞了一下，不過還是不慌不忙地表示：「我下面的腦神經是指揮大家工作的中樞，沒有我你們也動不了呀！」

不過額頭還是思考著，如果大家一直爭論不休，該如何是好？靈機一動對大家說：「大家想想看，如果臉上只有嘴巴或鼻子、眼睛、耳朵、額頭；或是缺少其中一個，那還能稱為臉嗎，叫臉往哪裡擺啊？」

聽了這一席話，位居在最下面的嘴巴鄭重向大家表示：「還是額頭最有智慧了，其實大家都是獨一無二的，誰也取代不了誰，誰也缺少不了誰，只要我們分工合作，最有面子的就是臉了，也就是我們大家呀！」

至此，一場爭論終於畫下休止符，被讚美的女孩面帶微笑，神情愉悅……

看見人生密碼

有一天，我向一位皮膚漂亮的女孩子說：「妳有嚴重的便秘問題，再不改善，皮膚就會變差哦！」

結果她馬上雙手抱胸，將重要部位遮蔽起來，很害怕地說：「你有透視眼？」

我趕快解釋：「別害怕，只是因為妳的太陽穴靜脈曲張得很嚴重罷了！」

我們常說：「知人知面不知心」，事實並不然，只是我們都不曾仔細觀察其中的變化罷了。因為曾經發生過的事情——眼睛所見、耳朵所聽、心中所想的人事物等，都會記憶在腦細胞裡，同時在形體及臉部留下紀錄，不同的只是印象的深淺而已。

所以，臉部猶如自我反映的一面鏡子，誠實照見了一個人的身、心健康狀態，述說著每一吋肌膚的表情——喜、怒、哀、樂，個性及運勢流年，而串連成一個個「我」之美麗與哀愁的生命故事。

如何看出臉部的奧秘，看見人生百態？最簡易的方法就是從面相學及中、西醫學理判斷，這也是本書的主要依據來源。在這裡要強調的是，所謂的面相學其實是一種「統計學」，有其一定的科學基礎，它就像心理學、行為學歸納出何種心理狀態會出現何種行為一般，但對於特殊的案例，就不能一概而論之，所以任誰也無法保證百分之百一定準確。如奇人異相，甚至是德行高深的修行人，就難用一般統計標準去評斷了。

每個人來到這個世間，之所以成為「我」而不是另一個人，這個我為何長成今天的模樣而非其他樣子，其實背後有許多複雜的因緣，或因業力福報（佛教觀點）、家族及父母的遺傳、媽媽懷孕時的情緒健康、後天環境影響、所吃的食物……等等，都可能是造成我們今天的個性、運勢、健康的因素。關於業力、遺傳等因素已牽涉宗教信仰及遺傳學等其他層面的問題，因此不在本書分析的範圍。

其實，以命理學而言，一流的命理師，從「聲音」就能分辨一個人的運勢、個性、健康……等；其次是觀察氣、色、神韻，最後才是面相。

然而看懂面相、臉部的奧祕，雖然是入門基礎，卻是了解第一次見面的人最快速方便、最好的方法。我們不能唐突地問陌生人星座、生辰八字，問他哪裡有病痛隱疾？是好人還是壞人？要不然別人可能認為你有什麼不良企圖呢！

學習面相學，最重要的是了解自己，特別是個性方面，因為個性影響一個人的命運甚巨。若能了解自己又能了解別人的個性，那麼面對人生難題、困惑，或人際關係觸礁時，可以多一樣分析、溝通的工具，以減少不理性或錯誤的判斷，更能降低對自己及別人的傷害機率。

面相學觀念篇

客觀看出臉部的奧秘

我們很難從單一事件，看出事情的全貌，同理，一個人的個性、運勢、健康……等，也無法從臉部單一器官去論定好或不好，而是要全面性觀看。

觀相首先應該觀察臉形，看臉部整體架構如何，再細觀每一個器官，綜合全臉及每個器官特性特質，才能客觀準確。所以觀相決不能以偏蓋全，而是要從大方向的「整體觀」及每一個器官的「微觀」，再加上聲音，綜合歸納一個人的全貌。

此外，環境的變化與時代潮流價值觀的變遷，也影響了以古喻今刻板的論相準則，因此也要以現代觀去解釋，以合乎情理。如古代的女性經濟無法獨立，需依靠先生一輩子，因此相法中都以男性為主體，相對的女性則以相夫教子、無才便是德的觀點解釋，造成了男女相的不平等，甚至葬送了許多人的婚姻。

整體觀與微觀

有些人每一個器官都長得很好看，但是組合起來，不是糾結在一起，就是分散開來，怎麼看都不好看；有些人個別的五官看來不怎麼樣，但是整個組合在一起，卻恰到好處，美麗出眾。

又如悲觀的人可能是印堂窄小或眉尾下垂、嘴角下垂。如果有一項符合就表示有悲觀傾向，三項符合則情形更為嚴重。但如果只有其中一項符合，而其他的部位都顯示樂觀的特質，那麼其悲觀傾向將被淡化。這就是以整體觀來判斷的重要性。

此外，在命相學上有所謂的「一賤破九貴」。如有些人五官長得很漂亮，照理說應該富、貴兩全，卻淪落為風塵女郎，這一定是有一個地方特別弱，將她好的部分全部遮蓋了。可能是聲音出問題了，雖然長相傾城傾國，但是一出聲，卻像男孩子聲音低沉或沙啞。同樣道理，有些男性五官俊秀，卻是貧賤，可能其發出的聲音卻宛若女聲。這就是命理學上所謂的「問全在聲」之說。

相反的也有所謂的「一貴破九賤」，可能眼睛神韻炯炯有神，聲音美妙，而蓋過了其他不好的地方，這就是以微觀來看。

民族與地域性

每個人的長相都受到族群的影響及遺傳，所以長相特徵各不相同，這樣本書的觀相法可以適用嗎？準確嗎？根據我的經驗，確實有其準確性，但是要用整體觀來解釋。

西方人大部分長相都是輪廓較深，鼻子高挺，眉壓眼，眉稜骨高而眼睛深邃。從整體來分析，鼻子高挺代表從事專業工作機率高，所以他們專業上的發展比東方人來得快。他們因為人才多，所以大企業多，不像台灣，個個想當老闆，中小企業多。

眉稜骨高而眼睛深邃表示觀察能力好，思考分析、語言表達能力都不錯，決定事情前較能觀察時局，跟著時代脈動走，所以目前的新科技或流行名牌時尚，都出自於西方。雙眼皮、大眼睛也是西方人的特徵，所以普遍來說他們比較熱情活潑，情感豐富敢表達；中國人則單眼皮居多，表示感情內斂、保守謹慎。

此外，他們的眼睛距離眉毛近，形成「眉壓眼」的現象，而眉毛與眼睛之間是面相學中的「田宅宮」，所以西方人對於居所比較能隨遇而安，不一定要擁有自己的房子、房地產，不像中國人有很根深蒂固的「安土重遷」觀念，非常重視「有土斯有財」。

關於環境的因素，古代中國也有「南方人看天庭（額頭），北方人看地閣（下巴）」的說法。因為北方天氣較寒冷，環境較惡劣，為了適應環境，長相上通常鼻孔較小、下巴大。他們常常需要狩獵維持生活，需要的是過人的體力及執行意志力，四肢反應俐落，所以北方人下巴長得好的人，較為富裕。又如運動選手通常下巴也比較大，道理也是一樣的。

南方土壤肥沃，作物豐富，食用稻米，有比較多的時間動腦筋，因此一般來說額頭比北方人高，下巴比北方人小，腦筋反應比較快而聰明。所以南方人要看天庭，天庭長得好的人，通常家庭環境比較好。

不過就整體而言，面相學表示：「有天則貴，有地則富。」如果北方人南相或南方人北相，都是好的面相。

● 性別的差異

中國命理學中對於男女「相」的標準大不同，如男生額高、鼻高、顴高，是聰明，有領導、組織能力，但如果女生長相如此，則被冠以剋夫形象，對婚姻不利。這種充滿重男輕女、父權主義思想的觀念，可能埋沒了許多有才能的女性。

因為古代認為「女子無才便是德」，只要乖巧聽話就好，如果過於聰明有能力，很容易看透男性的缺點，沒有自信的人就害怕了。但以現今社會來說，不管男女，如果沒有才能，就很難立足，容易被潮流淘汰；女性如果沒有一些聰慧才智，也很難稱得上有「幫夫運」了。

客觀來說，應該不在於「有沒有才能」，而在於個性。因為個性剛強且主觀的人不易妥協，人際關係觸礁機率高，如果另一方不退一步，那麼婚姻自然容易出現問題。所以雙方都有責任，而不該將它視為「誰剋誰」的命運之說，誤解了學命理真正想解決的問題。

因為當你有「誰剋誰」的先入為主觀念後，思維模式就會陷入負面情境，逐漸循著這樣的方向行走。當你認定別人會剋你時，猜疑因應而生，「疑心生暗鬼」，別人自然也無法對你付出真誠的關懷，彼此便有了嫌隙，此時刑剋必定產生。其實，真正的問題都是自己預設立場創造出來的。如古時談女相時的觀念是：「女人兩顴高，殺夫不用刀。」意思是說，女人如果兩顴長得高就喜歡爭權，不會乖乖聽話，先生管不住而覺得沒面子，自然容易被老婆氣死。

本書對於男女之相，除了運勢流年有別外，都盡量以客觀且符合現代潮流觀念為基礎，男女相大同小異，不同於一般的面相學書。不過，畢竟男女有其先天上的差異，詮釋時可以針對差異做一些調整。

面相統計學之流派

相信許多人都聽過這樣的故事：

有一位窮秀才十年寒窗苦讀，要進京考試時，突然做了一個夢，夢中出現了三幅畫。

第一幅：一棵樹長在牆上。第二幅：一個人穿著簑衣拿著傘。第三幅：他和一位女子，裸身且背對背躺著。

秀才趕緊請廟口的相士解夢，相士表示，你不用進京考試了，去了也是白跑一趟。因為第一幅畫中，樹不長在地上卻長在牆上，樹必然枯死。第二幅畫，穿著簑衣拿著傘，有人會這樣做嗎？這表示多此一舉。第三幅畫，背對背裸身躺著，表示不得其門而入。

窮秀才悶悶不樂，正好遇到夢中的那位女子，窮秀才告訴她相士的話，但是她一聽完卻微笑表示：你應該趕快進京考試，必定高中哦！

因為第一幅畫，樹長在牆上，就是「高種（中）」之意呀。第二幅畫，穿簑衣拿著傘，表示冠上加蓋，就是往後將飛黃騰達呀！第三幅畫則表示……背對著背時，就該是你「翻身的時候了」。

中國命理學流派非常多，往往眾說紛紜，令人無所適從，且古今環境大不同，男女平權觀念漸強，有些論相方法早已不合時宜了。當然，命理學是幾千年來多少先人的智慧結晶，許多理論綱要當然不會改變，往往只是因為解釋的人觀點不同而有天南地北的看法，實在值得深思。

根據多年經驗，提供以下基礎觀相法——五行學說、三分庭法，並結合現代企業觀點來解釋，是了解面相不可不知的方法。

臉相五行判斷法

觀察面相時，應先從整體臉形觀看，以了解一個人的基本個性。一般來說，我們將臉形依五行屬性，分成五種類型；此外又可分出凸、凹臉。

木形臉

水形臉

【水形臉】水多智。個性能屈能伸如水一般，處事圓融、做事積極，適合從商。標準臉形是圓形，臉色微黑，給人飽滿、渾圓的感覺。

【木形臉】木多仁。個性如樹木保護土壤般，多仁義，處世慢條斯理，且多理想，適合當哲學家。標準臉形為長形臉，即甲字臉，臉色微青，給人飄逸、瘦長、斯文的感覺。

土形臉

金形臉

【金形臉】金多剛毅。個性如金屬般剛強堅毅，有稜有角，處世一板一眼，非常有原則，適合當官。標準臉形為方形臉且皮膚白，給人剛正不阿的感覺。

【土形臉】土多信（富）。個性如土之敦厚踏實，為人謹慎、重信諾，無論從商或公職都適合。臉形介於圓形臉和方形臉之間，面色黃明，給人信賴、踏實之感。

【火形臉】火多義、仗義理。個性如火，言語動作迅速，較為急躁、缺乏耐性。臉形較為尖露，如額頭尖凸形成由字臉，或下巴尖凸、或顴骨露出等，面色紅亮，容易給人躁急不舒服之感。

【凸面臉（陽剛）】從側面看輪廓比較凸出，通常聰明積極、反應快、重實際，但易衝動，具攻擊力，缺乏持久力。

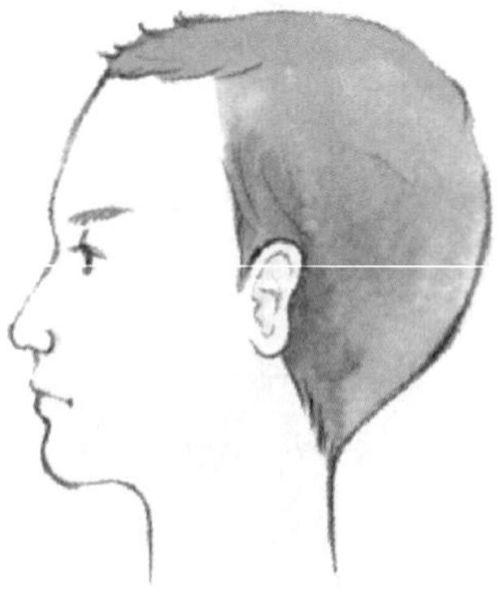

凸面臉（陽剛）

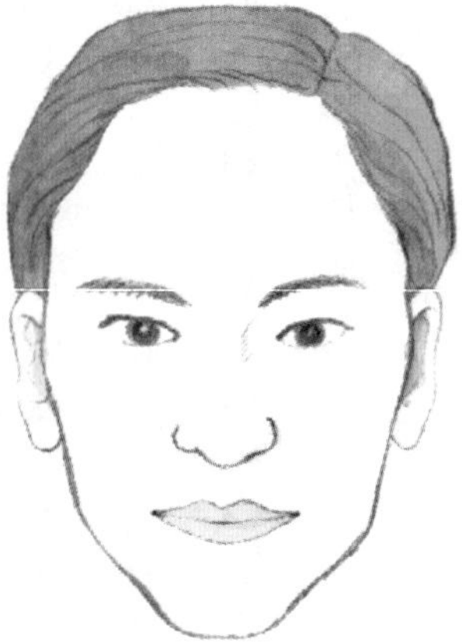

火形臉

【凹面臉（陰柔）】從側面看輪廓比較凹陷、內縮（如圖）。通常個性溫柔、有耐力、反應慢、說話慢、觀察力弱、消極，容易好高騖遠，不切實際。

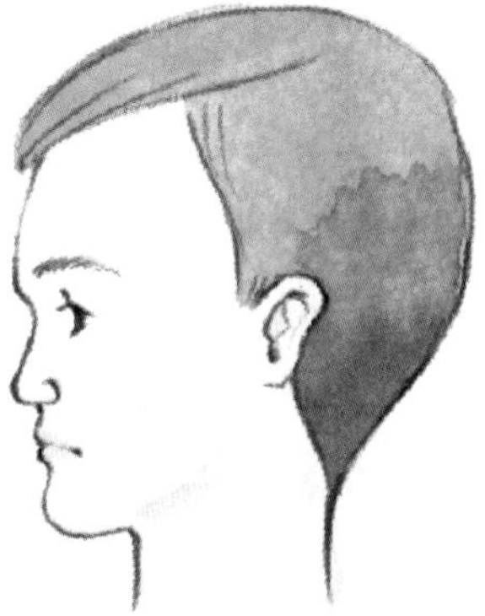

凹面臉（陰柔）

一般來說，大部分的人都是屬於混合型。如臉形長但色微白或有腮骨，表示此人為木行人帶金，若臉色微黃則為木行人帶土。

五行中最重要的理論基礎是相生相剋（如圖）的關係。以木行人為例，臉形若兼金，臉色微白，因金可雕木，必能成材。但是如果「金」的特質太重，臉骨過於突出或過白，則木容易被金削斷，就會因為太過剛直，而有波折了。

五官也能分出五行屬性，如額頭渾圓飽滿微黑，則在五行中屬水。因此當流年走到額頭時，則表示水木相互滋潤。若額頭沒有疤痕或惡痣則年輕時比較順遂，但若是額頭顏色過於黑濁，表示帶水過重，好像木漂流在水上一般，反而不好。

只要了解五行的特性，其他道理依此類推，很容易判斷自己是屬於哪一型的人。

所以，要準確看出一個人的個性，還是要整體觀及微觀綜合分析才能客觀而準確性高。

五行相生相剋圖

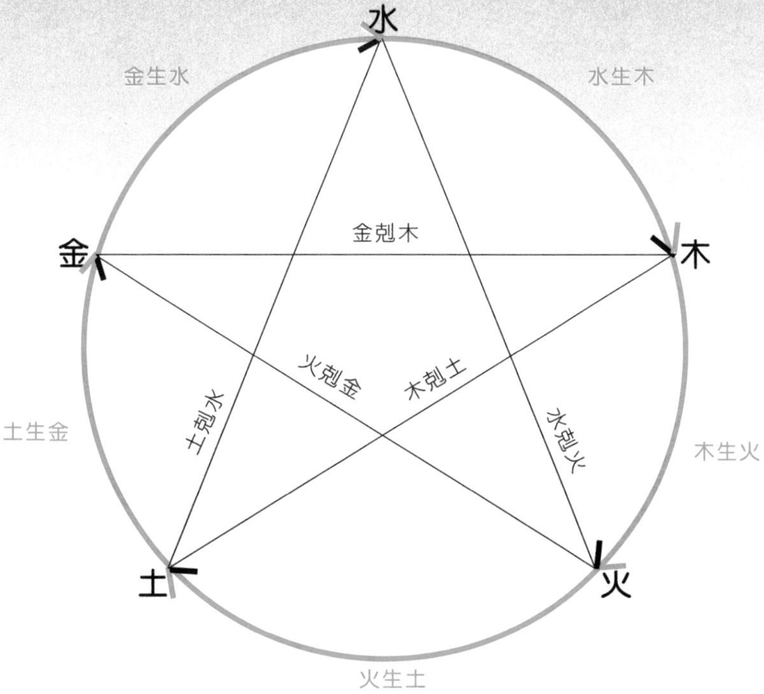

五行之特性圖

五行	水	木	金	土	火
顏色	黑	青	白	黃	赤（紅）
形狀	圓	長	方	厚	尖
性情	智	仁	義	信	禮

面相的三分庭法

中國人崇尚大自然，因而有「天人合一」學說與境界的出現。運用此理，在面相學上也發展出所謂的三分庭法，即將臉部均分為三部分——天（上庭）、人（中庭）、地（下庭），並有「有天則貴、有人則壽、有地則富」之說。

中國人講中庸之道，因此以天、地、人三大領域均分為標準，五官過小、過大、歪斜、大小高低不同，表示有其不圓滿之處，所以以恰到好處為準則。如此天、人、地和諧，恰如其分地扮演各自的角色，那麼不管是一個國家、企業、個人都能成事，天時、地利、人和，再好不過了。

不過，社會上需要各種人才，尤其在某方面特別突出的，所以沒有均分並不見得就是好或壞。如果天、地、人三大領域中某一個部分面積多於其他兩個領域，則表示此部分較為發達。如下巴發達的人則表示其執行力強，適合擔任執行方面的工作，依此類推，則能找出每個人的最大優點特色。

此外，由天、地、人也區分出一個人從年輕、中年、老年等各年歲的運勢。有人少年得志，老來落魄；也有人苦盡甘來，年老時運勢如日中天，所以人的一生好壞究竟如何，無法太早下定論。額頭、鼻子或嘴巴長得不好沒關係，下巴長得好，人生一樣有好的結果。所以說，「有天無地，先富後貧；天薄地豐，始貧終富。」

●第一個部分：天（天庭、上庭）

位置：眉毛之上到頭頂髮際之間

器官：額頭

掌管：聰明才智

運勢流年：15—30歲（年輕運）

能力表現：企畫力、直覺力、想像力、觀察力

面相三分庭圖

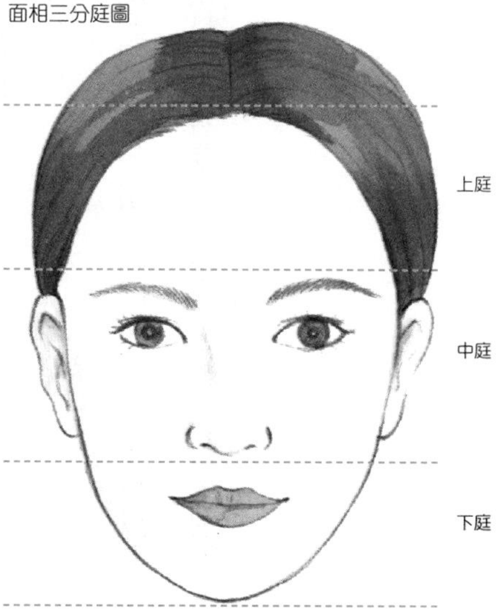

命相學上常說「有天則貴」。因為額頭長得好的人，表示家庭狀況不錯，年輕時運勢就好，就像得天獨厚一般，是被上天眷顧之人。

就解剖學而言，額頭之內是大腦所在，故額頭掌管一個人的聰明才智，可以看出一個人是否有企畫能力。所以企業主管或負責人，若要徵求企畫人員，首先要看額頭部位長得好不好，就能唯才是用了。

●第二部分：人（中庭）

位置：眉毛到鼻子

器官：眉毛、眼睛、鼻子、顴骨

掌管：人際關係、感情

運勢流年：31—50歲（中年運）

能力表現：人際關係、適應能力、領導能力、組織能力社會是群策群力的組織，一個人不可能完美無缺點，或多或少都需要別人的協助。如劉備需要諸葛亮、朱元璋需要劉伯溫、劉邦需要張良一般，才能有一番作為。

所以，一個人只擁有聰明才智是不夠的，還需要能跟他人和諧相處、溝通，也就是人際關係要好，如此才會有貴人提攜，朋友相助、部屬賣力。俗語說：「得罪一個小人，多一個敵人；得罪了一個君子，少了一個貴人。」確實人際關係的好壞與個人成就息息相關。

我們可以從眉毛看出一個人的人際關係好不好？

從眼睛看出一個人的適應力好不好？

從鼻子看出一個人有沒有定力、領導力好不好？

從顴骨看出一個人組織力好不好？

以企業組織來說，鼻子就好像是老闆或主管，顴骨就好比部屬、員工，兩者要搭配得宜，缺一不可，企業才能永續生存。

面相學上所說的「有人則壽」，指的是鼻子，如果鼻子正而齊，表示脊椎發展良好，鼻子能帶較多的氧氣，血中含氧多，壽命就比較長。

● 第三部分：地（下庭）

位置：從人中到下巴

部位：嘴巴、下顎、人中、法令

掌管：企圖心、執行力、決心

運勢流年：51—70歲（老年運）

能力表現：企圖心、執行力

有了企畫、領導、組織能力及人際關係、適應力，接著當然要有企圖心，有了企圖心就不容易滿足於現狀，永遠想要求更好的境界、日益求新、求好。

一個人有沒有企圖心，可以從嘴巴大小看出。如果沒有什麼企圖心，容易知足，不求上進，認為維持現狀就好了，就一個人或團體組織而言，容易跟不上時代脈動，最後可能就會被淘汰了。

如果什麼都準備好了，卻沒有去執行，空有理想，再好的企畫、人才，再大的企圖心，根本就無用武之地，一切有如天方夜譚，永遠不可能實現的。所以現在企業組織都重視「執行力」，因為沒有好的執行力，一切都是空談。

這時候，我們就要看一個人的下巴長得好不好？因為下巴代表執行力，下巴長得好的人，表示執行力強，反之則執行力弱。

運勢流年觀念篇

了解臉部的運勢流年

也許你有這樣的經驗。某天走在路上，突然有人很神秘地對你說：「你28歲的時候，有事情發生哦！」然後你臉色大變，心想，不會吧！怎麼可能這麼準呀！別驚訝！其實，他不是什麼神仙能預卜先知，因為答案是你自己告訴他的。沒錯，解答就寫在你的臉上啊！

所以，從臉部可以概括知道一個人一生的運勢流年好壞。如果臉上各器官都長得好，且沒有痣、疤痕、凹陷……等現象，運勢就會比較平順；反之流年走到疤、痣的位置時，運勢比較不平順、多波折。

臉部運勢流年圖，記錄了一個人從出生到老的禍福訊息，有人一定會馬上發現，怎麼流年圖只到70歲而已，別緊張？70歲以後要再從頭起算，一樣從耳朵開始。

觀看流年圖，要注意的是需以「男左女右」原則觀看，也就是男生從左邊開始起算，女生從右邊開始起算。

還有流年不是只看一個點而已，而是點的整個區域範圍，如圖女性右邊眉頭標示31歲，其流年區域範圍是指前半段的眉毛，而後半段眉毛則是33歲流年的區域範圍，其他依此類推。

幼年——童年階段

流　　年：1—14歲
流年位置：耳朵
主要基礎：健康、乖巧

青少年——青年階段

流　　年：15—30歲
流年位置：額頭
主要基礎：知識、反應能力

青壯年——中年階段

流　　年：31—50歲
流年位置：眉毛、眼睛、鼻子
主要基礎：人脈、效率

中年階段——老年階段

流　　年：51—70歲
流年位置：人中、嘴巴、下顎
主要基礎：財富、資源

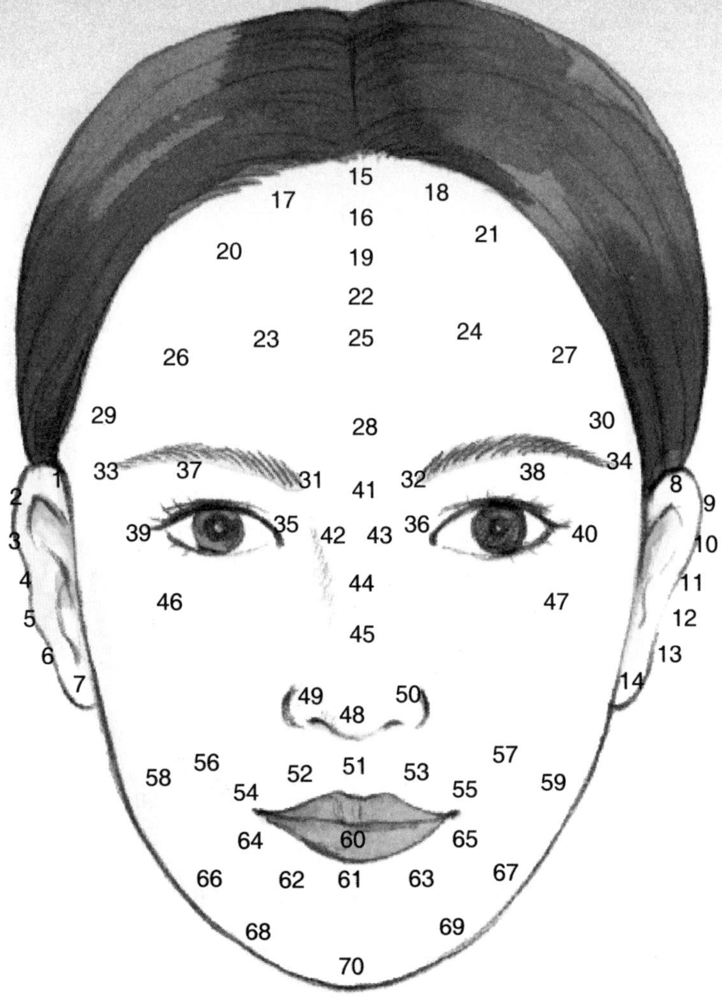
15
17
18
16
21
20
19
22
23
25
24
26
27
29
28
30
33
37
31
41
32
38
34
1
8
2
9
39
35
42
43
36
40
3
10
4
11
44
46
47
5
12
45
6
13
7
14
49
50
48
57
56
51
52
53
58
59
54
55
64
60
65
66
62
61
63
67
68
69
70

女性運勢流年圖

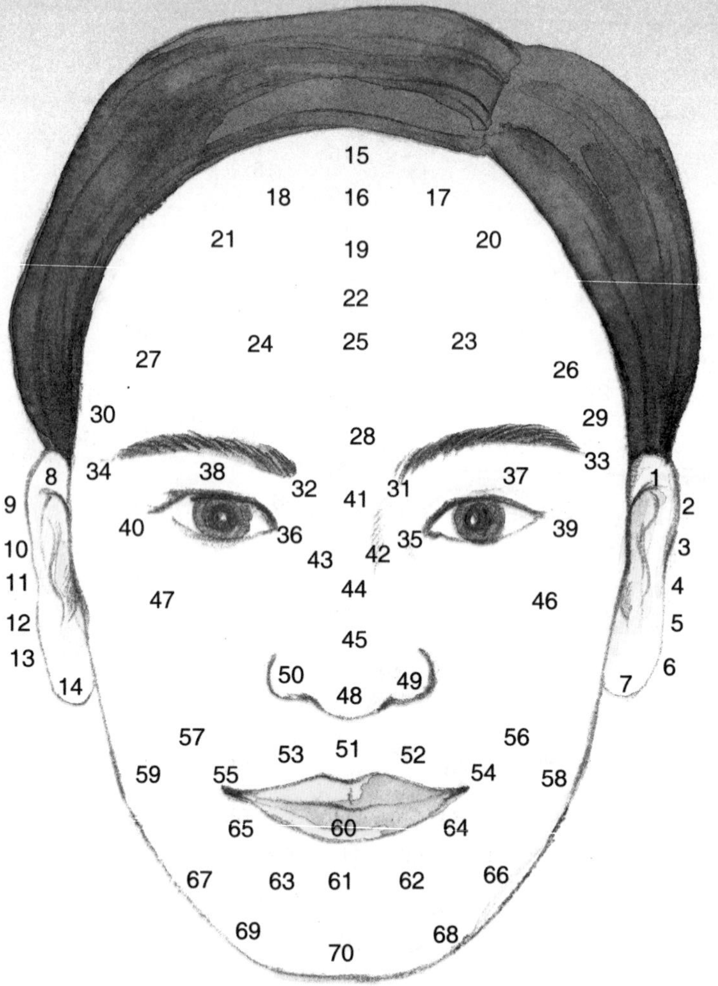
15
18
16
17
21
19
20
22
24
25
23
27
26
30
29
28
33
8
34
38
32
41
31
37
1
9
2
40
36
35
39
10
42
3
43
11
44
4
47
46
12
5
45
13
6
50
49
14
48
7
57
56
53
51
52
59
55
54
58
65
60
64
67
63
61
62
66
69
68
70

男性運勢流年圖

命運真的早就注定好了嗎？

有一天，一位秀才出門時，遇見了一位算命先生。算命先生對秀才說：「你今天會在菜市場遇到未來的妻子。」秀才說：「我怎麼知道誰才是我的妻子。」算命先生說：「第一個看到的女孩子就是了。」

結果當秀才經過菜市場時，第一個看到的卻是被媽媽責備，蹲在角落裡，哭哭啼啼、流著兩行鼻涕的小女孩。秀才非常驚愕，心想：「這怎麼可能是我的妻子？可是算命先生信誓旦旦，如果她真的是我未來的妻子，那我的一生不就完了。」

於是秀才起了殺心，要將小女孩殺死，就拿著劍刺向小女孩。小女孩驚呼趕緊逃跑，幸好秀才只刺到小女孩的眉毛部位。

後來，這位秀才高中狀元，十分風光，娶了尚書的女兒。新婚之夜，新郎倌興高采烈地掀開新娘的紅蓋頭，發現新娘長得非常漂亮，但是眉毛上隱約可以看出一道疤痕。新郎倌很好奇地問原因。

新娘說：「我小時候跟媽媽一起在市場賣菜時，突然有一個壞人，拿劍刺傷我的。不到幾年我父母相繼去世，後來被尚書收為義女。」這時秀才不得不驚歎命運真是不可思議。

一個人的命運是否早已注定好了？若是，那我們每個人只要去算一算命就好了，何必努力呢？若不是，為什麼有那麼多巧合之事？這個問題的確很難用科學方法說明清楚。

只能說或許我們已無從選擇或改變先天的環境條件，但後天的環境卻大有可為，因為後天的努力、個性，才是真正影響我們一生的主要關鍵。

● 知命掌運，趨吉避凶

不管何種命理學，都是了解自己的方法之一，讓我們可「知命掌運、趨吉避凶」，但切莫過度迷信，認為算命的說，「我一生不愁吃穿」，所以就不用努力了。從另一個角度解釋，一生讓人救濟也一樣不愁吃穿啊！更何況，命理師的程度品行良莠不齊，不是每個人都能洞燭機先，適時提出最合時宜的解釋，根本無法保證不出錯，也許只不過是騙錢的伎倆罷了！

先天命格好，只表示你或許比別人聰明、機會多，成功機率大；但後天若不努力去實現，也只能惋惜空有好命格了。相反的，先天命格不好的人，並不表示一生都不好，一分耕耘一分收穫，或許過程比較坎坷、勞碌，但也能過得很好。所以相學上說，「大富由天，小富由儉。」「方向重於努力，突破重於守成。」

此外，臉上如果有痣、疤痕、凹痕，對運勢或多或少都會有所影響，愈明顯影響愈大，尤其流年走到這些地方時，要特別的注意。

不過，有時候即使我們知道今年可能會有事情發生，要小心謹慎，但還是很難推算出細節。往往當事情實際發生時，我們預測的真的發生了，只是和自己推測的那一件事不一樣而已。這時候，該怎麼辦呢？

「我們不能改變天氣，但能改變我們的心情。」所謂山不轉路轉，哭臉過一天、笑臉也是過一天；皺眉要過日子，微笑一樣過日子。同樣過一天，你會選擇哭臉皺眉還是笑臉微笑？所以，我們也不必過分擔心今天是下雨或晴天，讓一切該發生的自然發生，不管下雨或天晴，都照樣微笑過日子。

整形可以開運嗎？

現在整形已成為一股風潮，哪個器官長得不好看就整哪裡，一定有人會疑惑，臉部的長相不是關係到一個人一生的個性、運勢、健康嗎？整形時器官就改變了，如紋眉、割雙眼皮、隆鼻子……，那麼不就每個人都可以輕易改運了？

市面上也有許多整形改運的說法，其實整形改變的是別人對你的第一印象，當然第一印象好，暫時可以改變人際關係，做起事來會比較順利，運就開。但如果我們的個性還是一樣負面孤僻，或動不動就生氣，甚至做錯事就怪別人、批評別人，那麼不管整形得多成功，一樣無法開運。

有些人整形是因為器官架構不好，影響到健康或美觀，如睫毛倒插或兔唇，是非不得已的。如果你非得整形不可，那麼最好要慎選醫師、多方面打聽，還有等過了該器官部位的運勢流年時再整形，對運勢比較不會有太大的影響，否則可能有破相之虞。如28歲時割雙眼皮，而眼睛的流年是35－40，尚未走過，就需要特別注意了。還有，最好挑選自己運勢比較強的年份做，比較不容易失敗。

奉勸要整形的朋友，一定要三思、謹慎而行，因為整形一定會有後遺症，如削骨，也許剛開始讓人感覺美麗大方，但是隨著年齡增長，地心引力關係，被削骨的部位沒有支撐肌肉的力量，就會下垂，變得更醜。

又如果整形失敗了，傷到某部位的臉部神經，那麼臉部肌肉會變僵硬、沒有表情，甚至說話、吃飯都只有一個表情，像一張撲克牌臉，容易讓人敬而遠之，反而是反效果。整形失敗，金錢損失事小，但外表受損，心理更容易受創，身心交互影響之下，情緒鬱悶，運勢自然就好不起來。

命運可以改變嗎？

中國明朝有一位袁了凡先生，以自己改造命運的經驗，寫出《了凡四訓》一書教戒兒子，讓兒子能真正認識命運的真相、改過行善，下面為其故事的部分內容。

我童年時，母親要我放棄功名的追求而改學醫。不過，有一天，我在慈雲寺碰到了一位仙風道骨的老人——孔先生。他對我說：「你是官場中的人，為何不讀書求取功名呢？」

回家後我告訴母親孔先生說的話，和母親討論後，我又開始讀書了。孔先生也替我推算：「何時縣考應該考第十四名，府考應該考第七十一名，提學考應該考第九名。」後來證明果然和孔先生所推算的完全一樣。

後來，孔先生又替我推算說：「你五十三歲那年的八月十四日丑時，就應該壽終正寢，可惜你命中沒有兒子。」

此後，凡是碰到考試、名次先後，都在孔先生的推算中。於是我更相信：「一個人的進退功名浮沉，都是命中注定。而走運的遲或早，也都有一定的時機。因此我對於世間的一切，都看得很淡，不再去追求了。」

所以，我到棲霞山去拜見一位得道高僧——雲谷禪師，和禪師面對面靜坐。禪師很好奇地問我：「你靜坐三天，我不曾看見你起一個妄念，這是什麼緣故呢？」

於是，我一五一十地說了。

雲谷禪師說：「一個平常人，總會有胡思亂想的妄心，雖說定數一定有，但是只有平常人，才會被束縛住。若是一個極善的人，就無法被束縛了。」

因為極善的人，儘管命裡注定吃苦；但他因做了極大的善事，這大善事的力量，可以使他由苦變成樂；由貧賤短命，變成富貴長壽；極惡的人則相反。

孔先生算你不得功名、命中無子，雖然說是上天注定的，但還是可以改變的。要知道有福沒福，都是由心造的。有智慧的人，曉得這都是自作自受；糊塗的人，就推到命運頭上去了。

我想想自己的個性，不能忍耐承擔瑣碎繁重的事情，別人有不對的地方也不能包容。因為性情急躁，肚量窄小，有時候還自尊自大，讓自己的才幹、智力，掩蓋過別人的光芒……，凡此種種。

我相信雲谷禪師的話，因此向他拜謝，並接受他的指教；同時把從前所做的錯事，所犯的罪惡，不論大小輕重，都到佛前全部說出來，還發誓要做三千件的善事。

從這一天起，我就改號為「了凡」，因為我明白立命的道理，不願意和凡夫一樣。我要把凡夫的見解，完全掃光，所以叫做了凡。

有一次孔先生推算我的命，應該考第三名，哪知道忽然考了第一名，至此，孔先生的話開始不靈驗了。孔先生沒算我會考中舉人，哪知道到了秋天鄉試，我竟然考中了舉人，這都不是我命裡注定的。雲谷禪師說：「命運是可以改造的。」這話讓我更加相信了。

當然，既有的習性真的很難立即改過，但我總是盡量去做、去改變。而經過了十多年，我才把三千件的善事做完。這時候，我又起了求生兒子的心願，又許下了三千件善事的大願。隔年，我就生下了一個兒子，取名叫天啟。

到了五十三歲那年，我竟然一點病痛都沒有。現在已經六十九歲了（多活了十六年）。所以，書經上說：「天道是不容易相信的，人的命，是沒一定的。」又說：「人的命沒有一定，是要靠自己創造的。」

命運真的可以改變嗎？相信這個真實故事，已經說明了一切。

個性思維模式與命運的關係

有一個人走到一處工地，看見三個工匠堆砌著磚塊。這個人問三個工匠在做什麼？

第一個工匠面無表情地說：「你沒看見嗎？我正在疊磚塊呀！」

第二個工匠心不在焉地說：「我正在砌一面牆呀！」

第三個工匠充滿信心地說：「我正在蓋一座讓人們的心靈可以獲得依歸的教堂。」

這三個工匠面對同樣的工作卻有三種不同的個性、思維模式，呈現三種不同的人生價值觀，而這樣的價值觀，深深影響著他們的一生。因為當你想法改變時，世界也會跟著改變。

個性決定命運

我們每個人心中都有一把不同的尺，這把尺會將我們每天所看所聽的資訊，依喜惡不同儲存在大腦裡，產生了每一個人不同的思維模式，也就是人生價值觀。

價值觀會辨識什麼是正確的，什麼是錯誤的。於是面對同一件事，有的人暴跳如雷，急躁的個性展露無遺。因為他可能認為如果不趕快做好，會表示他個人能力有問題。有的人則絲毫不受影響，展現出不急不緩的穩重個性。又如有的人可能一萬元就可以出賣朋友，有的人則百萬，但有的人卻寧願失去生命，也不會出賣朋友。

任何一件事的吉凶結果，都是由於人的行為造成的，而人的行為決定於動機。

換言之，人心動而行動，產生好壞不同的結果。所以不同的人生價值觀，造就了不同的個性，不同的個性造就不同的行為，人心不同各如其面，命運的好壞就這樣決定了。

西方心理學大師榮格說：「性格決定命運」，是因為人的個性，會決定一個人的動機想法，進而影響行為結果。而命理運勢的預測方法，就是透過了解一個人的個性，觀察其動作行為後，來得知吉凶禍福的趨勢。

既然命運運作的原理和預測方法如此，要改變命運結果，其實要改變自己的個性和價值觀。

改變個性，改變命運

一個人的長相約30％來自遺傳及母親懷胎時情緒的影響；後天環境則佔70％，如教育、朋友、食物……等。

我們可以發現，剛出生的嬰兒長相都差不多，清秀，惹人疼愛。不過有的人長大後卻變醜了，甚至面目可憎。也有人小時候長得並不好看，可是長大後卻是氣質過人。也有隔幾年不見的朋友，再見面時長相變了。又如夫妻結婚久了，通常會有夫妻臉的現象產生，這是因為人與人之間相處久了，思維模式或個性行為會相互影響，而愈來愈像。

所以，後天環境對長相的影響很大，所謂「相由心生、相隨心轉」，一個人如果個性觀念改變後，行為也會改變，這些都會記錄在臉上，讓臉相慢慢有不一樣的改變。西方有一句話：「一個人四十歲以後，要為自己的長相負責。」所以，不要總是抱怨為什麼父母不把我們生得漂亮、英俊一些。

男女交往的時候，看到對方的缺點，通常會想「我可以改變他／她」或表示「我可以改的」，事實上這是一件非常困難的事。因為個性是一個人受先天稟賦、後天成長學習、周遭環境等形成的，很難改變。所以我們常說：「江山易改，本性難移」。除非有下列三種情形，或許可以改變一個人的個性、習性：

【耳提面命】如座右銘、發願、承諾……等。

我們可以將座右銘貼在隨時可以看得到的地方；每天發願不要亂發脾氣、要微笑，做一件好事；承諾父母親要當孝順的孩子、不吃搖頭丸、不做壞事；聽老婆的話，別在外面拈花惹草，好好專心於事業、照顧家庭……。也許剛開始時會不習慣，但慢慢的就會成為一種習慣，無形中思維及個性也能逐漸轉變，所看到的世界就會變得不一樣了。

【潛移默化】

我們從小都受到原生家庭的影響，而造就了我們的思維與個性。雖然原生家庭無法選擇，但是我們可以選擇朋友。「近朱者赤，近墨者黑」，物以類聚。所以我們應該多接近品行良好、肯學習。肯上進的朋友。如此潛移默化，久而久之，也會有所改變。

【重大創傷、挫折】

沒有遇過重大創傷的人，通常比較「鐵齒」，個性很難改變。如武俠片中的主角，往往是因為被敵人弄得家破人亡，幾乎喪命，後來才發憤圖強學習武功，一改先前的個性。並不是每個人都會碰到這種情形，所以前面兩種方法可以試看看。

養生保健觀念篇

透視臉部的健康反射區位

要從臉部得知一個人的健康情形，主要的根據就是解剖學研究統計出的顏面健康反射區圖。它讓我們可以一覽無遺地了解五官及身體的運作情形。

就健康而言，由於女性有婦科、生理期等問題，情緒容易受影響，一般而言個性比男性敏感，情緒也比較不穩定，所以身體上的小毛病比較多。這些毛病容易反射在臉部皮膚上，造成氣色晦暗或青綠。

男性則因皮膚較厚，膚色較黑，且沒有婦科困擾，比較難從氣色、膚色判別某些疾病，主要健康判斷標準以五官為主。而關於卵巢、子宮部位，男性則顯示泌尿系統健康與否，故健康反射圖以女性為主。

額頭部位：心臟、腎臟

眉毛部位：心臟（印堂）、肺臟、肝臟、支氣管

眼睛部位：肝臟、腎臟、淋巴系統

耳朵部位：腎臟、心臟、淋巴系統

鼻子部位：膽、脾臟、卵巢

顴骨部位：淋巴系統

人中部位：胃

法令紋部位：腰、足

兩頰部位：大小腸

下巴部位：淋巴系統、膀胱、子宮、腎臟、泌尿系統

腮骨部位：內分泌

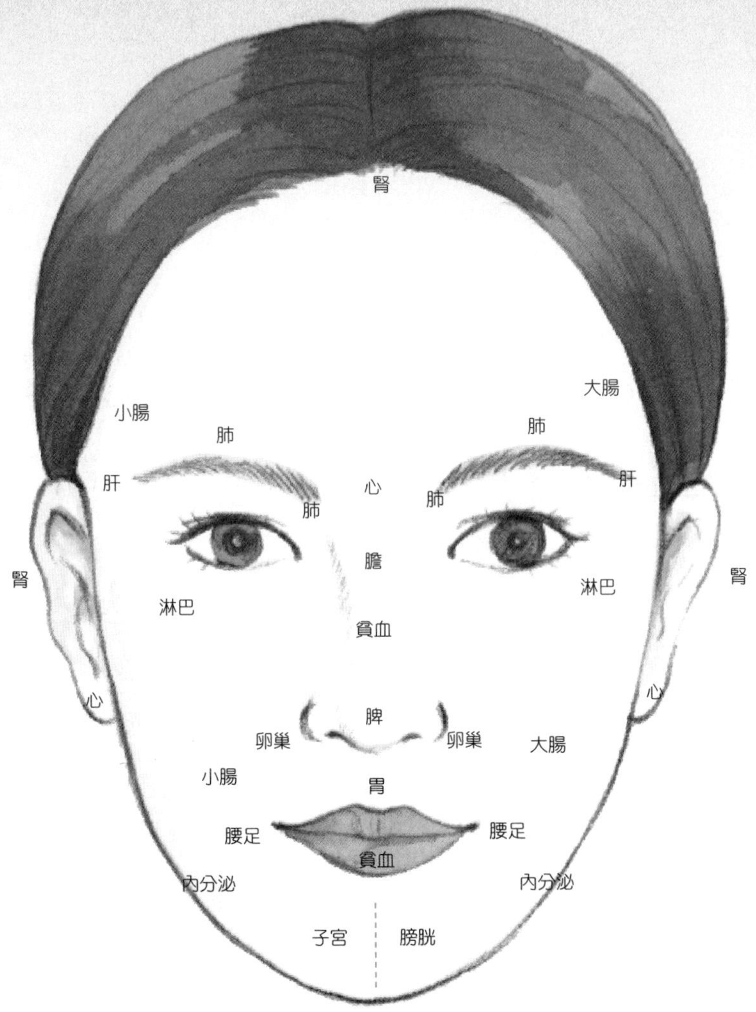

女性臉部健康反射圖

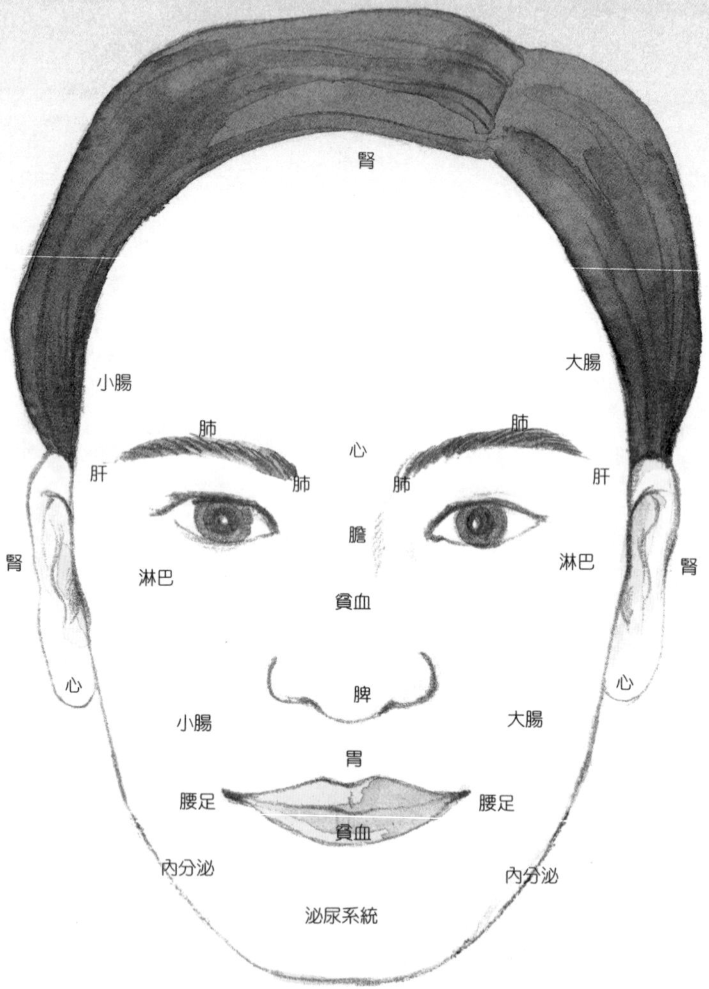

■ 男性臉部健康反射圖

看出臉部健康的奧秘

個性、價值觀決定一個人的命運，同樣的，個性情緒也影響一個人的健康。如一個人容易緊張，整天愁眉苦臉或一天到晚生氣、抱怨，身體健康遲早會出現問題。相同的，健康出現危機，會影響到情緒，情緒不好容易諸事不順利，運勢自然不好。

臉部有十二條神經，隨著我們的七情六慾、喜怒哀樂而牽動著，或許微笑或許憂怨，或許產生皺紋，或許發生疾病。

中醫上有「望、聞、問、切」，其中「望」指的就是觀看病人的臉部氣色。從解剖學及面相學來說，從臉部可以看出一個人先天及後天的健康情形，如太陽穴凹陷，其個性較敏感、神經質，因此睡眠品質較差。體內臟腑若有疾病或先天不良，也會反射在臉上。

此外，在戲劇上也常看到，算命先生對著楣運連連的人說：「你印堂發黑，命不久矣。」其實，印堂發黑可能是腎臟病已進入最後一期，全臉發黑，尤其已到印堂時，通常早已病入膏肓，當然命不長久。又山根凹陷可能有心臟病方面的問題。

如果我們可以看懂臉上先天及後天反映出的健康問題，就比較能及時預防，因為大部分的人幾乎每天都會照鏡子，這樣可以提醒自己，何況「預防重於治療」。

至於已經有病狀產生了，也沒關係，要懂得養生保健，趕緊治療，否則沒了健康，什麼大事理想也做不了、實現不了。即使運勢好，有機會，也會心有餘而力不足，只能眼睜睜看著機會從眼前消失了。

每個人都知道健康的重要，卻往往不知道如何養生保健。因此，本書也特別針對在面相學及解剖學上臉部反映出的疾病問題，建議合適的養生保健方法。

先天的影響

我們每個人都來自於母親卵子與父親精子的結合，而開始了另一個新生命的旅程。

每一個新生命都繼承了家族及父母親的遺傳物質。或許是母親水汪汪的雙眼，或是父親高挺的鼻子，甚至是黑頭髮或紅頭髮。但是這個來自父母雙方混合的新生命既不是母親也不是父親，而是一個全新與獨一無二的個體。

當我們徜徉在母親子宮時，都是藉由母親來認識外面的世界，尤其是聲音及母親的情緒好壞，都直接間接影響我們的神經細胞分裂，進而影響我們的長相、個性、健康。因此我們可以從自己的長相看出母親懷孕當時身體是否健康，也可以知道我們在先天上有哪些器官比較脆弱，本身比較容易罹患何種疾病。

在醫學上有許多人患有疾病，卻找不出致病的原因。這種情況合理的解釋可能是來自基因的遺傳，或其他人類醫學上無法解釋不可知的因素。

二十世紀中葉以來，基因被視為一種「解開生命奧秘的遺傳密碼」，它是遺傳的基本單位，每一個基因都帶有生命的訊息。我們常聽到的DNA則是基因的化學化合物，每個人身上有三萬四千個基因的DNA分布在四十六個染色體上。

2000年時這些基因在染色體上的圖譜和序列已經被解開，這對人類疾病問題來說是一大福音，因為藉此我們可以對大多數的疾病作治療與預防，包括各種惡性腫瘤的診斷。所以，只要我們平日多注意身體的保健養生，疾病自然遠離。

●後天環境的影響

除了先天遺傳的疾病外，大多數的疾病都來自於後天環境造成的。如平時運不運動、情緒穩不穩定、營養吸收好不好，及周遭所處的環境——住家乾不乾淨、空氣新不新鮮、水質好不好……等，都是影響健康的因素。

【運動】

如果能保持固定運動的習慣，那麼血液循環好，可增強臟腑器官的功能，促進新陳代謝。如果血液循環不良，營養便無法被吸收，於是身體不要的廢物無法排除，疼痛、酸痛隨之而來，更嚴重的話，各種疾病，甚至癌症都可能罹患。

所以血液循環良好，疾病自然就消失。

【情緒】

許多疾病往往是情緒引起的，如長期鬱悶、心情起伏不定、壓力過大……等，造成氣血不通順，時間一久，有毒物質便滯留在肌肉上，產生疾病。如肝功能和情緒有直接關係，身體有害物質累積過多，肝功能便無法紓解，容易過度疲憊或睡眠不足，相互影響下，將導致情緒更不好。

【食物、營養】

現在物質豐富，早已不像以前或落後國家有營養不良的問題發生，通常是營養過剩或不均衡所造成的健康問題。營養過剩者往往蔬菜攝取不足，而營養不均衡者通常是偏愛某類食物，兩者都可能缺乏某種維生素或礦物質，導致疾病的產生。

此外，食物也會影響情緒，如吃得清淡的人可能情緒較溫和；吃得太辣太鹹的人脾氣可能暴躁一點。所以說，「吃什麼，像什麼」，飲食當然對心靈有一定的影響。

耳朵

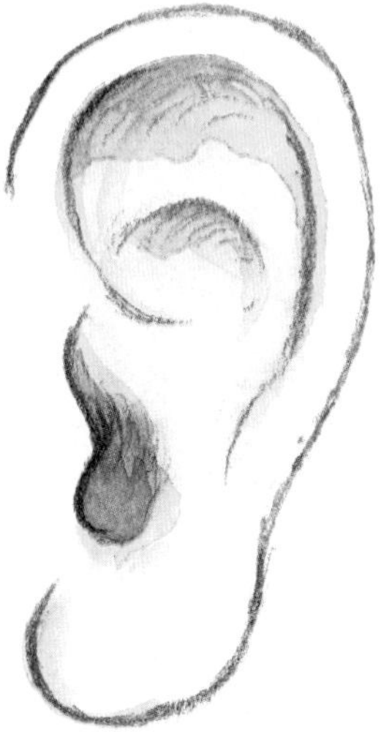

福氣的・長壽的

叛逆與乖巧、心胸寬窄、美言與惡語、開悟早晚、幼年運勢、腎臟功能

在一般的佛像中，可以看到其耳朵都特別長或及肩，以表現其超凡入聖之相。中國民間耳熟能詳的「布袋和尚」，耳朵更是長得令人印象深刻。中國歷史人物中，也有耳長及肩的異相，如商周時代的姜子牙、三國的劉備。

據傳，姜子牙早年因家道沒落，窮困不堪，曾做過賣飯、殺牛等工作。但他從小聰明伶俐，博聞強記，身懷安邦治國之術。後來，終於在商紂王朝謀得下大夫的職務。

當時，紂王荒淫無道，寵幸妲己，政治極度腐敗。為了妲己，紂王要姜子牙監造「鹿台」，他一看藍圖心中大驚，簡直是勞民傷財啊！因為鹿台需「高四丈九尺，上造瓊樓玉宇，殿閣重簷，瑪瑙砌就欄杆，寶石妝成棟樑。」

姜子牙心想，如果我向紂王勸諫，必定會惹來殺身之禍，實在不值得，何妨先應付應付一番，再想想脫身之策。之後，姜子牙趕緊回家，告訴妻子說：「我不做官了，我們趕快去西岐（指的是西伯侯姬昌——即後來的周文王，統治下的諸侯國周國）吧！」因為當時的西岐在姬昌當政期間，以仁義、富民、禮聘賢能之人聞名，國力逐漸強盛。

到了西岐後，姜子牙對政治依然掛心，只是感嘆懷才不遇罷了。閒來無事的時候，他便到渭水河邊垂釣，然而他的釣竿卻離水三吋，旁人疑惑，他說：「願者上鉤」，一時成為鄉里間的傳奇，可見其心不在釣魚。

據傳，當時周文王正好夢見一隻「飛熊」，命人占卜後得知，將會有一位賢能之師輔政。有一天，文王出門打獵，正好來到渭水，遇到姜子牙，兩人相談甚歡，文王高興地說：「吾太公望之久矣！」因此姜子牙又被稱為「太公望」，此時他已經八十歲了。對於這段歷史，曾經有詩描述：「岸草青青渭水流，子牙曾此獨垂釣，當時未入飛熊夢，幾向斜陽嘆斜陽。」

八十歲的姜子牙，遇見周文王，終能一展長才。之後，周武王即位，武王尊稱其為師尚父。武王在姜子牙輔佐下，終於滅了商朝，稱霸天下。

一般人都認為，耳朵大、長，是多福多壽之相，其實在面相學中，耳朵同時代表一個人1－14歲及71－84歲的運勢流年。所以，如果耳朵長得好，71－84歲依然大有可為，姜子牙80歲才起運，可說是最好的例子。

看見耳朵的奧秘

中國人認為，耳朵大，代表長壽，主要是因為耳朵與腎臟結構及功能息息相關。

腎臟是人體的過濾系統，機能不全時，人體代謝不正常，無法排毒，身體不健康，壽命自然不長。此時，表現在耳朵上，可能就是色澤晦暗、耳鳴、枯槁等情形。

耳朵除了聽覺外，還有另一項功能，就是維持身體的平衡，因為耳朵裡有三個半規管，負責維持身體的平衡。這些半規管裡充滿了液體，當我們行動時，液體也跟著流動，不斷地通知大腦上下的方向。當半規管的功能受到干擾，身體的平衡感就喪失了，相對地也會缺乏安全感。如喝酒、暈車、吃迷幻藥……等，都會造成這種現象。

在命理學上有「問福在耳」之說，可見從耳朵可以看出一個人是否有福氣；此外，如果媽媽懷孕時，身體健康、營養充足，則小孩的耳朵會長得比較大，反之則小。

所以耳朵關係到一個人幼年的健康情形與運勢，以及童年是否快樂。

童年時期的快樂、健康與否，會深深影響日後人格個性的養成。通常得不到父母愛的孩子，容易有不安全感，或對人不信任的現象產生，由此可知耳朵長得好不好，也關係到個性及人格的成長。

中國人常說，耳大的人有福氣，其實，耳朵大不一定就好，還需要耳形、厚度、輪廓……等等搭配，才稱得上好耳相。

如何判別好的耳相

耳朵大小比例要根據每個人的臉形大小來判斷，過大過小在個性上都有其特性與缺失，所以要大小適中。擁有以下條件愈多項的人，耳朵長得愈好，此外，不要有缺陷、疤痕、顏色晦暗等現象。

● 輪廓分明

耳輪、耳廓的稜線要明顯，不要外翻或凸出。

● 堅潤而厚

耳朵不能軟而無力或過薄，否則健康、個性上會有缺陷。

● 貼　腦

耳朵往頭部方向緊貼，表示學習力強、懂得保護自己。

耳垂圓厚朝口

耳垂的地方要厚潤，不要往下或往後垂，而是朝向嘴巴的方向。

耳高於眉

耳朵的上緣位置高於眉毛位置，表示少年易有成就。

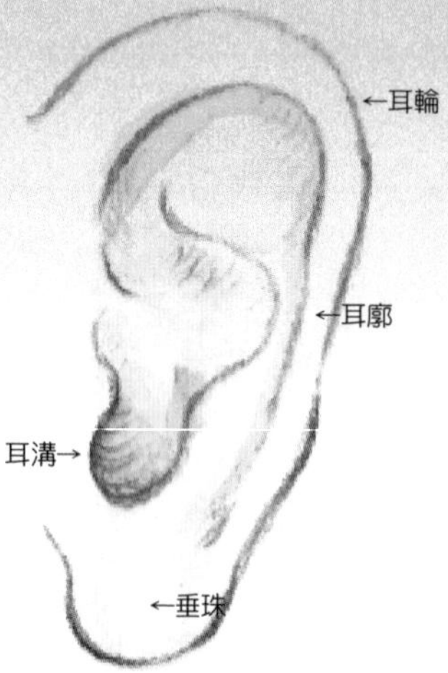

耳朵部位名稱圖

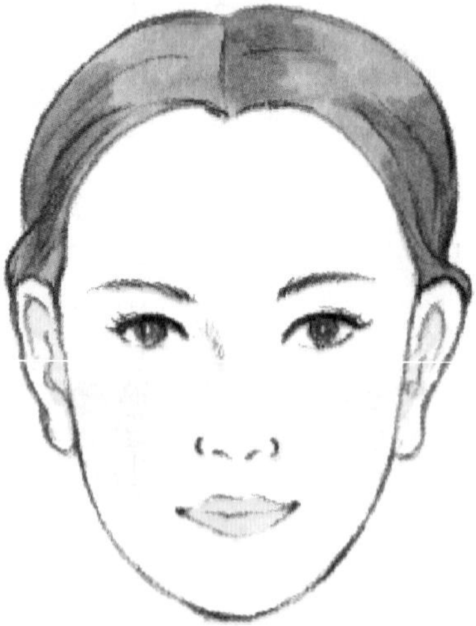

好的耳相圖

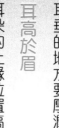

透視一個人的叛逆指數

電影《淘氣阿丹》中的小男孩，淘氣到沒有人願意照顧他，而且破壞力強，讓父母親煩惱得不知該如何是好。

其實，現實生活中也有許多這樣的小孩，讓父母、老師傷透腦筋，拿他一點辦法也沒有。或許我們可以看看他們的耳朵長相，進一步了解是天生性格，還是受其他朋友、環境的關係？找出真正的原因，才能對症下藥。

輪飛廓反

「輪飛廓反」，指的是耳廓往外翻、向外凸出的情形，俗稱「鬼耳」。有這種耳形的人，通常比較叛逆，喜歡唱反調，從小就很淘氣，個性外向，是個鬼靈精。

耳廓愈凸出者，叛逆心愈強。往往父母親說不可以做的事，他們偏偏不聽，想要嘗試看看。雖然他們反抗心強，但是個性獨立，不依賴，若自行創業，成功機率也蠻大的。

如果耳輪向內、耳廓不明顯的人，正好相反，有這種耳形的人多半從小乖巧、聽話，不會違背父母師長的意思。

耳上輪尖形者

如果你遇到個性較為怪異或行為舉止與眾不

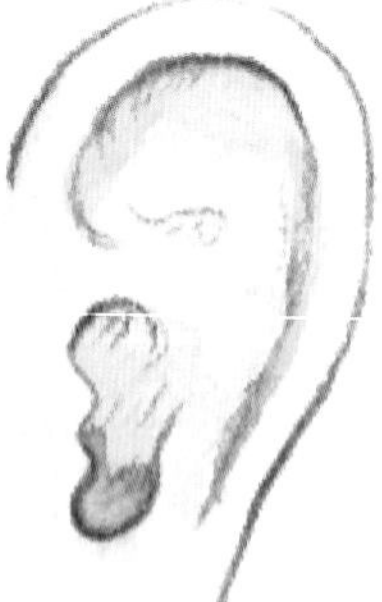

■ 耳上輪圓形者

■ 耳上輪尖形者

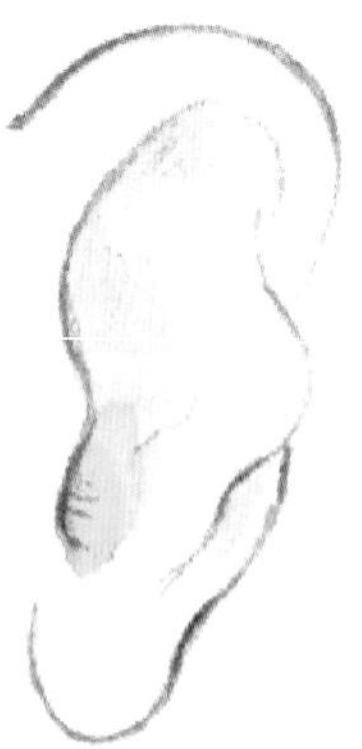

■ 輪飛廓反

同的朋友，可以觀察他們的耳朵上輪是不是呈尖形？

因為耳朵上輪呈尖形的人，心性不定，性情較為奇特，做事可能不按牌理出牌，帶有賭性的傾向，但具警戒心，叛逆心也強。這樣的人如果對事物不滿意，往往想要改革，而且具創意性。

如果上輪是圓形者，個性較為圓融，反應快，滿容易相處的；若是方形者，則個性務實、固執。

耳溝寬窄

一般來說，耳溝較寬的人，幼年時比較不聽

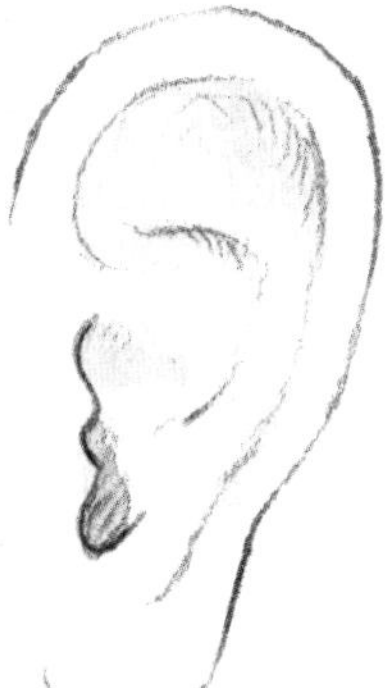

耳溝較窄者

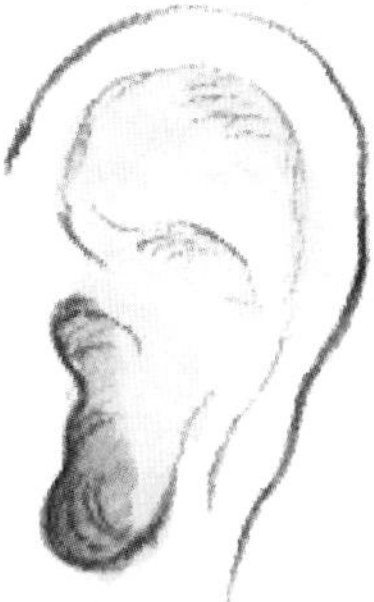

耳溝較寬者

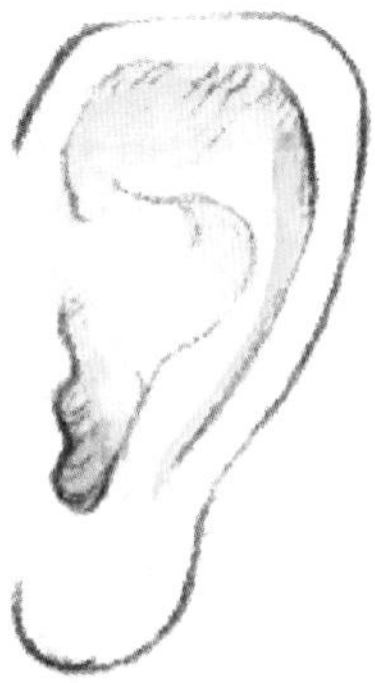

耳上輪方形者

話，因為他們不喜歡被管束，叛逆心強，所以和父母間可能溝通不良，讓父母覺得不受教，因而比較不受人疼愛。

相反的，耳溝較窄的人，幼年時較為乖巧聽話，不會隨意頂撞父母親，因此較能獲得父母親較多的疼愛。

個性外向的臉相特徵

也許你的朋友中，有人在公開場合看起來非常活潑外向，可是私底下其實還蠻文靜內向的，這可能是受環境所迫。如何看出一個人是否真正活潑外向，可以從面相的幾個特點判斷。有以下特徵的人，天生性格較為活潑外向，且愈多項目者愈外向。

● 輪飛廓反

有這種耳相的人，個性叛逆、淘氣，因此比較外向。

● 眼凸

有這種眼相的人，喜歡講話、健談，所以比較外向。

● 鼻子漏竅

有這種鼻相的人，個性較阿沙力，所以也比較外向。

● 鼻子小

有這種鼻相的人，個性比較愛現，所以也比較外向。

透視一個人的膽量與自信程度

小林是一家公司的職員，私下很贊成公司的人事改革政策。有一天，公司要每個部門公開表達自己的意見，小林部門的主管請小林代表上台表達意見。

但是小林覺得自己口才並不是很好，上台一緊張說不出話，到時候就糗大了。而且表達自己贊成的意見，可能會得罪其他人，搞不好以後在公司就不好混了，於是想盡辦法推辭。

其實，小林的口才不是不好，只是對自己沒有信心；還有小林的膽子也小，不敢做出比較「驚人之舉」的行為來，怕得罪別人，所以錯過了許多表現機會。我們是不是像小林一樣？觀察一下耳朵，便知分曉了。

耳形短小

有些人做事這個也不敢，那個也不行，總是覺得自己能力不足，無法勝任。或者聽許多人說，甲案比乙案好、某甲比某乙好之類的話，就開始懷疑自己的決定可能有問題。

容易有上述現象的人，除了因為後天環境影響外，有可能是先天個性造成的。我們可以從耳朵看出一些端倪。

耳朵短小的人通常信心不足，意志力不堅定，容易受人影響，因此也較為膽小，凡事不敢率先而為。

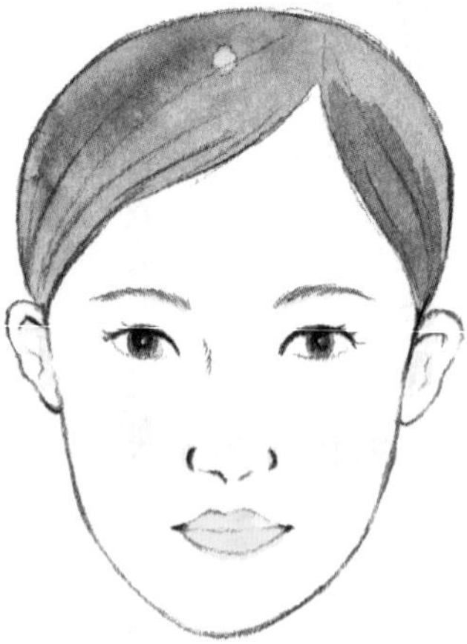

耳型短小

耳大而薄

一般人可能會以為，耳大就是好、有福氣，其實這是以偏概全的說法，因為有許多耳大但卻薄的人，往往大而無當，反而不好。

所以耳大而薄的人，反而和耳朵短小的人有異曲同工之妙，也是信心不足、膽小的象徵。

耳大而薄

耳朵大小的判別標準

究竟耳朵大、耳朵小的標準在哪裡呢？基本上大約以臉形長度的1/4比例為標準。如果小於1/4則表示耳朵小，大於1/4比例則表示耳大。

透視一個人對美言的喜好程度

有一家製鞋公司，派了一個人到非洲考察市場，回來以後很悲觀地表示，「根本沒有市場，因為他們幾乎都不穿鞋子，我們的鞋子一定賣不出去的。」

於是公司又派另一人去考察，回來後卻樂觀地表示，「太好了！目前那邊的人都沒有穿鞋子，一旦引進鞋子，那市場潛力無窮啊！」

問題來了，如果你是這家公司的決策者，你該參考誰的意見做決策?當然這除了專業的評估外，通常會接受悲觀（負面）或樂觀（正面）意見者，有其個性上的特質，在面相學上是有脈絡可尋的。

● 耳形長得好

通常耳形長得好的人（輪廓分明，沒有任何缺陷），對於正面的訊息較感興趣，可以說比較喜歡聽好話、美言、善語。如果你跟他說，「目前公司推出的新產品，雖然品質好，但曲高和寡，銷售上可能不會很好。」這時候，他有可能當作沒聽到或選擇忽略。或者你批評某某人，認為某某人做得不好或如何如何，他可能也不想聽。

耳聽八方，所以需要透過耳朵的機能，我們才能聽到優美的聲韻，因此耳形美的人，天生在音感方面比較靈敏，有音樂細胞。不過若要在音樂方面發展得好，後天的努力與際遇更為重要。

● 耳形長得不好

耳形長得不好的人，如變形、殘缺、破疤、外翻嚴重，左右大小不一樣……等，通常表示其內心深處或多或少都存在著某種陰影，內分泌可能有些不平衡，反映在性格上可能是自卑、偏激、主觀或情緒不安定……等。有些則可能是反映在健康上或是童年運勢上。

這樣的人對負面消息比較敏感，如果聽到某某人的壞話，可能就信以為真，也就是喜歡聽取小人的話、小道消息。

相對於耳形好的人，他們音感較不好，不過好奇心強，只是破壞力也強！

左右耳大小不一

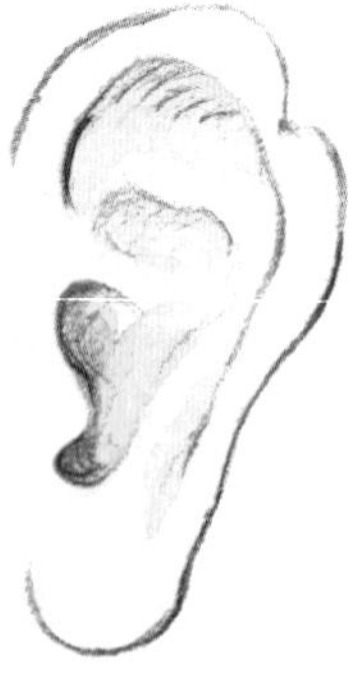

耳朵有殘缺

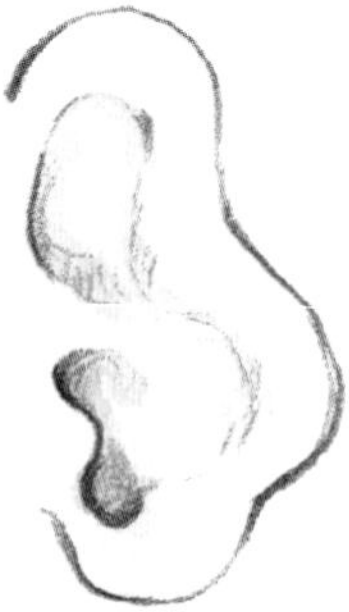

耳朵變形

透視一個人的心胸寬窄

從耳朵的厚薄，我們可以看出一個人是否宅心仁厚，或是愛計較、刻薄。

有一句俗話說：「人心宅厚多福氣，心窄如管災事多。」指的就是心胸寬大的人，待人寬容，或許表面上常常被人佔便宜，但「傻人有傻福」，樂天順命，其實是有福之人。

相反的，如果凡事愛計較、刻薄的人，人見人討厭，避之唯恐不及，所以發生事情時自然求救無門，災難自然接二連三地降臨。

耳厚圓潤

耳厚圓潤的人，通常較樂天知命，宅心仁厚，不拘小節，不會為了一些芝麻小事煩惱不

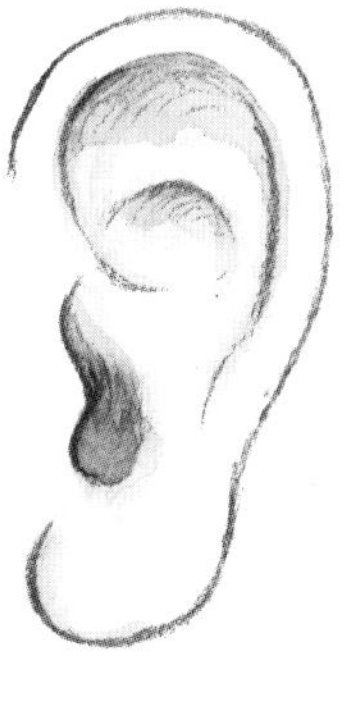

耳厚圓潤

已。因為這樣的人不會斤斤計較，相對人緣比較好，是有福之人。

耳薄如紙

不管大小，大部分耳朵薄的人，天生有強烈的不安全感。對人懷有敵意，且為人喜歡計較、佔便宜，這可能是和在胎兒時期或童年時的健康、環境有關。

如果耳薄如紙，不安全及對人的敵意更加強烈，一旦有人關心他，可能就被誤會成有企圖，或是別人可能想陷害他。在這種性格下，他們表現出來的行為自然較為刻薄，人際關係也就不好了。

招風耳與耳貼腦

有人消息特別靈通，我們稱他為「包打聽」；有人很懂得保護自己，我們稱為「愛惜羽毛」，從耳朵我們可以看出你是屬於哪一種人？

● 招風耳

耳朵向外生長，從正面看幾乎可看到全耳，即俗稱的「招風耳」。有招風耳的人就如同其耳形，消息靈通，是屬於「包打聽」類型的，一些小道消息或八卦消息，他們可能比誰都清楚。

不過有招風耳的人性格不太穩定，靜不下來，動不動就想往外跑，所以往往一件事還沒有完成，心中早已在計畫下一個目標了。

● 耳貼腦

耳朵貼腦（耳朵向腦後貼近）的人，比較理智，喜歡吸收新知識，學習力強，但不容易上當或被騙，除非你講得頭頭是道，而且有完整的文件證明。

耳貼腦的人很會保護自己，榮譽心強，不輕易做出危害自己名譽的事。所以古人說：「對面不見耳，問是誰家子？」意指大貴之人。

招風耳

耳貼腦

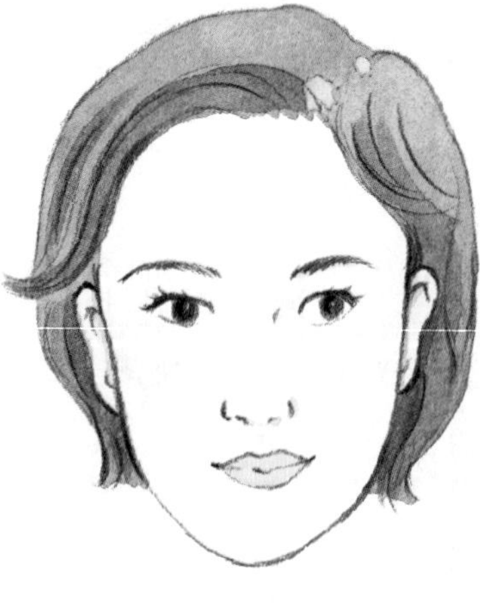

預知1-14歲的運勢

雙耳的運勢流年為1到14歲，左、右耳各7歲，男左女右起算（如圖），因此我們從耳朵可看出一個人童年過得順不順利？是否童年往事不堪回首？還是憶兒時，快樂時光恍如昨日？

面相學上表示，「問福在耳」，所以人一生的福禍，可以從耳朵窺知一二。如果耳朵有殘缺，或疤痕、痣，觀察看看位於幾歲的流年，表示那年有健康問題或意外發生。耳朵除了主一個人童年運勢外，也主一個人70-84歲的運勢，所以古人說，「人生七十才開始」、「老人脾氣就像小孩一般」，和面相學七十歲以後，又從頭開始起算一個人的運勢，實在有異曲同工之妙。如姜子牙雙耳垂肩，70-80歲

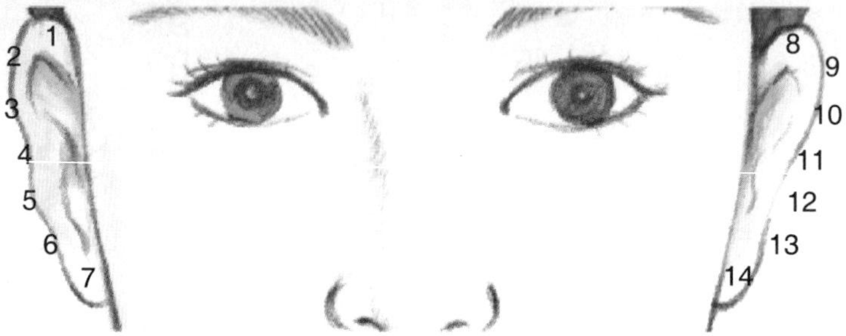

女性耳朵運勢流年圖

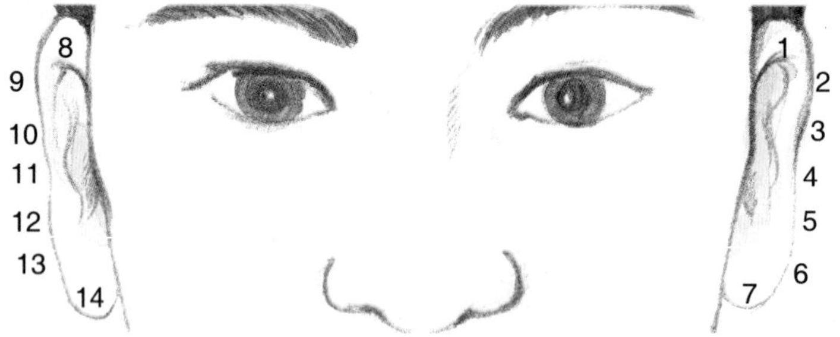

男性耳朵運勢流年圖

過後運勢旺，才走老運。

耳形不佳

耳形不好的人，通常小時候逆境比順境多，可能家庭困苦，可能發生意外，也可能容易遭遇挫折。此外健康情形也不好，尤其跟腎臟疾病最為相關。我們可以觀察一下，如果你的缺陷剛好在七歲的流年，表示七歲那年你可能發生了比較大的事件或困境，其他依此類推。

耳形不好的人，一生可能多災多難。但是「相由心轉」，經一事、長一智，所以在個性上或行為上能有所領悟、轉變，當然也可以轉化這樣的逆境，雖然耳形不會改變。

耳形長得好

耳朵長得好的人，能夠隨遇而安，身心寬健，因此有福氣，也表示童年多順境，健康，過得比較快樂。

有錢、有地位的人，不一定就擁有一對好耳朵，他們可能每天為經營利益而奔波辛勞，或害怕遭逢不幸，有福也難享，所以不一定過得快樂。相反的，沒錢的人，若有副好耳朵，反而能知足常樂，日子過得安逸快樂。

穿耳洞好嗎？

一般女孩子大都會穿耳洞戴耳環，以增加美感；現在更有許多新新人類在耳朵上隨意穿洞，甚至一次穿上八、九個洞，炫耀自己的與眾不同。

究竟穿耳洞好嗎？除了增加美感與獨特外，究竟會不會影響運勢或健康？

其實就面相統計學上來說，如果耳形不佳或是招風耳，可以用長髮遮掩，而耳垂小者，可以戴上耳環，以掩其不足，這就是戴耳環的作用。

如果耳朵長得漂亮，其實就不需要耳環修飾了，因為耳朵是「福」星，如果隨意在「福」星上穿洞，當然就破相了，對福氣也會產生影響，所以最好耳朵不要穿洞。

就健康來說，隨意在耳朵穿洞，會阻礙血液循環，且一不小心容易發炎，對健康或多或少都有不良的影響，也要特別注意。

穿耳洞，破相

預知一個人的開悟早晚

耳朵長得高或低和一個人幼年時的開悟早晚相關。

如有些小孩子上小學時，好像老師上什麼課，都「有聽沒懂」，再怎麼用功成績就是不理想。但是升上國中時，卻變得聰明起來了，好像開竅了一般。這種現象除了學習環境的影響外，我們也可以從耳朵判斷，是不是因為孩子開悟較晚的緣故，而不是智力比別人差。

耳高於眉

如果耳朵上緣的位置比眉毛還高且耳形長得好，表示此人早開悟，從小就很聰明有智慧，在功課的表現上會比較突出，

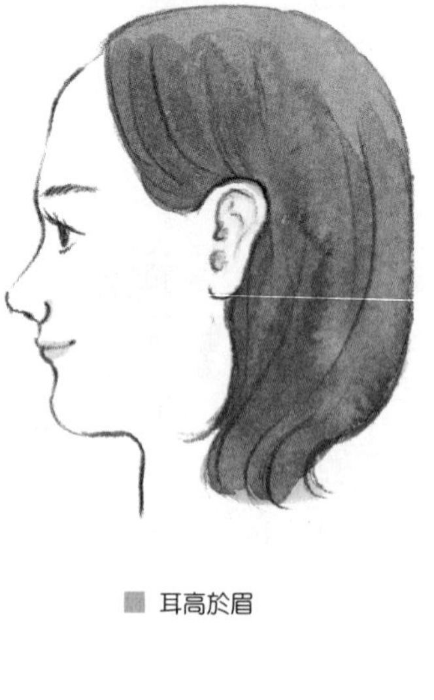

耳高於眉

屬於少年早發型。但是若長得太高的話，並不好，因為高處不勝寒，容易有曲高和寡之嘆。

但如果耳高於眉，但耳形長得不好的人，則雖有小聰明，但是思想可能較為怪異。

耳低於眉

耳朵低於眉毛或眼睛的人，表示開悟比較晚，小時候可能被認為傻裡傻氣的。如果加上耳形不好的話，則個性較不積極或懶散。

耳與眉齊

耳低於眉

耳與眉齊

耳朵和眉毛的位置如果相當，則正常發展，智力上的啟發不早也不晚。

你的親戚多還是少？

有些人，可能一堆表哥、表弟、叔叔、伯伯……，親戚多得數不完，連稱呼都弄得一頭霧水；相反的，有些人親戚少，屈指可數。

想看出別人家親戚多還是少，可以觀察耳廓處，如果耳廓不明顯的話，表示此人親戚少；耳廓明顯的話則親戚多。如果你發現自己耳廓分明，卻覺得親戚很少的話，可能是平時很少往來的關係。

從耳朵診斷身體健康

有一位朋友，四十歲左右，左右兩邊的耳朵大小不一，而且右耳有些變形。

我問他：「你是不是常常腰酸？而且右邊的腎臟功能有問題哦！」

他表示，「對呀！只是都查不出到底是什麼原因造成的！」

我說：「因為你的耳朵變形，這是先天的問題——遺傳，當然醫生很難找出病因。」

要了解腎臟功能良好與否，要從先天和後天兩方面觀察。

而先天方面就是要觀察耳朵了。所以，中醫學上說，「腎開竅於耳、腎氣絕耳枯槁」。且根據統計，耳朵大小與腎臟大小成比例，耳大則腎大；耳小則腎小。

此外，耳朵長得好壞與否，與母親懷孕時身體健不健康大有關係。從醫學上我們可以發現，耳朵是由脖子上的六塊肌肉逐漸分裂，慢慢轉移成型，所以從耳朵發育的程度，能推斷其週期數。

如果媽媽身體健康、營養充足、情緒良好，那麼先天上的細胞分裂就會比較正常，孩子耳朵也會長得好、豐厚有彈性。

所以耳朵長得好，表示小時候身體健康，比較不會有疾病纏身，但是還是需要靠後天的保養，才能長保健康。

此外，從耳朵也可以看出心臟功能、免疫功能，及是否容易罹患坐骨神經的病症。

●耳朵結構——腎臟功能

耳朵的結構與腎臟成正比，耳堅腎堅、耳薄腎脆，所以耳朵大且豐厚、輪廓分明、有彈性、愈貼腦，表示先天腎臟功能佳。

如果耳朵太小、耳大卻軟趴趴沒有彈性、輪廓不明顯、變形，或左右耳大小不一，都顯示先天腎臟功能不佳。

我們全身血液每七分鐘從腎臟流過一次，對身體有害的物質必須過濾掉。所以腎臟好，血液品質好，身體就健康，腎臟功能如果衰退到25%，就必須洗腎了，因為毒素容易堆積在身體中，不但容易腰酸，也會產生其他生理疾病。

先天不足，後天就應該好好保養。

●耳小而軟，下巴短小——免疫功能

我們知道耳朵過小而且沒有彈性，總是軟趴趴的，表示先天腎臟功能不佳。如果加上下巴短小（下巴長度少於兩根指頭寬），那表示骨盆架構不好，因為在解剖學上，下巴的架構和骨盆成正比。

先天腎臟功能不佳，再加上先天骨盆架構不良，顯示此人的免疫功能比較差，後天需要特別調養，否則就容易體弱多病了。

●耳朵有凹痕或皺紋——心臟功能

根據國外醫學報告指出，如果耳垂的地方出現凹痕或皺紋，表示心臟功能不好，老年時應該慎防心臟疾病。

因為腎臟不好，無法過濾對身體有害的物質，血液品質差，心臟的功能就會受影響。

●耳朵低下——腰痛

由於耳朵和腎臟的結構成正比，因此耳朵長得低（低於眼睛）的人，腎臟位置也會比較低，這樣的人先天上比較容易腰酸，長得愈低下者腰痛機率愈高。

容易腰酸的人，可能是脊椎架構不好（鼻樑低）或是因長期坐姿不正確，加上不運動造成的，如果先天耳朵又長得低，就要提醒自己多注意了。

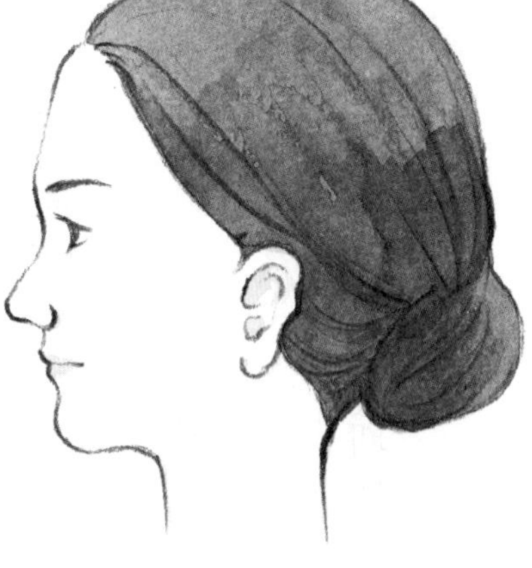

耳朵過低

耳朵聽覺的基礎保健法

耳朵是語言交際、音樂欣賞所不可缺少的「接收器」，分為外耳、中耳、內耳三個部分，除了聽覺外，更是生理平衡的器官。外耳即俗稱的耳朵，是由皮膚包裹軟骨而形成的。

人的耳朵可說是一個能源轉換器，因為聽覺的產生經過了三次的能源轉換。首先是聲波（聲能）經由外耳進入到外耳道，接著由外耳道傳到中耳的耳膜；耳膜接收到聲音的能量後，便將它轉變成機械能量，傳到內耳的耳蝸中；接著在內耳中，機械能會轉換成液態能，再轉換成電能（電波）；當聲音訊息轉換成電波時，聽覺神經會將電波傳至大腦進行識別，最後就是我們聽到的聲音了。

當聲波傳遞過程中，如果耳朵中的任何一個部位結構不正常，將造成聽覺問題，所以平時應該加強耳朵的保健，以防聽力減退。

避免噪音的干擾

暴露在有噪音的環境中，容易引發聽覺病症，如耳痛、耳鳴；若長期性噪音干擾，則會產生噪音性耳聾。

因此，要盡量避免噪音的干擾，若因工作關係，則應戴防護耳塞或隔音耳罩。

●勿久聽

電視或音響的聲音不要開太大，聽久了應該休息一會兒，以避免聽力疲勞。又如果開會時間過長，中間不休息，聽力疲勞，專注力就會降低。

●切忌挖耳

有許多人因為挖耳朵造成耳疾，俗語說：「耳不掏不聾」，有其一定的道理。耳癢時，使用如火柴棒、毛線針等尖、硬物挖耳道，易引起耳道損傷發炎化膿，應當禁止。

耳朵癢時，應使用棉花棒沾酒精洗擦，但次數不要太過頻繁，必要時可就醫檢查處理。

用手指叩鳴後腦部

首先，靜坐閉目養神三分鐘，然後將雙手手心緊貼兩耳孔，五指貼於耳後的腦部；接著用食指、中指和無名指叩後腦部約18次，然後快速將雙手掌拿開。如此，連續做10次左右。

這是中國傳統醫學中著名的運動，被認為有醒腦強志、聰耳明目等作用，可防耳病。

按壓穴位，改善耳鳴

如果覺得耳內深處疼痛或有耳鳴現象，

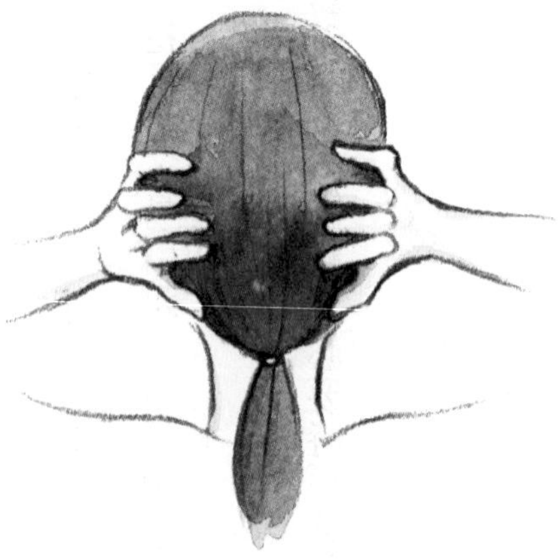

用手指叩鳴後腦部

雙手按摩耳朵

可反覆按壓耳周圍的翳風、聽宮兩個穴位約5-10次，按壓時間每次3-5秒，休息數秒後再按壓。

●按摩耳朵

平時可用雙手按、揉摩兩耳廓，再牽拉兩耳廓至耳垂，讓它發熱發紅，反覆進行多次，如此可促進耳部血液循環。

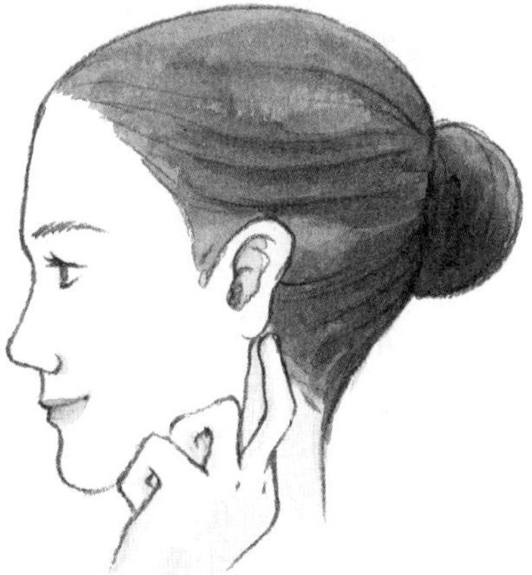

■ 將中指疊在食指上，指壓翳風穴、聽宮穴

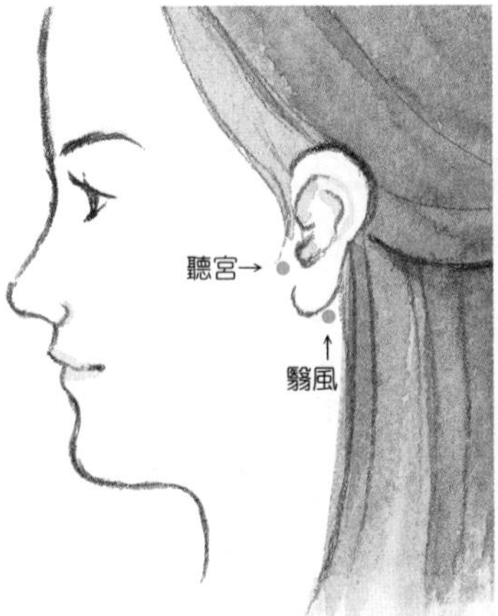

■ 翳風、聽宮的穴位圖

保健養生的飲食法

耳朵會造成先天上一些器官功能的不足。或許有人會認為，既然是先天造成的，怎麼補救呢？其實，醫學上強調的是「預防重於治療」，了解先天上的不足，就不能讓它後天失調，變得一發不可收拾，所以更要懂得保健之道。

從耳朵可看出一個人先天免疫功能、腎臟、心臟功能正不正常，及容不容易腰酸。

以下即針對相關症狀，在飲食攝取及食品保健上提供一些建議，以預防保健、改善身體健康。

要強調的是，以下營養素及飲食上所列出的各項建議，僅表示患有該症狀者平時可多加攝取。因為，維持健康的不二法門，最基本的是營養、飲食要均衡，還有規律的生活、適當的運動，及時時保持心情愉快。如果只靠補品、藥物，而完全不運動，或生活、飲食不正常，那就是捨本逐末了。

提升免疫力

維生素：A、C、B群、E、泛酸。

礦物質：硒、鋅、鎂、銅、鉻。

食　物：全穀類、堅果類、黃豆製品、深黃綠色蔬菜、菇類、大蒜、綠花椰菜、芥藍菜、高麗菜、大豆、青江菜、南瓜、木瓜、番茄、柳丁、芭樂、檸檬、苦瓜、洋蔥、藻類、小麥草、山藥……等。

保健食品：靈芝、冬蟲夏草、人蔘皂苷、舞茸、桑黃、沙棘。

其他：生活飲食正常、多運動、避免過度壓力、保持心情愉悅，即保持身心健康，自然就能提升免疫力。

提升聽覺功能

維生素：A、B_1、B_{12}。

礦物質：鎂。

食物：杏仁、芒果、全穀類食物（全麥、糙米…等）、菠菜、大蒜、洋蔥、辣椒、魚類……等。

保健食品：冬蟲夏草、靈芝、卵磷脂、絞股藍。

其　他：避免攝取高脂肪食物，需低脂飲食。

● 改善腎結石症狀

維生素：B_6。

礦物質：鉀、鎂、鈣。

食物：全穀類食物、香蕉、馬鈴薯、綠色蔬菜、大豆、魚類……等。

保健食品：冬蟲夏草。

其他：多喝水，減少動物性蛋白質的攝取。

額頭

聰慧的・直覺的

思維模式、企畫能力、直覺能力、記憶力、家庭庇蔭、勞祿指數、心腎健康……

額高凸，在面相學上表示聰明有才智，反應靈敏。女子若是有這樣的額相，才華不輸男子，蘇小妹可說是歷史上的代表人物。

相傳宋朝大文豪蘇軾（蘇東坡）有個妹妹——蘇小妹，才氣縱橫不輸蘇軾及蘇轍兩位哥哥，從小就喜歡和兩位哥哥比較才華。因此，蘇家兄妹時常舌戰，百無禁忌。

蘇小妹長相的最大特色是高高的額頭，加上凹眼、薄薄的嘴唇、烏溜溜的眼睛，一副慧黠、伶牙俐齒的樣子。有一天蘇東坡拿妹妹的長相開玩笑，形容蘇小妹高凸的額頭及凹眼是：

未出堂前三五步，額頭先到畫堂前；

幾回拭淚深難到，留得汪汪兩道泉。

這時不甘示弱的蘇小妹仔細看了蘇軾的長相，發現哥哥額頭扁平，又一副馬臉樣，長約一尺，兩隻眼睛距離遠，整個五官搭配起來實在有趣，馬上也來一首詩調侃一番：

天平地闊路三千，遙望雙眉雲漢間；

去年一滴相思淚，至今流不到腮邊。

蘇軾一聽樂得拍著妹妹的頭，大笑不已，因為形容得實在妙極了。所以，蘇小妹的才氣連蘇東坡的和尚朋友佛印都甘拜下風呢！

女大當婚，縱然蘇小妹有才氣，人聰明，不拘小節且頑皮，但要找到一個能與她匹配的丈夫似乎是一件不容易的事，為此蘇家父子也煩惱不已。

有一年蘇東坡建了奇功，蘇小妹也趕到京師，誰知一時轟動，許多青年才俊爭相拜訪。蘇小妹實在不堪其擾，於是蘇東坡幫她想出了「以文擇婿」的點子。

在眾多才子中，王安石的兒子王雱最為匹配，不過蘇小妹雖認可他的才學，卻總覺得王雱鋒芒太露，外貌雖風度翩翩，卻仍帶些貴公子的習氣，最後還是將王雱的文章退了回去。

這讓蘇東坡著實為難，畢竟王雱是當朝宰相的兒子，也是自己的好朋友，總要有個交代吧！便要求蘇小妹寫下評語。不料蘇小妹便隨意題了「筆底才華少，胸中韜略無。」蘇東坡嚇了一跳，再三思考該如何？最後勉強在評語上各加一個字，改成「筆底才華少有，胸中韜略無雙。」解決了眼前的難關。

看到評語的王雱，以為獲得佳人垂青，便要蘇東坡找機會見個面，這時蘇東坡只好託辭蘇小妹貌醜，並找來一位鄉姑冒充蘇小妹。王雱一看，覺得實在長得有些抱歉，雖然驚豔於蘇小妹的才學，也只好罷手。

後來，蘇軾認識了風流倜儻的秦少游，由於他經常出入蘇家，引起蘇小妹的注意，最後秦少游便因詞文俱佳，假扮道人與蘇小妹對答，獲得垂青，而結為夫妻。

不過，新婚洞房花燭夜，蘇小妹還是本性難移，不讓新郎倌輕易過關入洞房，便出了三道難題，要新郎倌全都答對了才能進房呢！新郎倌在蘇軾從旁稍加提示下，一一過關了，「蘇小妹三難新郎」的故事就這樣流傳下來，為後人津津樂道。

看見天庭的奧秘

有一個朋友的女兒額頭飽滿凸出，覺得不太好看，常常用頭髮遮蓋。其實以前的媽媽都會說：「前扣金、後扣銀，扣頭的女孩作夫人。」因為這表示這個女孩子聰明、反應快。不過這種長相的女孩子，有著男性的理智思維，有時才氣不輸男性，好勝心較強，就如上述的蘇小妹。

古時候，在「女子無才便是德」的觀念下，將女子額頭高凸稱為「照夫鏡」。事實上，有這樣額相的女子非常聰慧，能夠看出對方的優缺點，而不盲從，如果先生沒有相當的才智匹配，則會備感壓力。

為什麼從額頭可以約略看出一個人的聰明才智？因為額下便是大腦所在，而大腦從胎兒時期便開始負起記錄的責任，其中的過程變化，可以從額頭的形狀窺知一二。

當我們在母親肚子裡第三週時，神經系統就被定位了；第八週時，腦部成形，也就是胎兒對一些感知開始藉由腦波留下紀錄。

醫學上發現，胎兒在發育時期，腦部每天大約生產三億六千萬個新神經細胞，不過當胎兒一出生，離開母體時，腦細胞就停止分裂了。因此，母親懷孕期間的情緒好壞對胎兒的腦細胞分裂影響非常大，因為情緒與神經系統息息相關。所以要胎兒的額頭飽滿漂亮，母親在懷孕時，必須保持良好的情緒。

腦細胞分裂過程，奠定了一個人先天的思維敏銳度及思維模式。我們可以察覺有人天生對數字很敏感，凡事要沉思歸納，有人卻深具藝術天分，想像力豐富。有的人先天反應慢半拍，像二八六電腦，有的人反應卻總是比別人快，如五八六電腦。這就是左、右腦思維模式的差異。

當我們還是小孩時，想像力不受拘束，情緒表達直接，通常右腦比較發達，所以右腦又稱先天腦；經過重歸納秩序的學校教育訓練後，小孩子天生的想像力日漸被壓抑，左腦思維佔優勢，所以左腦又稱後天腦、語言腦。這也是為什麼《小王子》一書中感嘆，大人缺乏創意、想像力了。

我們如何一眼就看出自己及別人是否具藝術天份、語言天份，是左腦還是右腦型思維？現在，你不需要對方的星座命盤、八字、紫微，只要會觀察「額頭」，便可了解，因為額頭下即大腦分布區域，兩者有密切關係。

其實，從解剖學和統計學（面相學）來看，從額頭不僅可以看出一個人的思維模式、聰明才智，企畫能力，也可以看出一個人年輕的運勢、健康，父母的感情好不好……等。

如何判別好的額相

額相或寬或窄、或高或低，究竟什麼樣才算是好的額相？最基本條件就是不要有疤痕、痣、凹陷或凹凸不平等現象，氣色要明潤，其他條件如下：

額高、寬廣、豐隆

表示聰明、領悟力強，富創造力，且根基好，因此年輕運勢好，早年便有好發展。

髮際分明

即頭髮和額頭的分界要明顯，沒有太多的雜毛致使看起來像齒狀般。

好的額相

透視一個人先天的聰明才智

有一個小孩子很愛哭，有人問他為什麼這麼愛哭，孩子回答：「在媽媽肚子裡的時候，媽媽教我的呀！」

「你怎麼知道？」

「因為我在媽媽肚子裡的時候，常常聽見媽媽和爸爸吵架，然後媽媽就丟東西，之後媽媽就開始哭了……」

別以為胎兒什麼都不知道，其實媽媽懷孕期間的喜、怒、哀、樂，胎兒都能敏銳地接收到並留下紀錄，而影響其神經系統的成長，進而影響到一個人先天的聰明才智。

雖然，我們先天的個性及思維模式受母親的影響很大，但不是絕對的，因為我們剛出生時，大腦神經還未發展成熟，還會因後天的環境、教育影響而慢慢改變。所以別擔心，先天不足，後天還是可以努力彌補的。因為後天環境的影響，大過於DNA的遺傳。

額高寬、飽滿

當媽媽情緒好、心情愉快時，思維清明，加上充足的營養，胎兒的大腦細胞分裂架構會比較完整，那麼生出來的小孩額頭就漂亮，額相好。這樣的孩子先天聰慧敏捷、反應快、企畫能力好，此外，個性較為圓融不魯莽。

就人類來說，因為額寬廣飽滿，腦容量就大，能夠快速吸收資訊，先天學習能力上比較佔優勢。所以，額頭漂亮的人，隱隱訴說著媽媽懷孕期間情緒愉快，和爸爸相處融洽，夫妻感情好。

●額低、額窄

如果媽媽懷孕時，常常和爸爸吵架，受委屈、長期情緒不好，加上營養攝取不足，那麼小孩子也會毫不偏袒地記錄下這段不愉快的歷史，於是額頭可能就長得比較窄、低或凹凸不平了。

額頭低、窄或凹凸不平的孩子，先天聰明才智較差，個性較為魯直，不善於處理人際關係，容易一意孤行。

額高、額低的判別

額高、額低的判斷標準如何?依個人的臉形比例，一般標準大約如下：

● **三指幅寬**：通常以三根指頭的寬度左右為準，超過者表示額高，反之表示額低。愈高或愈低者，其個性表現愈明顯。

● **三庭比例**：依照三分庭比例，如果額頭（上庭）部位比其他中、下庭部位長，也表示額高，額頭部位發達。

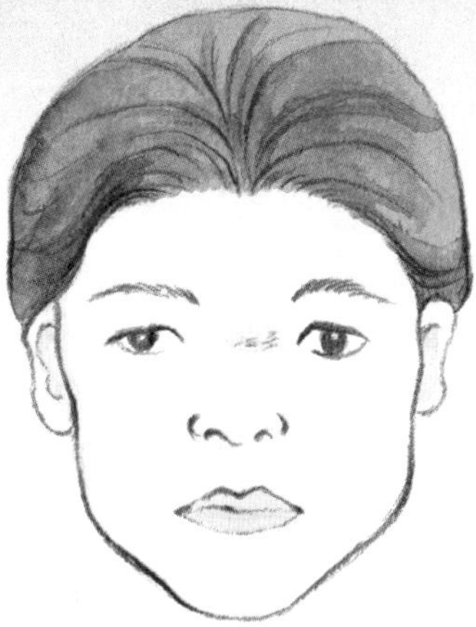

額頭低

額頭凹凸不平

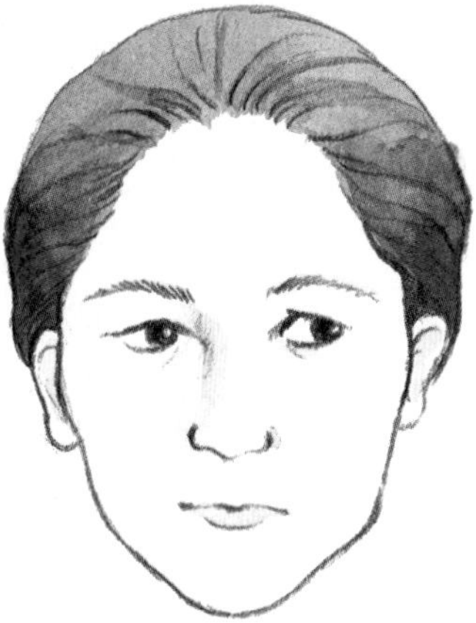

額頭高

透視一個人的思維模式

思維模式影響人的一生甚巨，因為有什麼樣的思維模式，就會產生什麼樣的價值觀。不同的價值觀，會造就不同的個性，而影響事業、人際關係的發展。比如一個人認為錢才是生命最重要的事，他所作所為就會以「錢」為最高準則，如果失去金錢，便會覺得人生受挫、暴跳如雷，一切失去意義了。

大腦由左、右兩個半球組成，我們依照哪一個半球較為發達，將人類的思維大概分成右腦型思維、左腦型思維、左右腦思維平衡型。

如果你喜歡藝術創作，直覺強、反應快，腦子裡充滿創意，那麼你先天就是右腦思維型的人，如大部分的藝術家、創意工作者；反之可能就是左腦型思維的人。

其實不管我們是哪一型思維的人，只要了解別人的思維模式，彼此就容易溝通，觀念能溝通，誤解情況就能降低了。

如何判斷我們是哪一種思維的人?很簡單,可先將額頭平均分成上下兩半部,從側邊看即可了解。

●右腦型思維

額頭上半部凸出的人,也就是台語俗稱的「扣頭」,先天就是傾向右腦型思維的人。

具有這種額頭特徵的人通常反應比較快,具藝術天份,理想高,偏向精神面的滿足,比較不會那麼重視金錢。

●左腦型思維

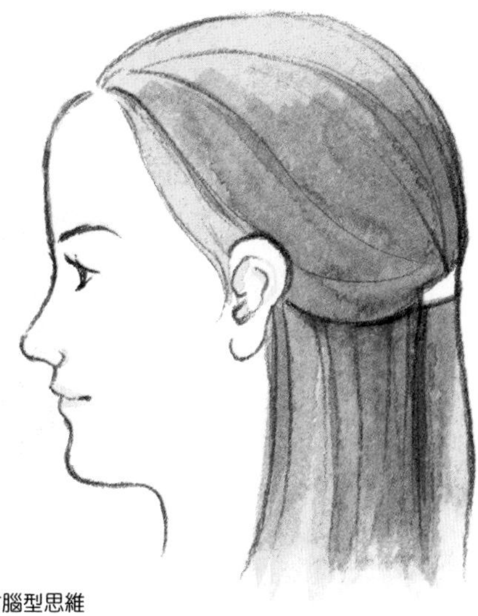

右腦型思維

如果額頭的下半部凸出，也就是上半部後傾，眉骨高凸，那麼你先天就是左腦型思維的人。

具有這種額頭特徵的人，凡事需經過謹慎思考整理，才會做出反應，重實際，較偏向物質面的滿足。

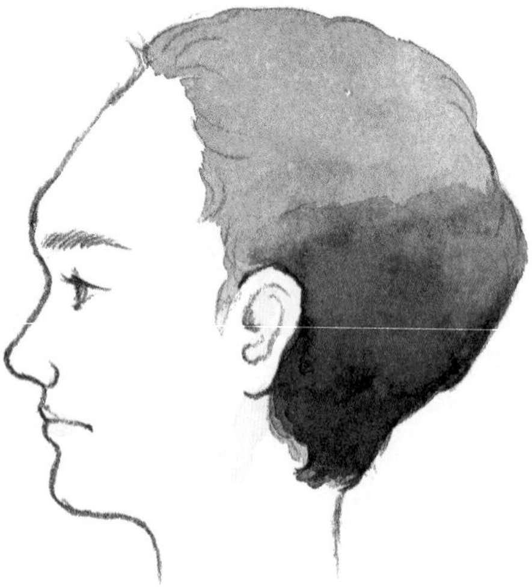

左腦型思維

左右腦均衡

如果整個額頭高凸均勻，就表示左、右腦平衡，不特別傾向左、右腦型思維。這種人做事較圓融，適合從商，所以一般成功的生意人多半有這種額相。

左、右腦功能大不同

左、右腦有各自的執行功能，以吸收消化來自各方的資訊。白天時我們左腦吸收的資訊，會被送到左右腦交接的海馬體部位。那是一個暫時記憶儲存區，晚上休息時再將資訊整理儲存到右腦，轉變成自己的知識、智慧。

● 左腦功能：（後天腦、語言腦）

表單、歸納、行列、語言、數字、順序。

（觀察力、思考、分析、表達、二度空間）

● 右腦功能：（先天腦、感情腦）

韻律、空間、想像、圖像、顏色、整體。

（直覺力、想像力、靈性、三度空間）

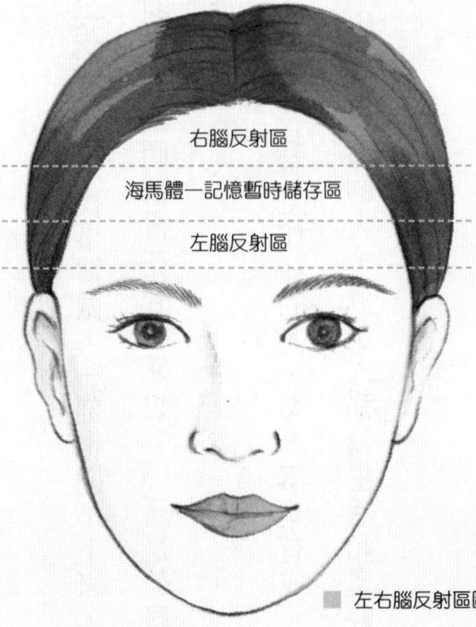

左右腦反射區圖

透視一個人的勞碌指數

我們周遭的朋友一定有那種平時精力充沛，總是找事情做，一刻也閒不下來，往往一休息就開始生病的人。面對這樣的人，我們總會在旁嘆氣說：「真是勞碌命」，或「工作狂」。但或許我們自己就是這樣的人。

其實，工作狂和勞碌命並不能畫上等號，因為有工作狂的人，多半事業有成，平時不得不忙，但也許很懂得生活享受。而勞碌命的人，似乎大都為生活和家庭而忙碌操心，少了一分閒情逸致。

其實「勞碌命」是好是壞很難定論，如果一個人忙得有意義，忙得自得其樂，

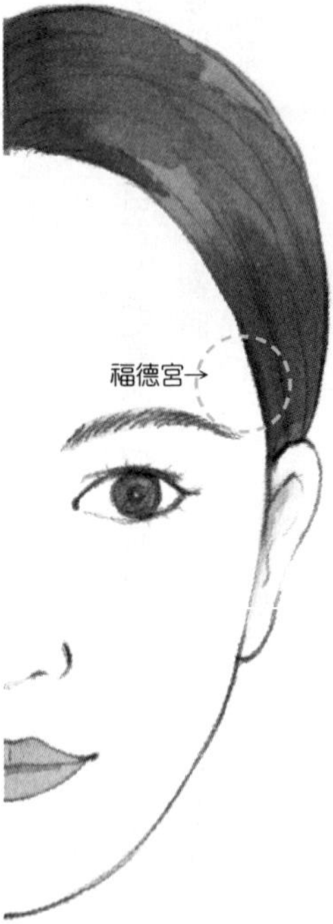

左右腦反射區圖

誰說不好呢?就像有許多退休的人，因為沒有工作，生活反而失去重心，老得更快呢!

如果我們是工作狂，那究竟是天生勞碌命還是後天環境使然呢?這時只要觀察眉尾上緣到髮際的部位——太陽穴，也就是所謂的「福德宮」，就可以知道答案了。

太陽穴狹窄、凹陷

太陽穴狹窄、凹陷，就表示一個人靜不下來，總會擔心這擔心那，想要去

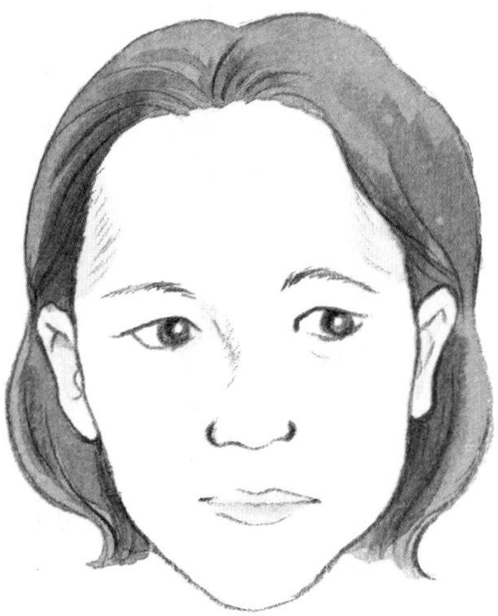

太陽穴凹陷

福德宮狹窄

嘗試做些什麼，是天生的勞碌命。若是女孩子也不會想乖乖待在家裡，結婚後最好還是當職業婦女。

他們情緒非常敏感，平時多愁善感，擔心的事情也多，不容易放鬆，所以會有神經質傾向，尤其是感情問題，比較沒有安全感。

如果太陽穴凹陷，皮膚又薄，那麼神經質的傾向會更嚴重，容易吹毛求疵、凡事要求完美，會影響夫妻感情。

比如嫁（娶）了一個帥老公（美麗的老婆），整天怕他（她）出去犯桃花，但若另一半長得很抱歉又怕帶不出去，自己給自己很多的無名煩惱。

因為凡事無法寬心，放不下，面對事情時往往會將事件放大，讓大家也跟著緊張，情緒起起伏伏，所以較為勞碌。

● 太陽穴寬平豐潤

太陽穴即面相學中「福德宮」的位置，顧名思義有德才有福，因此如果此部位平整豐潤，表示先天德性不錯，有積福德，是有福之人。

個性較容易放鬆，放得下，因此，雖然可能是個工作狂，但還是懂得忙裡偷閒，或是出遊旅行或享受美食，以紓解平日的壓力。

運勢流年篇

預知15—30歲的運勢

額頭的運勢流年為15到30歲，看的是一個人年輕的運勢。如果額頭有疤痕、痣或凹陷，則流年走到這個位置時，運勢較差，可能會遇到不如意的事，需要特別注意。

老一輩的人常說：「有天則貴」、「男要天庭」，所以女孩子選老公首先要看天庭，也就是「額頭」，究竟是什麼道理呢？主要應該和以前的環境及壽命長短相關。因為以前資訊不發達，且人的壽命短（約50-60歲），如果額頭相長得好，聰明才智自然比一般人好，吸收知識快，能應付惡劣環境，容易有功名利祿，年輕時就能走運。

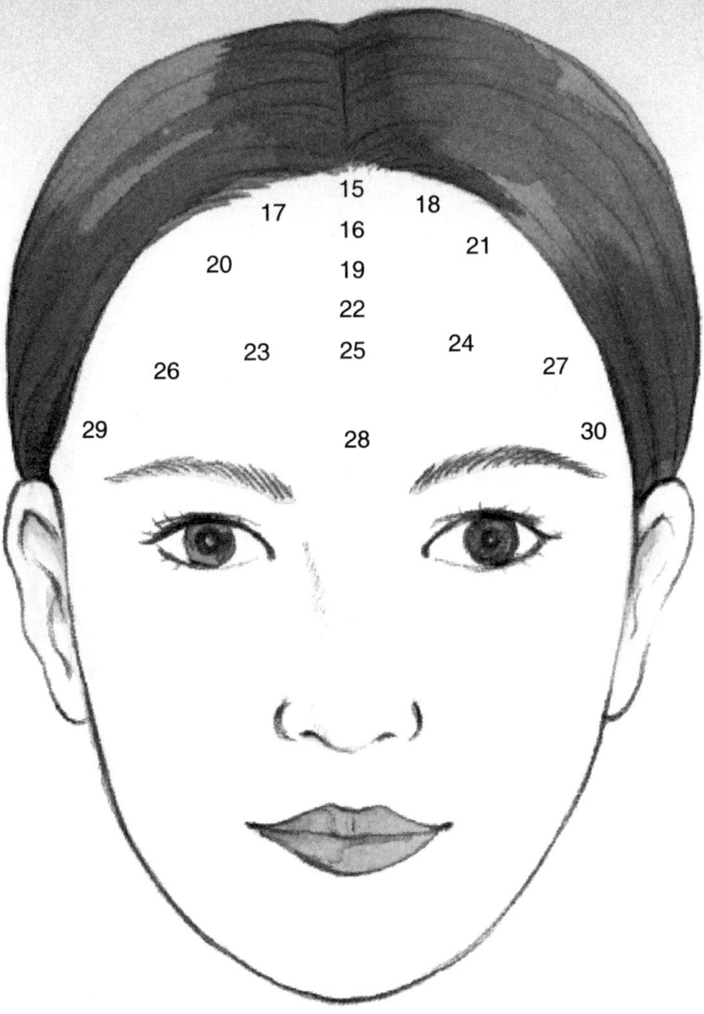

女性額頭運勢流年圖

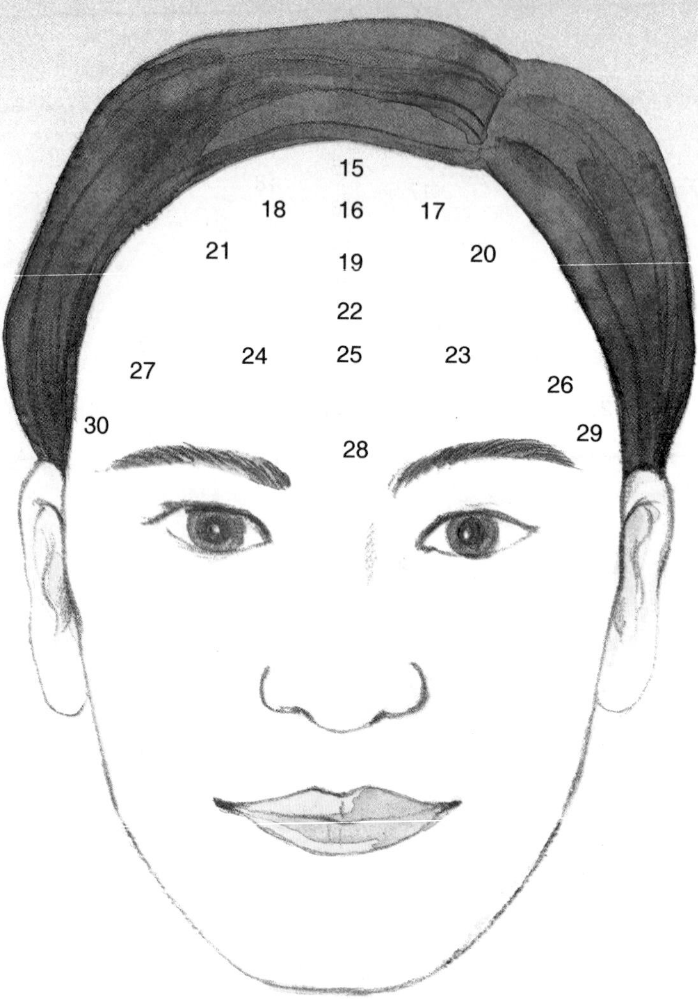

男性額頭運勢流年圖

所以一個人如果到30歲還一事無成，人生已走大半了，還能做什麼？所以男要看天庭。不過，現在醫療科技進步，人類的壽命長，15－30歲還是受教育期，人生事業幾乎30歲後才起步，實在無法定論一個人的成功失敗，因此還得看後運強弱才能定論，也就是往下的五官長得好不好。

若是只有額頭長得好，但卻沒有好的眉相、鼻相、下巴來搭配，以及往後自我的努力，可能就會成為「小時了了，大未必佳」的典型例子了。

● 額相好不好

在面相學上，額相好，根基好，代表容易得到父母的庇蔭，可以得到家庭的幫助。

如果額頭過低、過窄、凹凸不平，那麼學習能力較慢，也無法得到家庭太大的幫助，所以年輕時波折阻力較多，運勢較坎坷，經歷會比一般人辛苦。所以古代面相學上所說的父母宮即位於額頭上，不是沒有道理的。

印堂寬平或凹陷

印堂位於兩眉之間，鼻子之上（如圖），這也是命相學上所稱的「命宮」，可以看出一個人命運的吉凶。所以有人說，看面相首先要先看印堂的好壞，因為他關係到一個人先天的稟賦及發展潛力。

一般而言，印堂寬平飽滿（約手指幅一指半）、氣色紅潤，表示此人的運勢好，命格佳。如果印堂凹陷、或有不好的痣、疤痕，則不好，尤其在28歲左右的流年，凡事要小心保守一點。

此外，在解剖學上來說，印堂關係

印堂寬而飽滿

到一個人心臟的健康與否，所以印堂好，心臟功能好，則身體健康，運也自然不會差。

懸針紋

有些人印堂上會出現明顯的皺紋，如果有一條直紋出現在印堂中間，也就是面相學所說的「懸針紋」，是一種破相，表示此人一生勞碌，事業多波折，因為他們個性固執專制且神經質，易生是非。如果兩眉距離過近，則狀況更為嚴重。

一般來說，有懸針紋的人，28歲要特別注意，可能會有危險之事發生，可以多做一些好事化解危機。

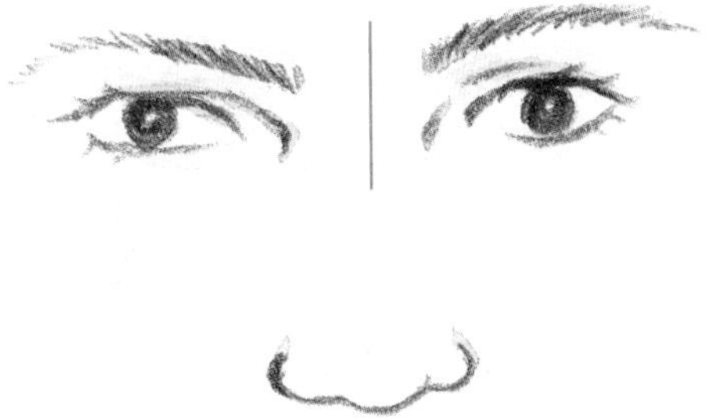

懸針紋

額頭有疤，思維受影響

如果臉上有疤痕，在面相學上都指破相，同樣，在前額有疤痕，則走該流年位置要特別注意。

根據解剖學分析，額肌受顏面神經的支配，而且上接於頭顱頂上的腦神經。有疤痕時該部位的表情肌、額肌就無法伸展自如，因而影響到腦神經及腦部整個血管的含氧量，思維判斷力會受影響，運勢自然不好。

預知年輕時的壓力勞碌指數

年長者常自我激勵表示，「皺紋是智慧的累積」，不過皺紋也可能是勞累過度的痕跡。皺紋不是年長者的專利，年輕人一樣會出現皺紋，而出現在額頭部分，就是所謂的「額紋」或「抬頭紋」。

抬頭紋的出現，是臉部情緒反應的跡象，表示多思慮、疑惑、常皺眉，這時顏面神經會被牽動，額頭的皮下組織之膠原蛋白會慢慢斷裂，而形成紋路。抬頭紋愈多，表示年輕時愈勞碌，壓力大，可能需要承擔家庭經濟重任或工作壓力太大……等情形。

我們的喜、怒、哀、樂也會牽引出皺紋，留下情緒的生命紀錄。一個人到四、五十歲，尤其是男生，如果沒有皺紋，有可能是美容的關係，也有可能為人虛偽、冷淡而少表情之故。

額紋又有以下橫紋及直紋之別，各有不同的意義。

橫紋

通常額頭出現橫紋是較正常的情況，表示在疑惑時會抬頭遠望，思考如何突破，順便運動一下臉部肌肉，而非自我抑鬱。抬頭紋愈多，表示年輕時愈勞碌，在額頭不同的位置也有不同解釋。靠近上額髮際的抬頭紋稱為「天紋」，表示貴人多、能獲長輩提攜；在額頭中間稱為「人紋」，表示意志力強，能突破難關；靠近眉稜骨的抬頭紋稱為「地紋」，象徵助緣多，有來自朋友或部屬的協助。

額紋斷斷續續的

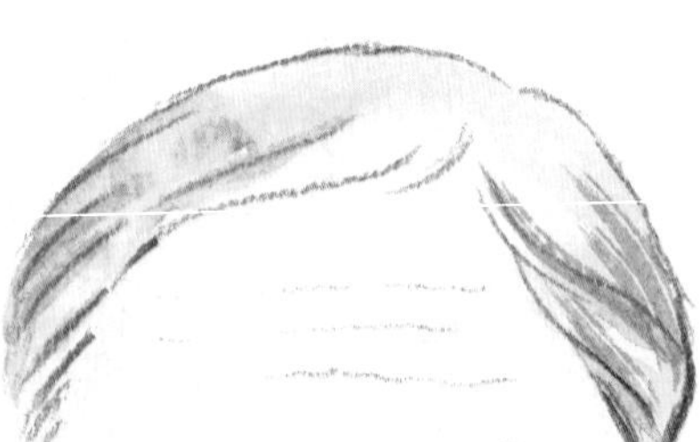

三條橫紋

如果紋路斷斷續續，沒有接連在一起，表示遇到煩惱和瓶頸容易壓抑自己，較無法突破困境。所以，額紋以三條橫紋、尾端微微上翹、不斷續最佳。

● 直紋

如果抬頭紋是直紋，這種情況比較不好，表示思緒上常帶有煩惱、緊張、驚恐、驚嚇等因素，其膠原蛋白組織會形成一塊一塊，沒有接連在一起。

直紋

23－25歲的壓力

如果你仔細觀察，應該可以發現，許多人在23、24、25歲的流年上，會有一點凹陷的現象，此區是左、右腦的分界點——海馬區。

如果海馬區凹陷，表示記憶力較差，這期間也會有來自感情、事業或婚姻等壓力。若凹陷嚴重或有痣、疤，在這個流年期間，就要事事謹慎小心。

以古代而言，男生在23-25歲是適婚年齡，女孩子可能已經生了幾個孩子了，因此容易有婚姻上的問題。現代的這個年齡期多半是大學剛畢業，同樣也面臨人生的抉擇期，不管是就業或感情方面，因而容易產生壓力。

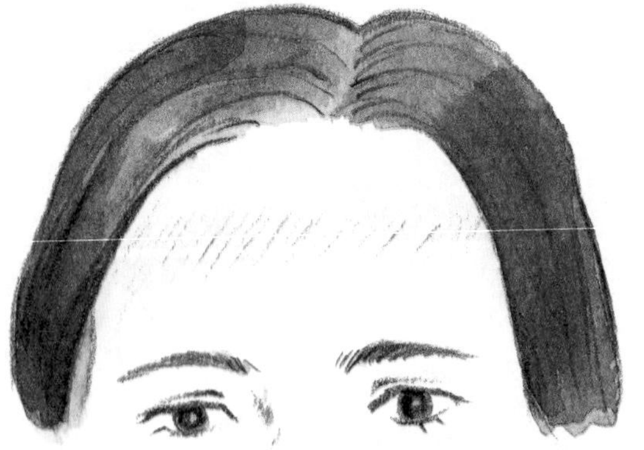

海馬區凹陷

從天庭診斷身體健康

從天庭可以看出一個人記憶力、腎臟、心臟功能……等好不好，此外天庭呈現出一個人的思維模式與聰明才智，不同的思維模式會有不同的情緒表達，這些都和健康息息相關。

所以西藏的佛教徒相信，「關於癌症之類的疾病，其實是一種警訊，提醒我們生命中一直忽略的深層部分，比如精神的需要。」

又如右腦思維的人天生對藝術敏銳，情感靈敏豐富，因此歷史上許多知名藝術家多半有精神性方面的疾病。又如醫學上發現中風患者說話表達能力困難，表示左腦語言區功能受損。

養生保健篇

海馬區凹陷——記憶力

海馬區是左右腦交接處，如果凹陷嚴重，表示記憶力不好，若是加上失眠、肩頸酸痛，那麼大腦細胞會死得更快，對健康影響甚大。

太陽穴凹陷——神經質

福德宮凹陷的人，天生比較勞碌，如果不懂得適時紓解或養生，容易患有長期性疲勞的症狀，如此一來免疫功能下降，容易生病，也需要多加注意。

以解剖學來說，太陽穴凹陷的人，肩骨架構較小較不好，如此胸腔體積就小、空間小，五臟六腑相對就小，器官運作時相對快速。所以這種人略帶神經質，如果凹陷愈嚴重則愈敏感、神經質。

愈敏感愈神經質的人，通常情緒起起伏伏，先天上比較容易有偏頭痛的症狀。

如果飽滿，則情緒好，肝功能也比較好。

若是太陽穴長青春痘，顯示最近令你操心煩心的事特別多，疲勞過度，肝火太旺，應多休息。如果你最近夫妻或男女朋友吵架，太陽穴的地方也可能長青春痘，因為生氣時氣血凝結在裡面之故。

印堂凹陷——心臟

印堂凹陷晦暗代表肺氣不順，缺氧，胸悶，印堂豐隆光亮則心胸寬、肺氣旺，抗力強。如果嚴重凹陷，則可供應氧氣通過的空間小，氧氣供應量自然少。血液中如果缺乏氧氣，就無法充分提供心肌運轉所需，心跳自然會加快而不正常，所以容易有心臟方面的疾病。

所以，如果你的印堂先天凹陷嚴重，平時就要多保護肺部及心臟健康，如果近期內（幾個小時、幾天或幾星期前）有胸痛的感覺時，就要特別注意了，這可能是心肌梗塞的預警。

●額頭長青春痘或長斑——心火

如果你吃了太多的油炸食物，如鹽酥雞、臭豆腐……，或是晚上熬夜不睡，這些對健康不好的飲食習慣及生活作息，額頭會毫不客氣地提出警告，那就是長青春痘、長斑，或者比臉部其他肌膚都紅，讓你好看。

這表示你心火太大了，此時情緒一定不好，壓力大，交感神經亢奮，使得心跳加快，心臟功能就變得不正常。事實上，受害者是心臟。

●額頭氣色灰黑——腎臟

額頭是腎臟的反射區之一，如果額頭氣色灰暗，易掉頭髮，表示腎臟問題已相當嚴重，如尿毒症患者，全臉晦暗，需長期洗腎。不過，如果只有前額晦暗發黑，大部分表示有心血管的疾病。

事實上，腎功能好不好，更詳細的情形，還需從許多方面觀察——耳朵、下巴、下眼瞼等，以後的章節會進一步詳加說明。

腦部基礎保健方法

人類的腦由左、右兩個大腦半球所組成，兩個半球間以神經纖維相連接。要強化大腦，首先要令連接它的神經纖維活躍，正常運作。根據研究，一個直徑百分之一毫米的腦細胞，可連接1000至10000條神經纖維，此連接者名為突觸。在整個大腦中，至少有十兆個以上的突觸。

大腦不僅作知性的活動，更主掌全身肌肉運動、觸覺，即手、腳等與外界接觸時的感覺。新的刺激，新的體驗，會令大腦的突觸與神經纖維形成新的組合，使大腦逐漸增加處理資訊的能力。不僅如此，想像力也會變得豐富，且有包容力，能產生新的構想，直覺也變得敏銳，判斷力更為傑出。所以人的智力高低，聰明與否，並非取決於腦細胞量的多寡，而是看各功能區域間的連結程度。連結度高，反應能力相對提升，連結不佳，只是徒然浪費腦部的空間。

人類離開母胎後，腦細胞就不再分裂了，但細胞會增長，腦容量約出生時的5.5倍。腦部雖小，約只有人體體重的2.5％，但其氧氣消耗量卻是全身的30％－35％，所以只要3－4分鐘缺氧，即可宣判腦部死亡。

大腦的結構既複雜又充滿神奇的奧秘，每個人約有1000億個腦細胞，但我們終其一生用不到10％，就是發現「相對論」的愛因斯坦，也只用到13％而已。人類在20歲後，一天內會壞死約十萬個腦細胞，但如果保持帶氧運動，可以大幅減少腦細胞的死亡。以下為強化大腦，減少腦細胞死亡的基本方法。

● 良好的睡眠品質

大腦消除疲勞的主要方式是睡眠。長期睡眠不足或睡眠品質太差，會加速腦細胞的衰退，聰明的人也會變得糊塗起來。因此，最好能戒掉一邊睡一邊聽音樂、廣播，以及開著電視睡覺的習慣，安眠藥或鎮定劑非必要時盡量不要使用。

適當的運動

有氧運動有助於吸收更多新鮮氧氣，使頭腦活化，減緩老化速度。當身體疲勞、頭腦昏沉的時候，起身做做運動，效率更好，如擴胸運動。

平時多動腦

思考是鍛練大腦的最佳方法（但不能過度），不願動腦的情況只會加速大腦的退化，聰明人也會變笨。故一些創意性思考、活動，如藝術創作、旅行……等，可刺激大腦。要特別注意的是，在身體不適或患有疾病時，最好不要勉強學習或工作，如此不但效率低，且容易造成大腦損害。

正確的飲食知識

每餐只要7—8分飽即可，因為長期飽食，容易導致腦動脈硬化、腦早衰和智力減退等現象。要吃早餐，因為不吃早餐會讓血糖低於正常供給，對大腦的營養供應不足，長期下來對大腦有害。甜食勿攝取過量，因為它會減少對高蛋白和多種維生素的攝入，導致機體營養不良，從而影響大腦發育。

勿抽菸

根據統計，長期吸菸，會使腦組織呈現不同程度萎縮，易患老年性痴呆，所以最好不要抽菸。

保持空氣新鮮、流通

大腦是全身耗氧量最大的器官，唯有充足的氧氣供應才能提高大腦工作效率，故要保持空氣流通及避免長期待在空氣污染的環境中。此外，最好不要蒙著頭睡覺，因為此時棉被中二氧化碳濃度升高，氧氣濃度不斷下降，長時間對大腦危害極大。

●穴位按摩——頭痛

當你感覺頭痛，整個頭重重的、昏沉沉的，先以指尖觸摸天柱穴、風池穴，會發現這些地方好像有小小的硬塊；接著以拇指壓揉到硬塊變軟，就可以改善了。此外，也可以用熱毛巾抵住

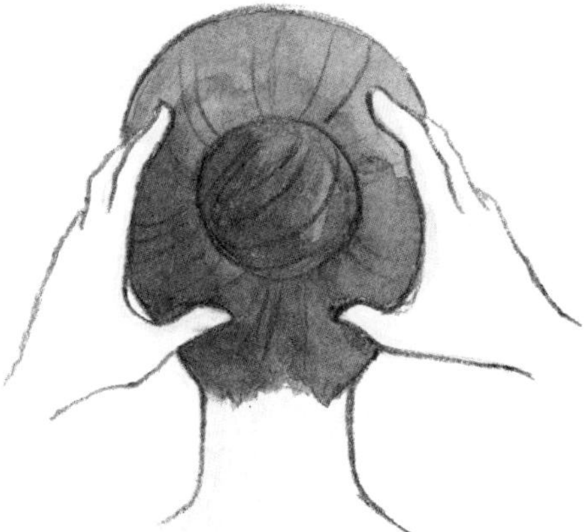

沿著顱骨下方的曲線，
按壓天柱及風池兩穴位

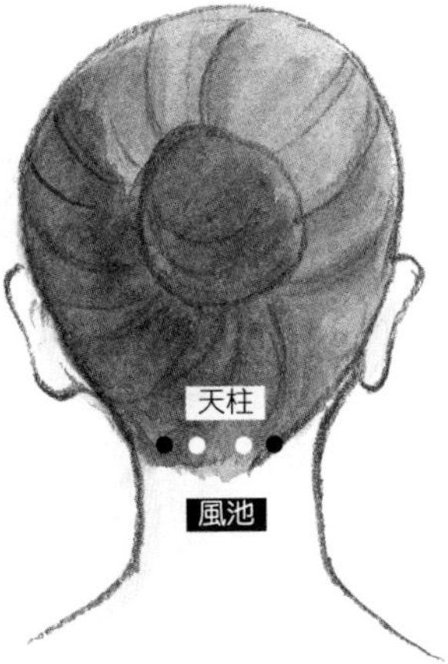

天柱穴、風池穴位置圖

穴位熱敷。

穴位按摩——額頭痛

當你感到前額刺痛時，可以拇指關節按壓刺激臨丘及頭維穴位，像畫圓圈般旋轉約20-25次，即可改善。

保健養生的飲食法

看了天庭所代表的個性、運勢後，我們就可以理解自己或別人為什麼某些

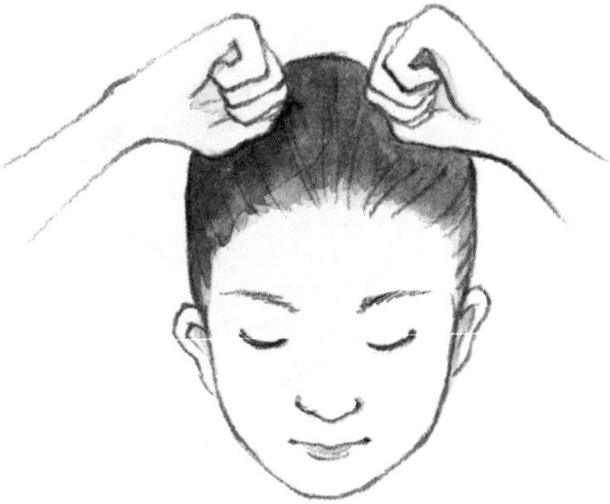

握拳，以兩手拇指關節，
同時刺激臨丘穴及頭維穴。

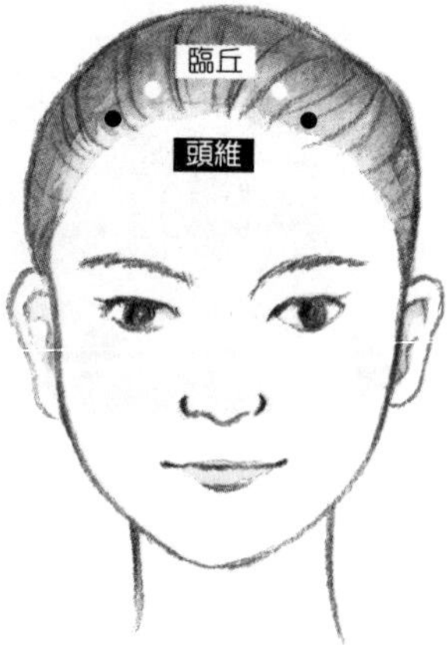

臨丘及頭維穴位置

部位特別弱，容易罹患某種疾病了。現在你不但可以為自己診斷，也可以充當一下別人的醫師，不過更重要的是「預防重於治療」。

平日懂得養生保健的人，通常比實際年齡來得年輕有活力，如運動、飲食作息正常、補充維他命、礦物質或健康食品……等；對於已經有疾病徵兆或生病的人，補充相關營養素更是刻不容緩的事。

要強調的是，以下營養素及飲食上所列出的各項建議，僅表示患有該症狀者平時可多攝取。因為，維持健康的不二法門，最基本的是營養、飲食要均衡，還有規律的生活、適當的運動，及時時保持心情愉快。如果平日只靠補品、藥物，而完全不運動或生活、飲食不正常，那就是捨本逐末了。

●增強記憶力

維生素：B_1、B_{12}、膽鹼、葉酸、菸鹼酸。

礦物質：鈉、錳、鉀、鋅、硒。

食物：魚類、大豆類、紅棗、蓮子、龍眼、蜂蜜、栗子、核桃、木耳、金針菜、杏仁、香蕉……等。

保健食品：花粉、蜂王乳、蛋油、卵磷脂……。

減緩頭痛

維生素：A、B_1、C、E、葉酸、菸鹼酸、膽鹼。

礦物質：鎂、鋅。

食物：山楂、紅糖、黑木耳、白木耳、鱷梨、堅果、魚類（鮭魚、鯖魚）……。

保健食品：絞股藍、靈芝、蛋油、卵磷脂……。

其他：避免巧克力、柑桔類水果，紅酒等。

預防心血管疾病

維生素：B_1、B_2、B_{12}、C、E、菸鹼酸、葉酸。

礦物質：鉻、鎂、鋅、釩。

食物：蔬菜（番茄、香菇、蓮藕、茼蒿、美國芹、洋蔥、高麗菜、苜蓿芽、蒜…等）、水果（番石榴、檸檬汁、草莓、葡萄…等）、植物蛋白（豆漿、堅果、全穀類）、山楂、綠茶……

保健食品：靈芝、月見草油、納豆酵素、紅麴、巴西蘑菇、卵磷脂。

其他：少吃多運動、戒菸、避免體重過重。

改善慢性疲勞

維生素：B群、葉酸、菸鹼酸、泛酸、C、E。

礦物質：鎂、鐵、硒、釩、鉻、銅、鈉。

食物：豆類、堅果類、魚類（鯖魚、沙丁魚）、綠色蔬菜、芝麻、花生、麥麩……等。

保健食品：蜂王乳、人參、絞股藍、冬蟲夏草、刺五加、瓜拿那、蠻哥。

其他：多運動、生活正常、均衡的飲食。

治療青春痘

維生素：A、B_2、B_6、C、E。

礦物質：鋅、硒。

食物：蔬果、高纖維（甘藍菜、香菜、菠菜、青椒、綠甜菜、生薑根、胡蘿蔔……）。

保健食品：花粉、葡萄籽、靈芝……。

其他：勿擠壓、避免油炸食品。

眉毛

人際關係的・情緒的

悲觀與樂觀、感性與理性、

異性緣與同性緣、支氣管與肝臟功能

眉毛最能將人的情緒表現得淋漓盡致，而且人的肺部器官在臉部健康的反射區也在兩道眉毛，若是支氣管、肺部有疾病徵狀，皆可看得出來。根據研究，中國著名的小說《紅樓夢》中，女主角林黛玉可能患有肺結核，這跟她長年蹙眉及敏感多疑的情緒表現息息相關。

話說賈寶玉第一次看見林黛玉時，印象便是：「兩彎似蹙非蹙籠煙眉，一雙似喜非喜含情目。態生兩靨之愁，嬌襲一身之病……心較比干多一竅，病如西子勝三分。」將林黛玉臉上的愁思與病態美描述得非常傳神。籠煙眉指的就是淺淡的眉形。

此外，賈寶玉當場又送了林黛玉一字「顰顰」，也就是皺眉的意思，這時有人問出於何典故，賈寶玉說，「西方有名石曰黛，可代畫眉之墨。」

古時候，「黛」是一種畫眉石，據說磨起來像墨一般，所以古代婦女往往將眉毛剃除，用黛石畫眉，所以「黛」又有「代」替的意思，也就是說用黛石取代原來的眉毛。

所以，寶玉又說這林妹妹，眉尖若蹙，取「顰」這個字最恰當不過。

林黛玉體弱多病、對感情太敏感脆弱，常常為了賈寶玉對人的多情，而不時生悶氣或眼帶淚水，所以林黛玉的丫頭紫鵑實在看不過了，曾經勸過：「這樣哭哭啼啼，豈不是自己蹧蹋了自己的身體，況且姑娘這病，原來素日憂慮過度，傷了血氣，姑娘的千金貴體，也別自己看輕。」雖然紫娟是個丫頭，不過卻了解情緒的好壞，會影響健康。

林黛玉也常常咳嗽，因此有一次賈寶玉問林黛玉，現在夜晚愈來愈長了，你一夜究竟咳了幾次？又醒來幾遍？林黛玉回答，昨天晚上還好，只咳了兩遍，不過只睡了一會，就再也睡不著了。

不過，由於林黛玉多愁善感，總是憂愁的時間多，身體健康也就一日不如一日了。有一天晚上，林黛玉作了惡夢，驚醒時滿身大汗，之後便咳嗽不停，一直到天亮。後來丫頭紫娟才發現林黛玉開始咳血了，心裡實在害怕，立刻告知賈母請了大夫。

就在這個時候，聽說賈寶玉就快和薛寶釵定情結婚了，病情更是變本加厲，咳血轉成吐血，最後更是連續吐了三次血，渾身流著汗，就在賈寶玉與薛寶釵正式結婚那個時辰，便斷氣了——香魂一縷隨風散，愁緒三更入夢遙，只能感嘆自古紅顏多薄命了。

其實，薄命的應是那多愁善感、愁眉不展的情緒吧！

看見眉毛的奧秘

在五官中，眉毛最容易被忽略，其實它最能清楚表現出一個人的情感，看出我們現在心情如何。兩道簡單的眉毛娓娓訴說著我們的喜、怒、哀、樂。

在眉毛的周邊，有掌管表現臉部感情的表情肌。當你快樂時，就會眉開眼笑；當有煩惱憂愁時，就會眉頭深鎖；當你看到喜歡的人，難免會來個「眉目傳情」。所以即使你不開口說話，心情早已誠實地寫在眉眼上了。

中國古代女子，會將不好看的眉毛完全剃掉，然後再畫上柳葉眉，顯得心細溫柔，也發展出夫妻間所謂的「畫眉之樂」。古埃及女子則習慣把眉毛畫得細細長長，直到眼尾，讓人看起來較有活力。

眉者媚也，不管男女，眉毛能展現一個人的魅力及精神或威嚴。如眉毛粗濃者，給人男性的印象，眉細者則是女性溫和的印象。所以我們對人第一印象的喜惡，大都受到眉毛濃淡形狀的影響。

在中國傳統戲劇中，如國劇、歌仔戲，只要看到眉毛畫成「豎眉」的模樣，觀眾就知道「奸臣」的角色出場了，又不知道有多少人要受害了，這源自於命相學的說法，因為豎眉的人容易瞞上欺下、反叛心重。

又如《水滸傳》中的梁山好漢，個性粗獷，路見不平拔刀相助，喝起酒來三大碗先乾了再說，我們可以想像他們的眉毛必定是又粗又濃又寬。

在面相學上，眉毛最能表現出一個人和兄弟姊妹的情感淡薄及人際關係了。此外，從眉毛更可以看出肺部、肝臟……等健康情形，因此絕不可等閒視之，認為它只跟美不美觀有關係而已。

如何判別好的眉相

● 退印——兩眉不要連在一起，要相距約一指半到兩指，表示印堂開展，心胸寬闊。

● 居額——就是眉毛不要壓迫到眼睛，造成眉壓眼的情形，即最好能靠額頭方向生長，而非靠近眼睛。

● 毛順——指毛流要順，不要有逆生（反向生長）、直豎（向上豎立）、旋毛、斷眉等現象。這樣的人情緒管理好，比較不會和別人起正面衝突。

● 過目——眉毛長度要比眼睛長，眉長情長，和兄弟姊妹間的感情好，人際關係也會好。

● 尾聚——眉尾代表理性，所以眉尾要聚合收尾。如果是疏散或像掃把一樣散開，表示比較不理性，不會理財，容易亂花錢，是露財的眉相。

● 有彩——人的眉毛通常不只一種顏色，在顯微鏡或放大鏡下觀察，會發現通常眉毛的尾端是白色的，然後愈靠近眉根顏色愈深。相傳中國堯舜時代，堯的眉毛有八種顏色，所以眉毛顏色愈多的人，愈有貴氣，為貴人之相，就像稀有美麗的鳥類一樣，顏色愈多愈有價值。

● 有揚——也就是眉毛能往上揚起再往下彎一些，如同大鵬鳥展翅高飛一般。如果往下生長就是八字眉，易多愁善感，自我主義強。往上直揚沒有再往下彎就是豎眉，易瞞上欺下。若是一直線則成一字眉，眉直心直，會朝目標直衝，且心直口快。

●根根見肉——也就是我們觀眉時可以看見眉毛下的肉色，不要一片漆黑，猶如黑墨一片不清秀，這樣運勢會不太好。

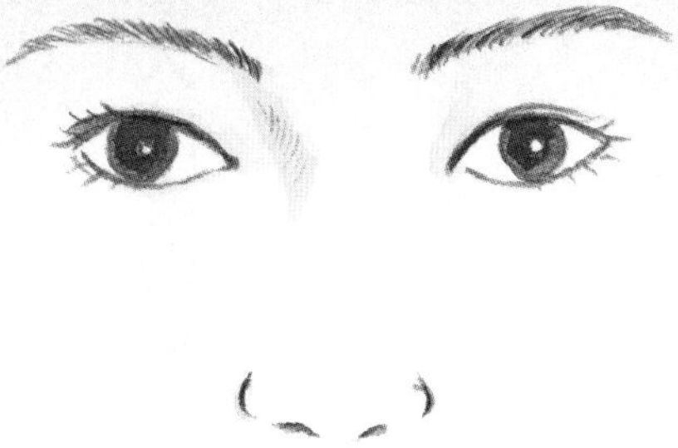

■ 好的眉形

■ 一字眉，眉直心直

透視一個人的樂觀與悲觀

有一個小男孩，靠著牆倒立著。

大人很好奇地問他：「你在幹嘛！」

小男孩說：「我心情不好啊！」

大人問：「那為什麼要倒立呢？」

小男孩說：「因為正著看這些人、這些事，我會心煩，所以我倒著看世界，就覺得所有人事物都變得好笑了，我就會好過一點。」

基本上樂觀的人，人際關係通常不錯。如何看出一個人是否能和這個男孩一樣樂觀?秘密就藏在我們的眉毛部位，仔細觀察，其中大有學問。

兩眉距離寬近

兩眉之間——即命相學上稱的印堂部位，其寬度約一指半至二指是正常的寬度，稱為眉開展。眉開展的人，樂觀，心胸寬闊。

兩眉距離太近的人，做事專注、對感情專一，但容易鑽牛角尖，想得太多，患得患失，往往兩眉緊縮在一起，蹙眉愁容，有悲觀的傾向，而且性格往往令人難以掌握。若是兩眉連

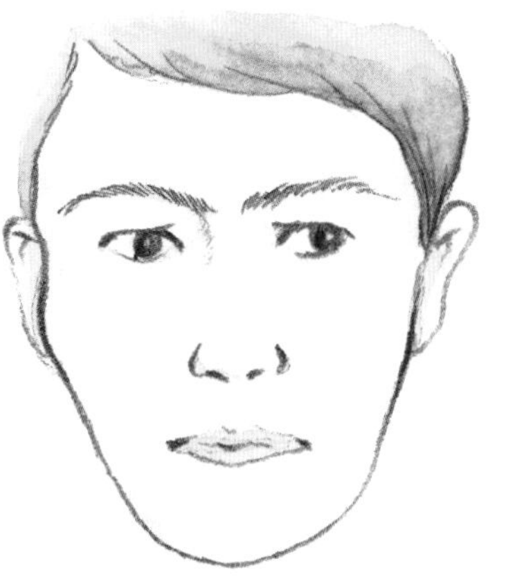

兩眉太近

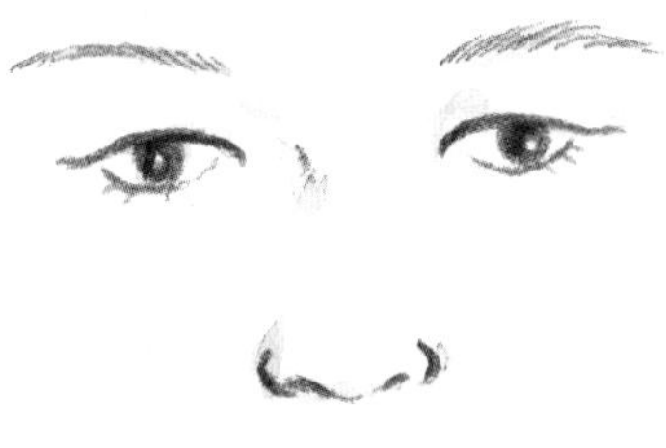

兩眉太寬

在一起，則此情形更嚴重。

兩眉之間距離太寬的人，則因為凡事太樂觀、得失心不重，而顯得有些懶散，做事意志不易集中，有時容易被騙。

眉尾下垂、八字眉

眉尾下垂，形成八字眉的人，個性多愁善感，對於事情容易有負面的想法。不過八字眉的人成就往往比其他兄弟好，行有餘力還要協助兄弟姊妹，所以壓力也相對較大。

八字眉

透視一個人的感性與理性

在中國歷代的典籍中，形容美麗的女子時，幾乎都擁有兩道細細的柳葉眉，似乎就是心思細膩、溫柔、高貴、感性的代表。其實在佛像畫中，最常看到的就是這種柳葉眉，可見這是大家心目中理想的有情人。

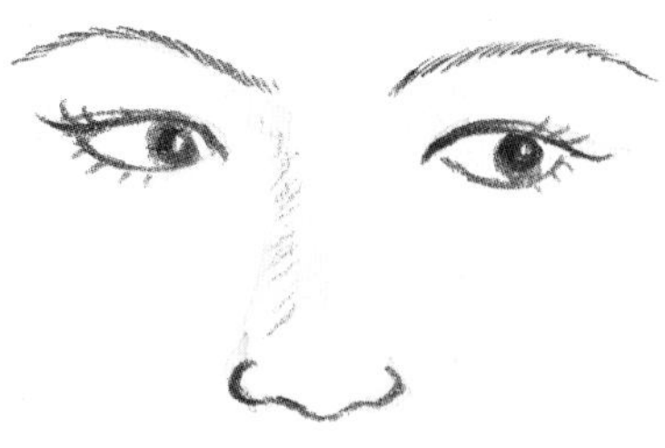

柳葉眉

其實一個人感情的濃淡，有許多因素影響，很難從單一器官判別，需要以整體觀來判斷。以下有幾種方法可以判斷一個人究竟是有情還是冷淡、理性還是感性。

●眉毛長、眉毛濃

眉毛濃、眉毛長、耳朵厚、雙眼皮、鼻頭圓、嘴唇厚的人，都是比較重感情的感性之人，只是略有不同。

眉濃情濃，喜歡一個人時濃情蜜意、感覺強烈，可以說愛恨分明。眉長情也長，眉長過目的人和兄弟姊妹緣分關係好，因此人際關係通常也不差。不過，兄弟姊妹感情好，有時也會牽絆太深，無法離開親人。女子即使結婚後，也和娘家保持良好互動關係，有時會比較擔心自己娘家的人而非自己的丈夫；男生則重視家庭勝於老婆。

雙眼皮的人若加上溫柔水汪汪的眼睛，則感情豐富、熱情，桃花比較多。鼻頭圓的人，心地善良，不會害人。嘴唇厚的人情慾重，也是多情感性的表現。

眉毛短、眉毛淡

感情淡的人，通常比較理智，做起事來比較不會受情面問題影響，相對的讓人有種冷酷、無情的印象。

所以眉淡的人情也淡、眉短情也短。此外，眼露凶光或凸眼、鼻頭尖、嘴唇薄、鼻子大等特徵，也是判斷一個人是否較無情冷淡的方法。

鼻頭尖的人，比較會為自己著想、個性丫霸（台語）；而鼻子大的人主觀、果斷，一旦決定好一件事，就很難因別人說情而更改，在這種情況下就顯得比較無情了。

三角眉

有的人眉毛短而濃，形狀如三角形，就是面相學中所謂的「三角眉」。有這種眉形的人大都勇於追求理想、行動力也強。因為他們膽識大，意志堅強而固執，俗稱「勇士眉」，為達成目的，再多的挫折也不怕。

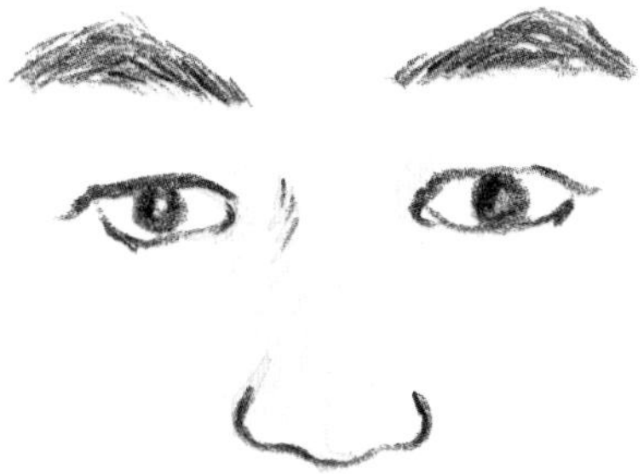

三角眉

透視一個人的脾氣好壞

有些人跟別人講不到三句話，就吵起來，甚至打架，或是因為別人一句話就動刀動槍的，脾氣暴躁得不得了；有些人則沒什麼脾氣，你罵他也不會生氣。如何判斷一個人是屬於前者或後者？從眉毛即可窺知一二了。

「眉順，運就順」，運勢順的時候，情緒比較穩定，也就是情緒管理比較好；如果長得不順，則眉亂心亂。當我們情緒不好時，說話難免比較衝動，所謂「相罵無好話（沒有一句好話）」，此時容易得罪別人、傷害別人，人際關係就不好。所以，情緒會影響到朋友關係、人際關係，不得不注意自己的情緒管理。

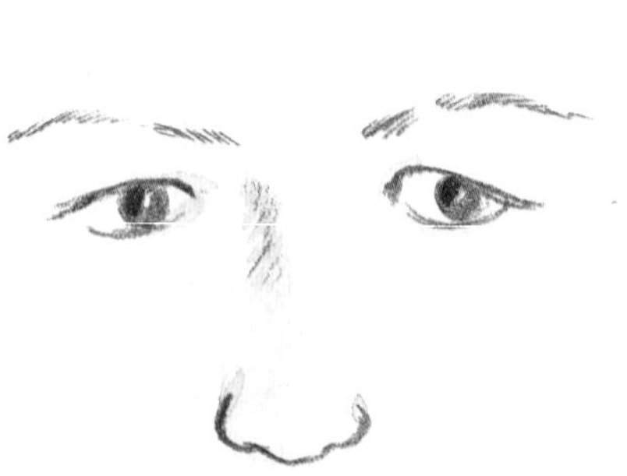

斷眉

眉順指的是眉毛的眉流順著眉稜骨生長，沒有逆生、不對稱、豎眉、斷眉……等情況而言。眉毛和情緒關係密切，長得好情緒管理就好，此外，太陽穴飽滿或鼻子高大的人，比較不會有神經質，所以情緒管理也比較好。

眉壓眼、眉直豎

眉毛和眼睛的距離太近（少於一個指頭寬），在面相學上稱為「眉壓眼」。眉壓眼的人是急性子，做起事來像急驚風，如果工作夥伴是個慢郎中，就可能格格不入，有得爭吵了。

還有一些人眉頭的眉流往上長或往內長，即俗稱的眉頭放箭，這樣的人個性也會比較急。不過，女性在生理期時，眉頭的眉毛也容易豎起來，因為

眉壓眼

這段期間通常情緒比較不穩定，容易暴躁之故。

若眉毛和眼睛距離一個指頭寬以上，田宅宮（上眼瞼）開展，則顯示做事不急不緩、有條有理。

如果眉壓眼加上鼻子漏竅的話，則個性急躁，做起事來比較草率，往往只是想趕快把事情完成，至於品質好壞就管不了那麼多了。若加上右腦型思維的話，則做事急躁且容易衝動，管他三七二十一結果如何，事情先做了、人先罵了再說。

有些人眉壓眼，可是一點都看不出是個急性子，感覺悠哉悠哉的，可能是因為他有個大鼻子、有肉且密，所以情緒管理比較好，且處世圓融，雖然內心著急，但情緒控制得宜，讓人感覺不到他著急的樣子。

● 眉毛短、粗濁

眉毛的長度比眼睛短的人，個性孤僻，比較難相處，與兄弟姊妹緣較薄，通常人際關係也不好。

如果一個人眉毛比眼睛短且粗又濁，看不到眉毛下的肉色，那麼我們可以知道此人個性激烈、剛愎自用，與人溝通一言不合時，容易起衝突，甚至造成鬥毆事件。因此，在命相學上有這種眉毛的人，通常妻緣薄、子女少、與兄弟之間感情薄，發生事情時無法得到幫助。

鎖眉

如果眉與眉之間的印堂部位也長毛，即兩道眉連在一起，這就是命相學上所說的「鎖眉」，這樣的人個性偏激躁急，通常家庭也多是非。此外眉稜

眉短、粗濁　　眉比眼睛短

骨過於高凸之人，性情較為剛烈自負，容易有誇大的傾向。

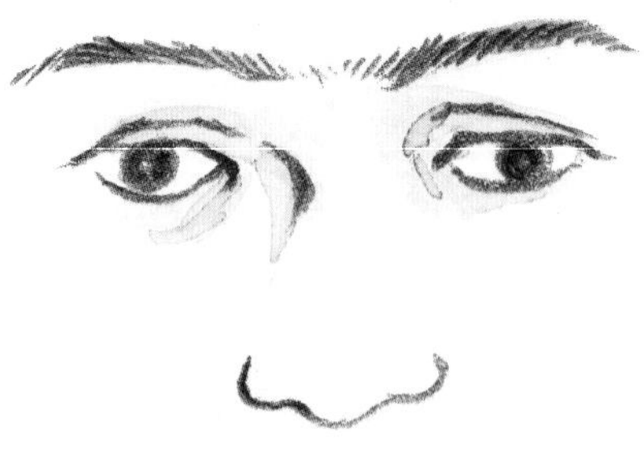

■ 鎖眉

你有雙重個性嗎?

其實，每個人或多或少都有雙重性格，只是程度差別而已，因為我們不可能在每一個人的面前說同樣的話，或自在地表現真實的本性。

如何了解一個人是否有明顯的雙重個性?有幾項基本判斷方法，符合愈多項者，雙重個性愈明顯愈嚴重。

- 左、右耳大小不一
- 眉毛高低不一致
- 眼睛大小不一
- 鼻孔大小不一

預知31－34歲的運勢

眉毛的流年是31－34歲，分別在兩道眉的眉頭（眉毛前半段）、眉尾（眉毛後半段）。如果流年走到眉毛時，眉毛長得好壞、是否有痣、有疤痕、斷眉等，都會影響整個運勢的起伏好壞，所以有一句形容詞叫「揚眉吐氣」。

記得我23歲時，工作休息之餘，常到植物園去散步，當時有個70多歲的老人告訴我，「年輕人，你不到30歲時會是千萬富翁」，當時我不以為意，也就沒有放在心上。

後來我真的做到了，而且在33歲左右已是億萬富翁，但是也因為如此，差點連性命也賠進去了。當時意氣風發，當了獅子會會長，常到世界各國遊玩，由於心不在事業工作上，最後導致投資過當，且公司產品出問題……。所以，人在倒楣時，似乎兵敗如山倒，實在很慘。

後來我學了命相學，才知道原來我的眉相早告訴我，33歲時要特別小心，因為我高中打籃球時接近眉尾部分受傷縫了幾針，當時並沒有好好治療，以至於留下疤痕，造成破相。

眉毛的運勢流年是31—34歲，所以我33歲時，眉運剛好走到受傷之處，就有災難波折。如果我早點學會面相學的話，也許就會提醒自己勿沉醉在現況而大意了。

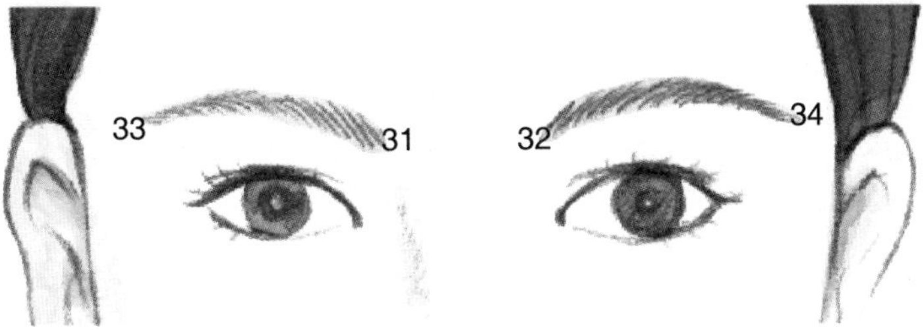

■ 女性眉毛運勢流年圖

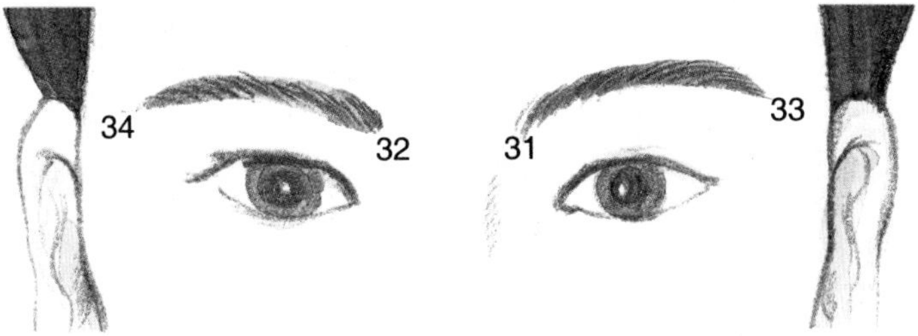

■ 男性眉毛運勢流年圖

眉相好

面相學上說，眉順運就順，眉順感情順；「少年兩道眉，老來一撮鬚，眉秀近貴。」怎麼說呢？因為兩道眉長得好的人，心胸開闊，情緒管理得宜，做事不會急躁。

如果額頭又長得漂亮，則有加乘效果，年輕的運勢會走得很好，屬於早發型早開運的人。如果再搭配一對好眼睛，則表示環境適應力好，能在變動的環境中生存得很好。

眉相不好

如果眉壓眼、兩道眉的眉頭不對稱、或眉毛逆生、眉頭直豎放劍，往往會因為掌控不了自己的情緒，無意中得罪人，破壞了人際關係，不管是在工作事業上或感情上，都容易有波折，會覺得事事不順心。

我們常常將雙眼比作日月，兩眉如流雲，眉壓眼之人猶如兩片烏雲籠罩，愁雲慘霧，當然年輕運勢就好不起來；反之則雲開見青天，能展翅高飛，運勢自然好。

在心理層面來說，眉壓眼的人，似乎需求比較多，總是急著到達目的地，完成目標；反之，眉好的人，在心靈上可能沒有迫切性的需求，做事不急不緩，一般來說福報比較大。

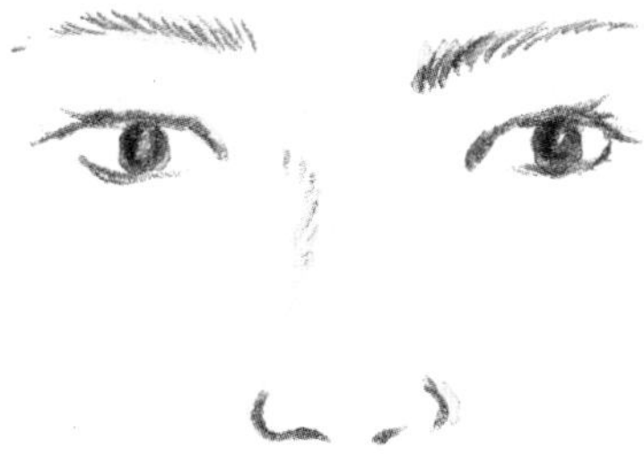

眉頭不對稱

眉毛長痣

眉毛長痣的人，會不會影響運勢呢？基本上如果長在眉下，看不到痣者，命相學上認為是：「石中藏玉」，不會有影響，有時可能會帶來好運勢，但在該流年也會有影響。其他情況如下：

- 眉頭長痣：表示個性剛毅及呼吸系統不好。
- 眉尾長痣：表示搬家機率比一般人高，和房子及房地產相關。

預知一個人的人際關係

眉毛主人際關係，眉長得好的人際關係好，容易得到別人的幫助及提攜。因為從眉毛可以看出和兄弟姊妹之間的緣分深淺、相處得好不好，如果在家和兄弟姊妹相處得好，那麼對外不管是朋友或其他人，應該也能相處愉快，人緣好，所以，人際關係相對的也會好。

如果眉毛逆生、粗短、兩眉相連、眉尾有旋毛、眉黃且稀疏、眉尾開散，因為脾氣不好，易起衝突，所以表示與兄弟姊妹之間的緣分淺、關係冷淡，不常往來，如此推及到人際關係，自然也不好。

人際關係好，運勢自然好，因為凡事容易有貴人相助，若發生事情，也容易大事化小事，小事化無；如果人際關係不好，一點點小事也會被小題大作，諸事不順利，運勢當然就不好了。

■ 眉黃薄

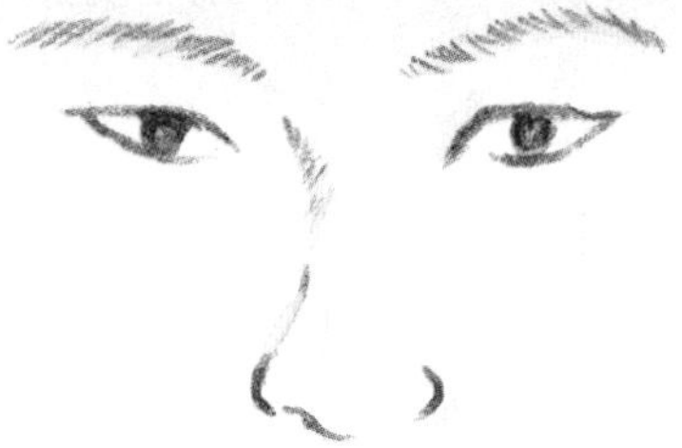

■ 眉毛逆生

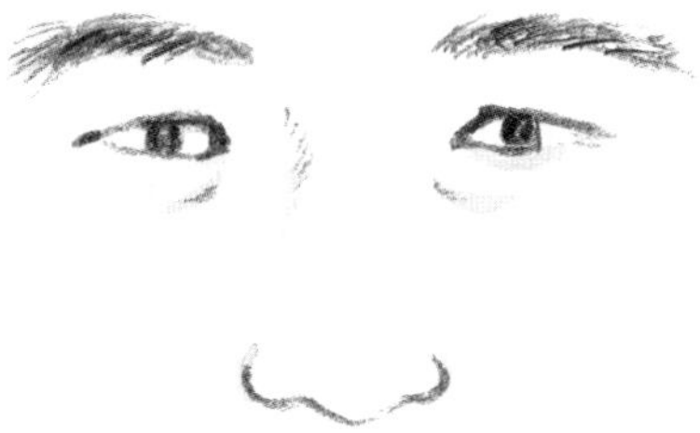

■ 眉尾散亂

■ 眉尾捲毛

預知一個人的異性緣好壞

「她長得並不漂亮呀！」

「對呀！可是不知道為什麼有不少人追求？」

「人家異性緣好啊！」

不管是男性或女性，有許多人雖然長得並不特別帥或漂亮，但是身邊卻不乏追求者或是異性朋友，為什麼呢？除了可用親和力或人際關係來解釋外，可以觀察兩道眉毛的差異。

如果眉毛兩邊高低不對稱，表示此人可能有異母兄弟姊妹、或有雙重個性，人際關係也不好。至於兩邊長

喜上眉梢，好事近了

有句形容詞「喜上眉梢」，這在命相學上表示一個人走運的時候，尤其是桃花運，在眉尾處氣色紅潤，泛紅。所以，以前女孩子喜歡在上眼瞼眉尾處畫上紅色眼影，希望能招來喜事，也能情事如意，心花朵朵開。

得不太一樣，相對的表示人際關係好壞偏向異性或同性，也就是男人緣或女人緣比較好。要了解我們的異性緣好不好，以男左女右為判別標準。

女性右眉比左眉好

如果女性右邊眉毛長得比左邊好，即比較有男人緣，往來朋友男性比較多，女人緣相對較差；也可以表示和兄弟緣分較深，姊妹較薄。相反的，如果左邊眉毛長得比右邊好，則和同性之間的緣分比較好，常和一群姊妹淘膩在一起。

女性左眉毛長得比右眉好，同性緣比較好

男性左眉比右眉好

如果是男性的右邊眉毛長得比左邊好，則表示比較有女人緣，常常有女孩子圍繞在周邊，女性朋友比較多，也可以解釋和姊妹緣分深，兄弟緣份薄。

相反的，如果男性左眉長得比右眉好，表示和同性之間緣分比較好，常和一群哥們玩在一起。

紋眉能改運嗎？

如果眉形長得不好怎麼辦？一定有許多人會問紋眉可以改變運勢嗎？如果可以改變，那麼不就人人運勢都變好了？

其實，紋眉主要是改變別人對自己的第一印象，因為每個人都有先入為主的觀念，第一次見面時心裡就會偷偷的對某人打分數，既定印象成立後就比較難改變了。不過是否能就此改變運勢，這就不一定了，還是要看自己願不願意改變個性。如果個性一樣很衝、容易得罪別人，或觀念思維一樣固執，那麼即使所紋的眉形再好，運勢還是不可能改變的。

建議最好不要紋眉，因為紋眉幾乎都將原有的眉毛剃光，再以針刺的方法紋眉，連肉色都一片烏黑，尤其是在31–34歲走眉毛運的時候紋眉會破相，對健康和運勢都不太好。若一定非紋眉不可，最好35歲後再紋眉。

紋眉前最好先定眉形，紋眉法要用勾的而非刺的。此外，眉毛不要全部拔光且不要紋得太粗，若一開始紋得太粗，就沒辦法變細了，比較沒有彈性。

從眉毛診斷身體健康

眉毛長得好壞和情緒息息相關，在醫學上也指出，情緒與我們的健康和疾病有著重要的關係。我們常說每個人都有「七情六欲」，七情指的就是喜、怒、哀、思、驚、恐、憂，這些情緒是一種對外界的生理反應，不過如果情緒持久或過度，就會傷及臟腑氣血功能，而產生疾病，所以中醫表示：「怒傷肝、憂傷肺……」，而肺部、肝臟的健康反射區即在眉毛。

眉毛又被稱為「保壽官」，因為眉毛和血液循環、荷爾蒙都有著極密切的關係。在解剖學上，眉頭屬肺，而眉尾係屬肝的部位，因此眉毛如果長得好（亮麗有神），就代表肺臟的攝養量充沛，肝的能量充足，情緒穩定。

眉毛的神經中樞與荷爾蒙之分泌，有著極微妙的關係，因此，女孩子生理經期的時候，眉頭的眉毛會直豎起來，到經期結束後，才又恢復。所以，眉毛如果向上豎得像鬥雞一樣，必定會情緒緊張，脾氣暴躁。

中醫上說，「肺屬皮毛，皮薄的人較敏感。」常常蹙眉的人，多半個性敏感、情緒不佳，長期下來壽命必不長，林黛玉可說是一個例子。所以，林黛玉的丫頭紫鵑曾說：「……姑娘這病，原來素日憂慮過度……，傷了血氣……」

眉下及眉頭

仔細觀察眉毛底下肌膚的顏色，如果發現比其他部位慘白的話，表示支氣管已經出現問題，肺部功能不佳。

如果在眉頭部位青筋暴露或長痣，也表示呼吸系統功能不佳，肺部功能有問題。

此外，鼻子也跟肺部的功能息息相關，可說是保護肺部的外圍器官，可以過濾空氣中的灰塵，並調節溫度與溼度，讓肺部運作正常。所以我們又可以從鼻子的形狀看出一個人肺部功能是否正常。

一般而言，鼻樑骨大、鼻翼豐厚的人，肺部功能較佳；鼻子小而扁，且臉色蒼白的人，肺臟功能普遍不好。還有如果鼻心泛白，也是肺部功能欠佳的現象。

眉短促、眉尾掉毛

患有急性肝炎或慢性疾病者，有時眉毛會有一時性的脫落現象，可能變得稀少，也可能掉光光。眉毛掉落、稀少是體內某些器官衰弱、功能減低的現象。還有，眉毛短促的人通常壽命也不長。

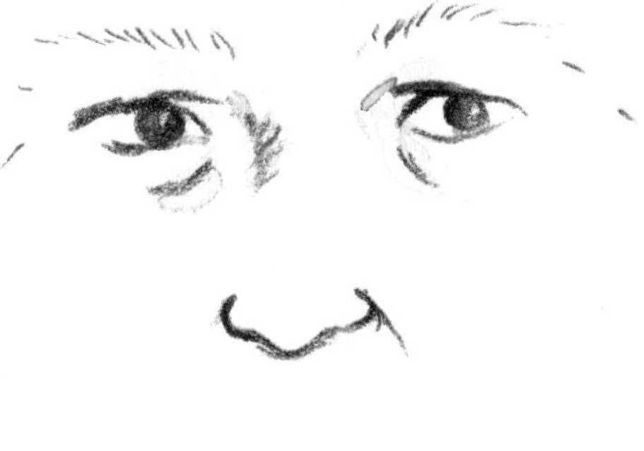

眉尾掉毛

如果一個人40歲以前，就有眉毛掉落的現象，表示早衰，顯示生活中或家庭工作上有過多的事要操心、煩心，導致事事不順心，氣血衰退而掉毛。所以俗語的「倒楣」及「衰眉道人」之形容不是沒有道理的。

如果過了40歲以後，眉毛外側逐漸掉落，則是身體自然衰退變弱的徵兆。此外，40、50歲以後，眉毛偏長，或眉毛長出長毛，則為長壽眉，表示肝臟機能好，身體很健康，但是壽而多憂，煩惱多。因為在中醫五行中，肝屬木，正如樹木若營養好則樹大茂密，眉就長得好，不然則眉毛稀疏。

眉毛枯焦無光澤

如果一個人眉毛枯焦無光澤，健康一定有問題，表示他先天不足，血液循環與賀爾蒙分泌不調和，因而心煩氣躁，憂慮操心，脾氣不好，導致肝脾不和而鬱鬱寡歡。身體可能有貧血、呼吸循環器官及新陳代謝的障礙。

眉毛的基礎保養方法

眉相的好壞，關係一個人情緒脾氣的好壞，也關係一個人肝臟、肺部的健康與否。

雖然眉毛不像其他器官，構造複雜，但是眉相好的人，代表五臟的氣血運轉很協調，情緒好；眉毛光澤烏黑，則表示氣足。氣血足，身體就健康。

眉形可以改變嗎？以「相隨心轉」的道理，是可以的，但是要完全改變或改變太大，如八字眉變成揚眉，是不太可能的，除非紋眉。其實最主要改變的是眉毛長得比較順，不再直豎、散亂、黃枯……等。

眉毛有基礎保養方法嗎？沒錯！我們可以藉由以下方法，讓眉毛長得更好，讓情緒更開朗，不再鬱悶不樂，猶如憂鬱症般。

作息正常

避免熬夜，壓力過重，而導致肝火上升或肝功能不正常，脾氣變差，如此一來眉毛容易沒有光澤或直豎。

保持開朗樂觀

每天起床時大笑三聲，隨時提醒自己要多多微笑，放輕鬆，不要太緊張，保持心情愉快。可以告訴自己皺眉也要過完一天，微笑也要過完一天，微笑總比皺眉好，改變悲觀的想法。心情好，自然不會「愁眉不展」，而是「眉開眼笑」了。

修眉

如果眉毛雜亂，雜毛多的人，心比較紛亂，可以將下面的雜毛修掉或拔掉，讓人看起來清爽一些。同時要提醒自己凡事不要想得太複雜、想太多，「天下本無事，庸人自擾之。」

修眉

雜毛多的人，也表示比較不會整理東西，房間比較亂，修剪時可以提醒自己房間或桌子該整理乾淨了。

如果眉壓眼，也可以盡量修下面的眉毛，讓田宅宮寬廣一點，看起來不會那麼急躁，不過最重要的還是脾氣要改，運勢才會好。

畫眉

如果有斷眉情形，可以用眉筆補上；如果眉太短或眉尾稀疏，也可以用眉筆畫長一些，不但美觀，畫眉時也可天天提醒自己脾氣要改，如此運勢也會變好。

此外，畫眉時也可以依觀眉八要件的原則，搭配臉形畫，如女孩子如果感覺太陽剛時，就可以將眉毛畫細一些，讓自己看起來溫柔女性化一點等。

按摩、順眉

每天早上起床時，也可以用手順一順眉毛，按摩一下眉毛，長期下來可以讓眉

按摩順眉

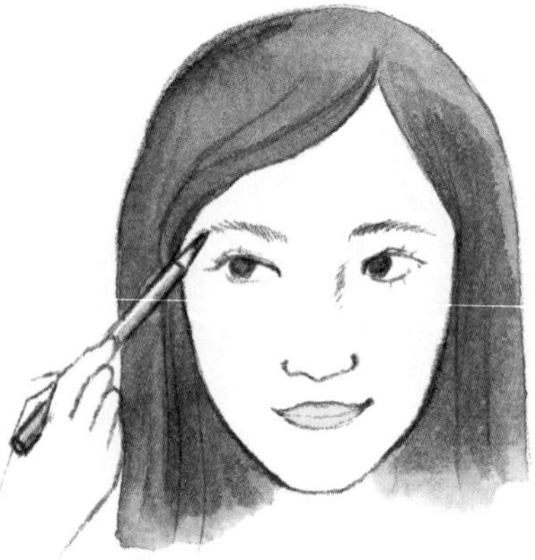

畫眉

流長得順一點，長得好一些。因為按摩時可以舒展眉稜骨，讓血液循環暢通，減輕壓力，情緒也會比較好，長期下來對肝功能有正面的影響。

保健養生的飲食法

要身體健康，首先一定要讓情緒保持愉快，不要太鑽牛角尖，凡事用另一種角度去看，不要想「我沒房子、沒車子、沒財產，只有一份工作而已」，而是「我還有工作可做」，這是最不必花錢且操之在己的養生之道。

從面相學、解剖學的觀點來診斷，可以了解眉毛和情緒好壞、肝臟、肺部健康關係密切，除了平時需要注意上述眉毛的保養外，對於其他相關器官的保健也很重要。

以下針對相關的肝臟功能、呼吸系統及情緒憂鬱，在飲食攝取及食品保健上提供一些建議，以預防、保健、改善身體健康。

改善氣喘症狀

維生素：A、B_2、B_6、B_{12}、C、E、泛酸。

礦物質：硒、鎂、鋅。

食物：高蛋白質食物（豆類、牛奶、乳製品、魚、瘦肉）。

保健食品：蜂膠、冬蟲夏草、絞股藍、綠藻……。

其他：避開過敏原、住所不要太潮濕，保持新鮮空氣。

改善肝臟功能

維生素：A、B群、C、D、E、生物素、葉酸、泛酸、膽鹼。

礦物質：硫、錳。

食物：全穀類、紅蘿蔔、馬鈴薯、藕、豆芽菜、香菇、白菜、豆腐、豆漿、蘆筍、葡萄、蕃茄、枇杷……。

保健食品：靈芝、絞股藍、巴西蘑菇、舞茸、桑黃……。

其他：低脂肪、低糖、低酒精是保持肝臟健康的關鍵。

改善憂鬱症狀

維生素：B_1、B_6、C、葉酸、菸鹼酸。

礦物質：鋅、鈣、銅、鐵、鎂、鉀。

食物：全穀類食品、豆類、魚貝類、深綠色蔬菜、新鮮水果。

保健食品：魚油、沙棘、絞股藍、靈芝……。

其他：營養一定要均衡、忌酒和含咖啡因飲料、加工食品。

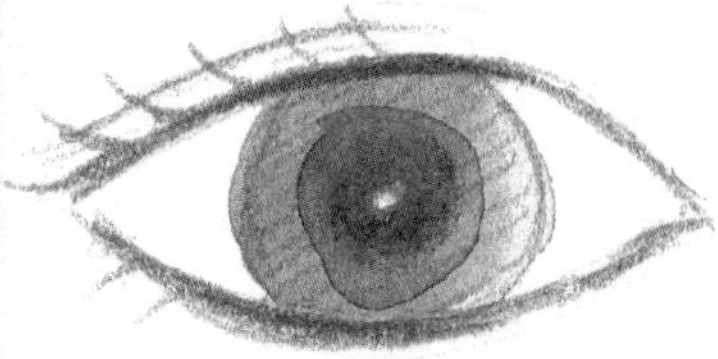

眼睛

心性的・貴氣的

感性與理性、觀察力、適應力、
子女運勢、婚姻狀態、肝腎功能

在中國面相學中，眼睛被稱為「監察官」，可以辨別人之善惡，又比喻為「日」、「月」；而同樣的象徵觀念，早就存在於埃及神話傳說——何露斯（Horus）之眼。關於何露斯的傳說，有多達15種不同的說法，從誕生的不同而衍生出不同的神話故事，及繽紛多彩的傳說與民間信仰。

根據埃及最古老的文件記載，阿帝姆（Atum）是創造宇宙和秩序的神，頭上有著神聖的眼睛，這個神秘的眼睛不時監看著宇宙大地，能透視一切，能帶來光明的力量。阿帝姆同時也創造了陰神和陽神，他的淚水則創造了人類。

傳說，阿帝姆為了觀察人間的一切及傳達旨意到人間，遂將神秘的眼睛化身為鷹神何露斯的眼睛，成為信使，傳遞訊息，再將所看到的一切回報給阿帝姆。故阿帝姆眼睛又有何露斯之眼或太陽神之眼的說法。

後來，埃及發展出多神論後，何露斯的兩隻眼，又具體化身為光明的星體，右眼成為太陽，左眼為月亮。

在埃及神話中何露斯是鷹神，是在魔神殺掉大地之神（Osiris）後，其妻子伊西斯（Isis）所生下的神鳥，他尋回了父親被魔神撕裂的碎片，重新恢復了宇宙的秩序。

也有另外一種傳說是，奧賽里斯（Osiris）成了國王，娶了妹妹伊西斯為王后（娶自己的姊妹在古埃及是很平常的事），結果奧賽里斯的弟弟設計一場鴻門宴，讓奧賽里斯躺進一精緻無比的棺材，最後被弟弟殺害。

傷心的妻子伊西斯到處尋找丈夫分裂各地的屍體，最後用麻布將他包裹起來，據說這就是木乃伊的由來。當伊西斯在丈夫屍體旁哭悼時，奧賽里斯居然讓伊西斯受孕，生下他們的兒子何露斯，之後，何露斯便為父親報了仇。

又埃及木乃伊製作完成後，會用一個薄板覆蓋皮肉上的傷口，而板上會有一個何露斯之眼的神聖象徵符號，用來保護屍體。

或許，因為何露斯是創造宇宙阿帝姆的化身，或是恢復宇宙秩序的鷹神，或是代表光明的太陽或月亮，因此埃及的法老王，都將自己視為何露斯在地上的化身。

看見眼睛的奧秘

有科學實驗指出，看到衣服穿得少的辣妹，大部分男生的瞳孔會放大；看到嬰兒與母親的照片，大部分的女性瞳孔會放大。

瞳孔的放大與縮小，顯現出我們對某事關心的程度，即使你嘴巴堅持說：「我發誓，我真的沒有。」但請不要忽略了「眼睛會說真說」，那美麗的雙眼，早把你的底細說得一清二楚了。所以心動，眼就會動，一點也欺騙不了。

眼睛是視覺神經的總樞紐，我們眼睛所看到的每一樣事物形象，會透過眼神經投射給大腦，而留下紀錄。

眼睛可說是腦中樞神經與外界接觸的一個介面、儀表板，是大腦思維延伸的部分，也是每一個人的「靈魂之窗」、思維系統，以及運作系統的交匯點。

因此，觀察眼睛的奧秘所在，最簡單的方法，就是觀看一個人眼睛的「神態」

和「形狀」了。

在五官中，一生變化最大的就是眼睛，它也是人類最奇妙的器官，除了可以接收外面世界一切的影象之外，也是將人的內心世界一切的感情反映出來的窗戶。因為我們的喜、怒、哀、樂、愛、惡、慾、恩、怨、恨、情、仇、恕等各種情緒的變化及善良、邪惡，皆可從眼睛看出，進而推斷一個人目前的運勢際遇、健康、感情、個性……等，眼睛可說是「相由心生」的最佳代表。

要了解一個人的心性，主要在眉眼之間，眉可看人的個性，而眼則是看心性了。是善是惡，是正是邪，容易在眼神中流露出來，很難偽裝，可說是最忠實的身體語言。

眼正心正、眼善心善、眼惡心惡、眼斜心斜……。如果其他部位長相不好，個性上較為自私或暴躁之人，是否會做出危險或損人利己或損人損己之事，最後的關鍵就在於眼相了，故「觀其人先觀其眸」。

在面相學上，也有「問貴在眼」、「擇交在眼」之說，因為人生的貴賤、善惡，主要呈現在眼睛。對於眼睛的重視，甚至還有「眼八分」的說法，認為一個人的運勢有80％都要靠眼睛和眼神來判斷，這當然是過分強調眼睛的重要性了，但不可否認，我們大部分的資訊來自於雙眼所見，重要性當然不言可喻。

如何辨別好的眼相

好的眼相，基礎條件是眼睛及其周圍不要有惡痣、疤痕、晦暗，眼形要正而不歪形、左右眼大小一樣。

眼相好的人，聰慧有膽識，品行端正，積極進取，可用富貴兩全形容。基本上判斷好的眼相，有下列基本原則，愈符合愈好：

● 眼秀而正

眼睛看起來秀氣且眼神平視正視，為人品行端正，不欺瞞。

● 黑白分明、清澈

個性純潔，聰慧乖巧，有貴氣。

● 鳳眼、丹鳳眼

眼尾微翹，這是相學上最好的眼形，代表聰明、學習力強。

● 眼細而長且有神

為事深謀遠慮、穩重。

● 有神而不漏

即炯炯有神，為人進取有責任感，且貴不可言，不會讓人覺得咄咄逼人。

●眼睛不露白

即眼瞳大，上下不會露出眼白，俗稱「白目」。眼睛露白的人個性難測，且容易招凶。

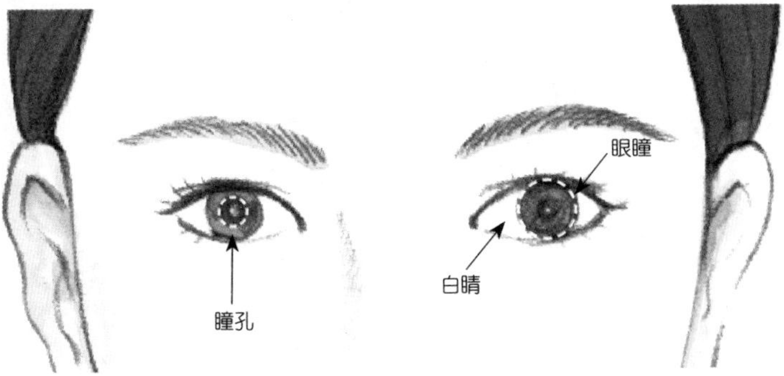

好的眼相及名稱圖

透視一個人的感性與理性

就現代審美觀來說，雙眼皮水汪汪的大眼睛，似乎就是美女的代名詞，所以大部分人看人的第一眼關注焦點便是「眼睛」，更是捕捉某人當下思想情感最準確的地方。

許多單眼皮的人會去割雙眼皮，讓自己的眼睛看起來又大又圓、更漂亮。但就面相統計學來說，最佳的眼形，是長而細，即俗稱的「鳳眼」、「丹鳳眼」，所以如果你有雙美麗的鳳眼，卻想割成又大又圓的雙眼皮，可要三思。

整體來說，西方人比較開放熱情，東方人則較含蓄內斂，這雖然與民族性相關，不過，若仔細觀察統計，可以發現西方人大都是雙眼皮、大眼睛，東方人則是小眼睛、單眼皮居多。

所以從單眼皮或雙眼皮、眼睛大小，可以看出一個人的感性或理性程度。

●雙眼皮

一般來說，雙眼皮的人個性較為開朗熱誠，感情豐富，別人一些貼心的舉動或噓寒問暖，特別是來自異性的，就非常容易受感動，因而往往抵抗不了異性的誘惑。

所以，雙眼皮的人，比較感性，通常感情上也較為脆弱，容易衝動而感情用事，或是拿得起放不下。不過，如果鼻子挺直的話，情緒管理較好，感情用事的機率相對會降低一些。

■ 雙眼皮

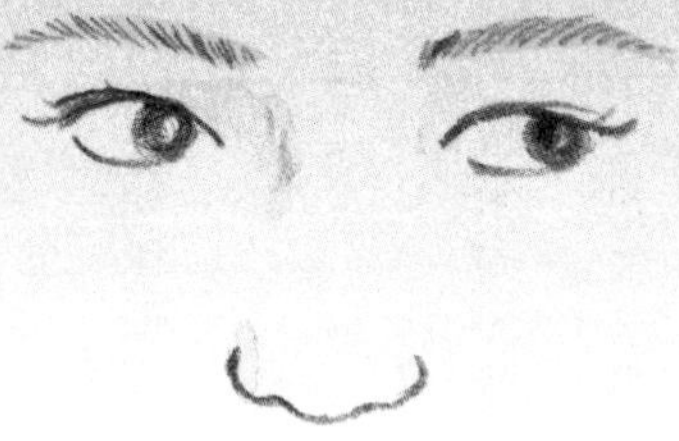

■ 內雙眼皮

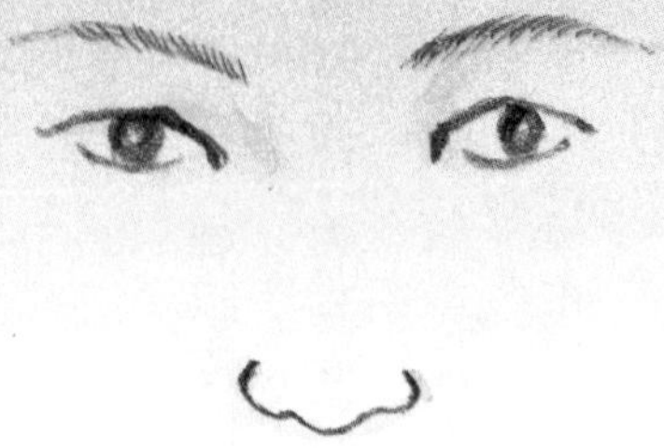

■ 單眼皮

單眼皮

單眼皮的人個性較為冷靜沉著，對感情的表達方式含蓄內斂，即使眼前站的就是平日欣賞或喜歡的人，也會盡可能保持鎮定，不露痕跡。雖然為人積極，但表現卻讓人感到冷漠而熱情不足。

單眼皮的人，通常耐力較強，比較能夠承受壓力，可以成為組織的主管人才。

內雙眼皮

如果你既不是雙眼皮也不是單眼皮，那麼就是所謂的「內雙眼皮」，這表示感性與理智平衡，既不會過度熱情，也不會過度冷漠。

小眼睛

大眼睛

這樣的人善解人意，能適時表達情感，不會扭扭捏捏，也不會過於大膽熱情，所以比較不會發生「表錯情」或「會錯意」的情形。

大眼睛

眼睛偏大的人，通常個性較為大膽直爽，對於許多事都感到很好奇。這樣的人容易相信別人，自信心強。

如果眼大且是雙眼皮，人際關係通常不錯，但有些多情善感，較為天真沒心機；如果加上眼睛水汪汪的，如電眼般，則是個「多情種子」，可能有忙不完的風流韻事。

小眼睛

眼睛偏小的人，通常膽子就小，因為他們個性較為保守謹慎，除非有把握的事，否則不輕易行動。對人對事都富警戒心，不容易相信別人，所以讓人感覺個性多猜疑、精明且冷淡。

不過眼小的人，在感情上較為專一，不容易變心，但卻容易鑽牛角尖。如果你眼小且單眼皮，那麼為人更為冷靜謹慎，往往三思而後行，不易屈服。在感情表現上也更為理性而冷淡。

眼尾下垂，消極悲觀

眼尾下垂的人，較為悲觀。雖然個性隨和具耐心，但是做事卻不夠積極，需要別人隨時叮嚀或鼓勵。如果再加上眉下垂、口角下垂的情形，就更消極悲觀了。這樣的人凡事都往負面思考，如果和女朋友或男朋友吵架，就開始認為兩人不可能在一起，或是對方一定想提出分手了。不像有些人經過爭吵，反而更了解對方了。

透視一個人的觀察力與適應力

要當偵探家，基本條件需具備良好的觀察力，能將現場環境的蛛絲馬跡，掌握得一清二楚。想當旅行家，需具備良好的適應力，在不同的環境與困境中，都能找到生存之道。

觀察力與適應力可以靠後天的培養，不過我們可以從眼睛的凹凸看出一個人先天的觀察力，甚至說話神經發不發達；也可以從眼睛中黑眼珠的大小判斷一個人先天對環境適應力的強弱。

● 凹眼

眼睛凹下的人，相對的眉稜骨較高，外表看起來好似躲藏在看不到的深處，正默默地觀察著周遭動靜。這樣的人大都容易壓抑自己的悲傷，不輕易表達情感，怕受傷，想保護自己，不自覺地讓視覺神經發出訊息，將眼睛和視線向內拉。

因此，凹眼的人觀察力強，比較冷靜，由於他們將心思放在觀察上，自然沉默寡言而耐力佳。如果沒有後天環境的逼迫影響，通常口才不佳，不適合擔任公關等相關職務。

凸眼

有些人的眼睛凸出，長得像金魚眼或蝦眼。有這種眼睛的人，好似緊張地想要看透所見的一切，容易給人壓力、

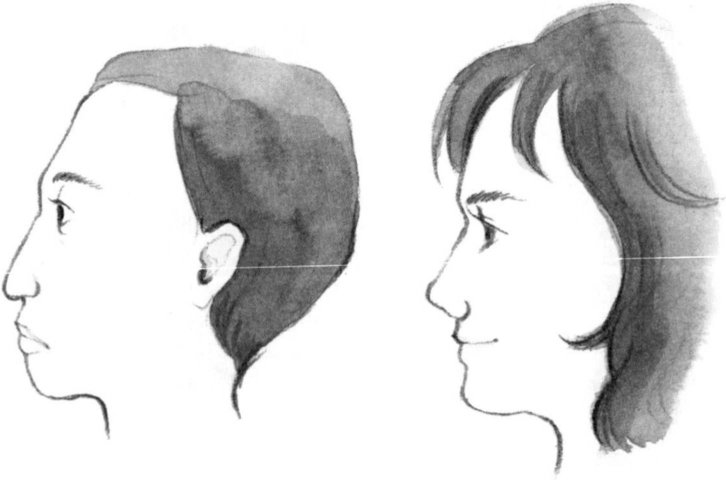

凸眼　　凹眼

不舒服的感覺，往往讓人不敢接近。

凸眼的人，個性忽冷忽熱，難以捉摸。他們通常很健談，甚至聒噪，主要是因為眼凸會壓迫到說話神經，若不說話，會感到不舒服、難過的原故。

在面相學上有：「凸眼無情」之說，結交朋友時要特別留意，但是這需要整體觀察才準確。如一個人眼凸，但是鼻頭圓、眼神柔和，也就破了無情之說。

除了先天上的眼凸外，在醫學上還有兩種情形也會造成眼凸，一個是甲狀腺亢進，另一是近視變形。除了可能壓迫到說話神經，想說話外，其他上列的特性就不能列入參考了。

●眼瞳大小

我們常說眼睛要黑白分明，黑的部分即稱眼瞳（整個黑眼珠），白的部分則是眼白。一般來說眼瞳大的人（即整個眼珠面積多於眼白，且上下不會露出眼白者），適應環境的能力較強，不管到哪裡，都容易生存。

眼瞳大的人，膽子也大，但相較於眼瞳小的人感情較豐富及溫和。不過如果眼瞳過大且露神，則容易膽大妄為，可能做出別人意想不到的事來。

眼白多寡

眼睛中眼瞳小、眼白多的人，個性通常活潑好動，但是容易自命不凡，在團體中常常格格不入，較不合群。

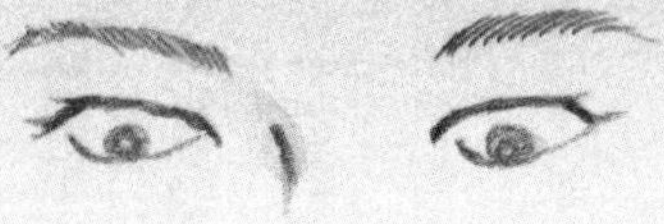

眼睛上三白

下三白

四白眼

目如弓

如果黑瞳部分小到上面或下面露白、或上下都露白者，不合群的個性更加明顯，容易剛愎自用，成為團體中的破壞分子，甚至會做出更凶險的事來。

目如弓，講求效率

眼形像「弓」箭的人（目如弓），即下眼瞼成一條線，上眼瞼成半弧形。

這種人通常企圖心較強，做事講求效率，講求實際。如果加上嘴巴大，則企圖心更強。

從眼神透徹一個人的心性

在童話故事中，小木偶皮諾丘一說謊鼻子就會變長。說謊時鼻子真的會變長嗎?根據美國科學家在一項研究中發現，人在撒謊時鼻部組織會因充血而膨脹擴大，讓鼻子變得比平常大，但不易察覺，不過說謊者往往會不自覺地觸摸發癢的鼻子，而露出馬腳。

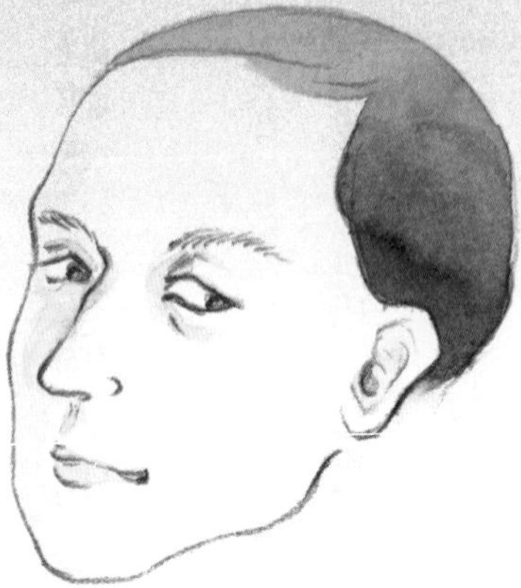

眼形不正

其實，要了解一個人說話是否誠實，判斷的主要關鍵點在於眼睛。像小時候如果我們做錯了事，通常老師或爸爸媽媽會說，「眼睛看著我說，到底是不是你弄壞的？」因為，此時的眼神會透露出我們心底的秘密。根據「眼正則心正」的道理，說謊者容易心神不寧，眼神自然隨著心緒流轉而東顧西盼，這就是為何稱眼睛為「靈魂之窗」的原因了。

從眼神可以看出一個人是否善良無邪念、積極進取、安定不浮躁，進而了解一個人的心性好壞。所以相學上有，「眼善心慈善；眼惡心必偏」、「眼清心也清；眼濁心亦濁」之說。

眼神漏凶

眼神銳利

炯炯有神、銳利

眼神炯炯有神的人通常精力充沛，精神奕奕，似乎充滿了鬥志力，這種人富進取心，學習能力強。

眼神銳利的人，看起來似乎在思考如何掌控眼前的世界，只要他看到而且想要的東西，必定會利用機會牢牢抓住。這種人通常聰明且反應快，但防衛力也強，為人較為現實。

眼神銳利且露凶相的人容易衝動，會為社會帶來麻煩，需要好好修持，才能慢慢地改變。命相學上說：「神要藏，不要露」，就是這個道理。

眼神柔和

眼神看起來很柔和的人，通常比較被動，但容易接納別人，因為他們不急於控制或想抓住眼前的事物。這種人平時處事較為放鬆，很好相處，不會緊繃著神經，不過稍微有一點點事情發生，就容易大驚小怪。

眼神上視

和別人交談時或平時眼神常常往上看的人，通常心性高傲，自大自負，更甚者目中無人，長幼有序的觀念薄弱，對別人的談話或意見，往往表現出一副很不以為然的樣子。這樣的人好勝心

眼神上視

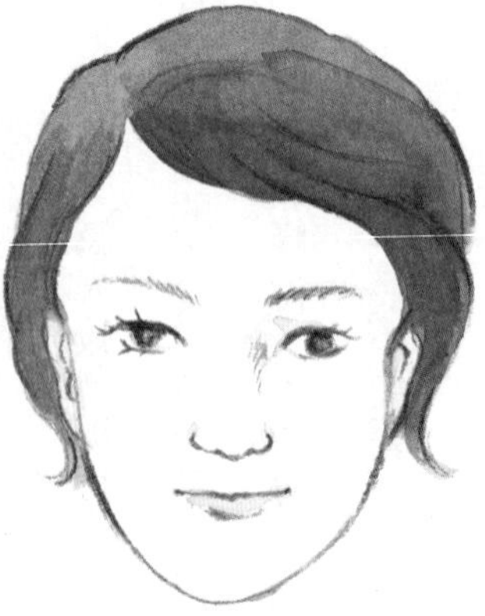

眼神柔和

強，但往往好高騖遠，甚至不切實際，在事業上容易有高不成低不就的現象發生。

眼神下視、斜視

眼神常常往下看的人，通常對自己沒有信心，志氣低，自卑感較重，往往覺得心中有許多憂慮沒處可說。這樣的人比較沒有鬥志，沒有理想夢想。不過自卑感較重的人，往往容易將別人的意思誤會為取笑之意，故也多猜疑。

眼睛下視且斜視的人城府深，個性頑固，容易流為狡猾多疑之輩。

眼神流視

眼神下視

眼神斜視

平時和人說話的時候，眼神閃爍不定，眼球左右轉動而不安寧的人，通常比較浮躁，有些衝動，有撒謊的傾向，不曉得他可能會做出什麼不道德的事，較難被人信任。

眼神的著眼點不定的人，通常心情不太穩定且焦躁不安，處於精神不安定的狀態，或許心中有些怨懟，或有煩惱的事困擾著。

●眼神平視

無論看人或看物，眼神視線都很端正、平視著對方的人，通常內心坦蕩、光明磊落，沒有邪念，為人較忠誠善良，不會欺騙隱瞞而做出不道德的事情，這就是眼正心正、眼善心善的道理。

●眼珠轉動速度

如果眼珠轉動速度快，表示反應快，直覺較強，不過也會有比較特立獨行，情緒化的性格。

相反的，如果眼珠轉動遲緩，則身體五官感覺也較遲鈍，這樣的人通常感情起伏不大，自己過自己的生活，不受外界的影響。

透視一個人對事物的興趣程度

當小孩子看到玩具或一個人看到喜歡的事物時，眼睛會發出亮光。不論我們看到喜歡或不喜歡的事物，眼睛或瞳孔都會適時發出訊息，通知大家，「我有興趣」或「我沒興趣」。

所以，當你和別人交談時，別只顧著自吹自擂，因為也許別人根本就興趣缺缺，只想趕快離開，溜之大吉呢！

眼神左顧右盼

如果你和朋友、主管、部屬……等交談時，發現他們一下子東張、一下子西望，那表示可以不用再繼續說下去了，因為他們對你談話的內容不感興趣，最好識趣一點，結束話題。

一般來說，吵架時，如果對方眼神往左看，表示他懶得理你，你說你的，我做我的，誰也管不了；如果眼神往右看，則表示快被對方說的話惹毛了，心裡不太高興，若繼續囉唆下去，可能就要打架了。

瞳孔放大、縮小

根據實驗，一般人看到感興趣、新鮮好奇，及喜歡的人或事物時，瞳孔會放大，比平時大一些；相反的，對於漠不關心的人事物則會縮小。所以約會時，你可以藉此觀察對方是否對你有好感，因為對方如果不喜歡你的話，會表現出某些拒絕的信號，此時瞳孔會縮小，眼神沒有光彩。

如果瞳孔沒有改變，可能是對方疲勞了，處於想睡的狀態，但也可能是認識太久了，感情趨於平淡，激情不再，而呈現出不關心、不在意的態度。

眼有紅筋，脾氣暴躁

看到眼睛內紅筋多的人，最好避免跟這種人起衝突，因為他們通常心浮氣躁，情緒不穩定，非常容易生氣，最好不要招惹他。這樣的人個性剛烈，容易剛愎自用，而且脾氣有些怪異，是非往往比別人多。

此外，有些人常常睡眠不足，眼睛布滿紅絲，這時候情緒通常不是很好，容易為了一點點小事而生氣，所以還是盡量少煩他們，避開為妙。

眼有紅筋

預知35—40歲的運勢

眼睛的運勢流年為35至40歲，因此在這幾年的運勢，就要看眼睛形狀與眼神的強弱來論斷。35、36歲分別指整個眼睛部分，而39、40歲則是眼尾到髮際部分。

雖然眼睛的流年短短6年，但是在面相學上眼睛佔有很重的比例，可說是掌管人一生的命運，因為眼神會隨著環境及內在心靈狀態而改變。

在面相學上，眼睛的上眼瞼部分（眉毛和眼睛間的距離部位）稱為「田宅宮」，可以看出一個人在置產（房地產）方面的情形，以及個性急不急。

眼睛的下眼瞼部分又稱為淚堂，在面相學上稱為「子女宮」，從淚堂可以觀察出一個人是否一生為子女擔憂煩惱？或子女容易有意外發生。

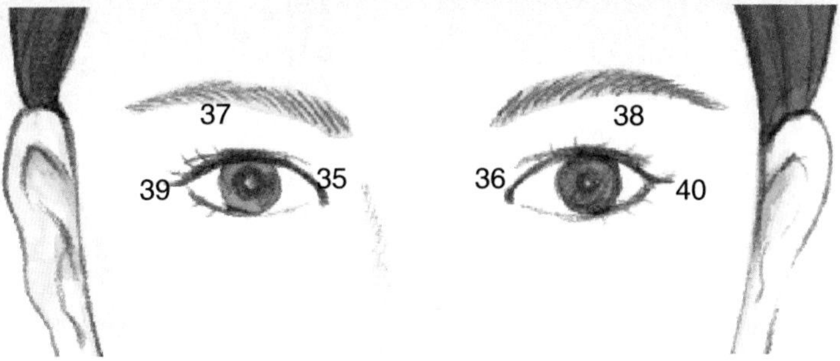

女性眼睛運勢流年圖

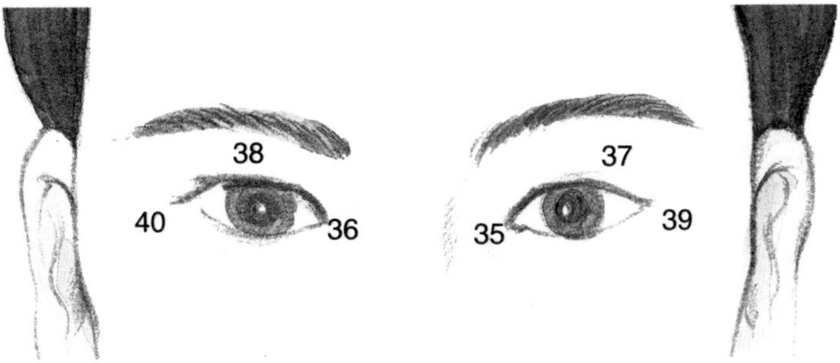

男性眼睛運勢流年圖

眼尾部位（從眼尾到髮際部分），面相學上稱為尖門——「夫妻宮」，可以了解一個人的婚姻情況。

預知一個人的婚姻狀況

眼尾到髮際間稱為尖門，可以看出一個人的婚姻好壞，應該早婚還是晚婚比較好？因為從此處可以看出一個人的脾氣好壞及情緒敏感度，這關係到婚姻的維持與品質。

尖門又名妻妾宮，可以了解配偶與異性間的感情關係，男性左邊看妻子、右邊看女朋友（妾、外遇）；女性則右邊看先生，左邊看男朋友（外遇）。

夫妻宮豐滿與凹陷

一般而言，尖門凹陷的人，最好晚婚，因為凹陷的人肝功能較差，脾氣容易躁急且敏感。如果太年輕結婚，個性人格方面都較不成熟，容易和另一半發生爭執，導致婚姻不美滿，甚至分離收場，故宜晚婚。

相反的，如果尖門飽滿明亮而不凸露出來，則表示肝功能比較好，情緒不容易陰晴不定，彼此比較不會因為小事而爭執，所以戀愛過程會比較順利，夫妻和睦，早婚也無妨。

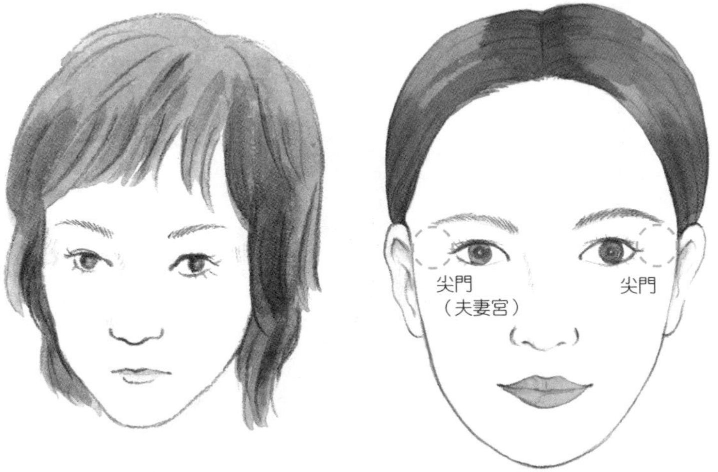

■ 尖門凹陷　■ 尖門位置（眉下，眼尾至髮際）

夫妻宮太寬或晦暗

從眼尾到髮際之間的距離，如果超過三根手指的寬度，表示過寬，這樣的人重視事業，而對婚姻較淡，容易因工作而疏忽夫妻間的情感。

如果夫妻宮氣色很晦暗，通常表示戀愛運較不順或是配偶健康狀康不佳，要特別留意。

尖門太寬

夫妻宮有痣、斑點、疤痕、青春痘

夫妻宮有痣、斑點或疤痕的人，如果接觸異性的機會頻繁，容易有婚外情或移情別戀的狀況發生。

但也表示他們對感情不會太死心眼，如果發現對方不適合，或受不了另一半的惡行惡狀，無法容忍時，就可能決定分手或離婚，不會不管對方好壞死心塌地。

此外，如果夫妻宮長青春痘，表示最近情緒不穩定，可能和先生或男（女）朋友吵架之故。

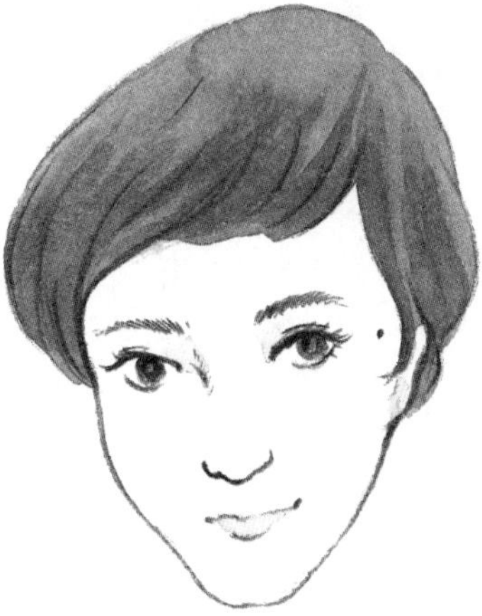
尖門有痣

尖門有疤

預知一個人的房地產運勢

雖然投資房地產需要專業及訊息管道，但是有些人明明事先都做了調查，也蒐集了相關資訊，卻往往投資不利，為什麼？

除了外在環境影響外，可能也要了解一下自己適不適合做房地產，還有看看自己上眼皮的地方是不是有痣、斑點或疤痕？因為在面相學上此處稱為「田宅宮」。通常上眼皮有痣、斑點或疤痕的人，在房地產投資或交易上要特別小心，尤其流年走到三十七、八歲時，更要注意。

此外，田宅宮太窄（窄於一指幅）的人，居住較不安定，容易變換住所，處處為家，對於安土重遷的觀念比較薄弱。

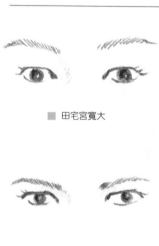

田宅宮寬大

田宅宮斜窄

預知一個人的子女運勢

●眼下淚堂有痣

如果淚堂部位有痣，通常表示子女運不佳。從男性左邊淚堂可看出兒子，女性左邊淚堂則是女兒。

如果男性左邊淚堂有痣，表示兒子運不好，痣愈大者則兒子愈容易發生不幸的事件。此外，我們也可以判斷出是哪一個兒子，通常愈靠近鼻子部位的表示長子，依序為次子……，眼尾部分則是么兒。

如果男性右邊有痣，則表示女兒運不佳，痣愈大者則女兒愈容易發生不幸的事件。此外，我們也可以判斷出是哪一個女兒，通常愈靠近鼻子部位的表示長女，依序為次女，眼尾部分則是么女。

女性部分則是右邊看兒子，左邊看女兒，其他判斷部分和男性相同。

淚堂有斑或疤痕

如果淚堂長斑、晦暗、或有疤痕破相的人，通常容易為子女操心、煩心，與子女互動溝通不良。一下怕子女惹是生非，一下怕身體不健康，又怕被別人欺負。總之，常常因為子女問題而情緒起伏不定。

同樣的男左女右，如果男性左邊淚堂長斑或破相，則表示容易為兒子操心煩惱，反之則是女兒。

淚堂有痣

淚堂明亮潤澤

如果你淚堂明亮潤澤，表示和子女關係互動良好，親子關係良好，甚至和部屬的溝通或關係良好。

預知淚堂的紋路象徵

除了痣、斑點外，有些人的淚堂會有明顯的紋路。

除了歲月造成的老化跡象外，也可以從紋路的不同，看出一些事件的端倪來。因為紋路代表一個人的思維狀態，尤其是直紋，表示狀況比較不好。

當一個人憂鬱皺眉時，會牽動眉眼間的神經，造成膠原蛋白的斷裂，或是起心動念，想要算計別人時，下眼瞼（淚堂部位）容易有紋路出現。如果出現了明顯的川字紋或井字紋，就需要多多注意了。

淚堂有井字紋

在面相學統計中，如果淚堂有井字紋的人，通常容易有自殺的傾向，他們對事件的反應較為強烈脆弱，容易想不開，因此患憂鬱症的機率也多。

也有一種說法，表示淚堂有井字紋的人，是「鬼」找替身的預兆或象徵，所以容易有不可知的外力推動，讓人不知不覺中做出不幸的意外事件。

不過，有些人常常嚷著要自殺，此時可以看看是否有井字紋，沒有的話，通常只是「說說而已」的機率較大。

■ 淚堂有川字紋

■ 淚堂有井字紋

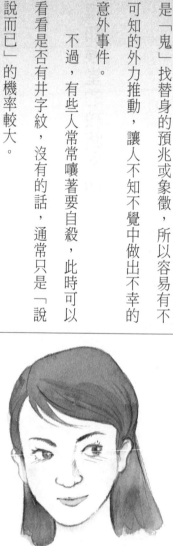

川字紋

有些人外表看起和藹可親，臉上常常掛著微笑，嘴巴也很甜，其實他可能是面善心惡，只是一時難以察覺罷了。

如果你從眼神中看不出一個人的心性好壞，這時也可以觀察其淚堂部位是否出現川字紋。如果有川字紋的話，表示他比較會偽裝，事實上是面善心惡，所以要小心為妙，不要被他的行為給蒙蔽了。

兩眼過近，一生起伏不定

眼睛好比日月，日與夜分別綻放光芒，如果有一天日月爭吵著要同時出現，事情就鬧大了。所以兩眼間距離過近的人，猶如日月爭輝，為人性急好鬥，往往事情還沒弄清楚之前，就和別人吵起架來，或是遇到不平之事，就找人麻煩打起架了。這樣的人因為個性而影響命運，往往好事也會弄成不歡而散，一生起伏不定，需要好好修心養性。

從眼睛診斷身體健康

眼睛除了是「靈魂之窗」外，也可以說是「疾病之窗」，因為從眼睛可以觀察或診斷出相關疾病，如肝、肺、腎臟……等疾病，甚至腦水腫或是腫瘤也可透過虹膜診斷出來。

一個人的精神狀態好不好？前一天是否有足夠的休息或睡眠？由眼睛就可以判斷。從睡眼惺忪、兩眼無神、紅眼睛、黑眼圈等狀況，或多或少可以猜出此人身體有某些疾病。

在美國曾經為一群小孩子做過一項實驗，發現關燈睡覺的小孩比較健康，成長也較好；而開燈睡覺的小孩，因為光線影響到眼睛虹膜及大腦褪黑激素的分泌，相較起來就比較不健康。可見光害會影響一個人的健康。

現在光害嚴重，加上許多人長期在電腦螢幕前工作，眼睛容易過度疲勞，加速了眼疾的產生。還有幾乎每個學生都近視，「沒有近視」的學生，可說是稀有動物，可見我們對於眼睛的保護，確實疏忽了。

● 上下眼瞼、眼白呈黃色——肝功能

如果上下眼瞼、眼白出現泛黃現象，表示肝功能出問題了。又眼白泛黃，有可能是肝病引發的黃疸症現象。

因為血液中每天有一千億個老舊紅血球被破壞，使得排泄的糞便微黃，其中如果膽紅素代謝不完全，則會殘留在皮膚及血液裡，此時全身皮膚最薄的上、下眼瞼，就會出現泛黃現象，當整個眼白呈現蠟黃時，顯示代謝嚴重不良，黃疸問題來了。

中醫學上表示，「肝開竅於目」，因為肝有貯藏和調節血量的功能，且肝經脈往上和眼睛相連之故，所以眼睛功能要正常，需要依賴肝血的滋養，如果肝血不足，則可能導致視線模糊、視力減退、眼睛乾澀，甚至有夜盲等現象產生。因此根據醫學臨床經驗，有不少的眼睛病變和肝臟相關。

情緒的好壞，和肝功能息息相關，凡事壓抑、憂鬱及發怒都會損害肝功能的運作，進而影響到生理疾病的產生，最後生理、心理相互影響。所以平時最好保持心情愉快，不要動不動就發脾氣，一旦肝出問題就划不來了。

● 黑眼圈──腎臟

碰到下眼瞼有「黑眼圈」的朋友，我們常常會戲謔地說：「昨晚做什麼壞事了？」因為除了熬夜外，有可能是縱慾過度的象徵，這對腎臟來說，是一大負擔。

所以，有黑眼圈的人，表示長期睡眠不足，腎臟功能欠安，需要注意。

其實，要看腎臟健不健康，分先天和後天，先天看耳朵及下巴的長相，後天則分四個階段。

腎臟是人體維持血液恆定的器官，一旦體內累積太多毒素，血液不穩定，健康就會出現問題。此時下眼瞼靜脈開始佔優勢，膚色也跟著晦暗，而產生黑眼圈，這是腎臟功能出現問題徵兆的第一階段。

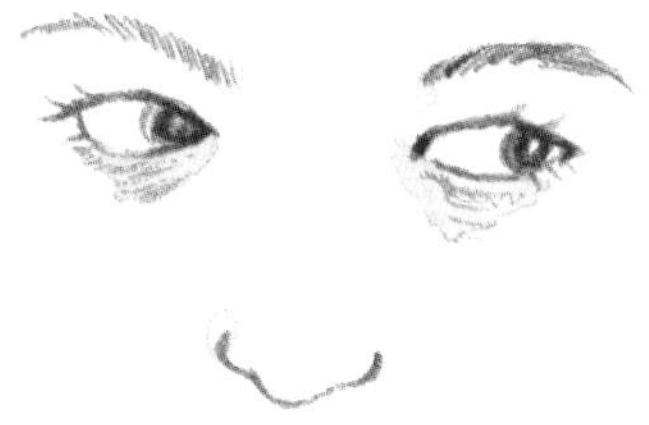

黑眼圈

第二階段可從下巴看出，如果顏色暗沉，表示免疫功能降低，尿道、子宮、膀胱易被感染。第三階段則是臉部肌膚容易變成敏感性肌膚。第四階段則額頭、印堂，甚至整個臉部晦暗，開始掉髮，此時狀況已非常嚴重了，若是不改善，接下來可能就是尿毒症，需要長期洗腎了。

●眼白有斑或痣——肺功能

在中醫五臟六腑學說中，眼睛其實和各個器官息息相關，也可從它看出各個器官功能的好壞，其中眼白部分屬肺，因此眼白長痣或斑與否，關係到肺部健康功能。

如果發現眼白部分有痣或斑點，表示肺經受損，呼吸系統較差。

●眼凸——甲狀腺

眼凸的人，除了先天的，或是後天近視的影響外，和健康相關的可能就是甲狀腺疾病的象徵，也是最為人熟知的現象。

不過在醫學上也發現，白血病、惡性淋巴癌……等癌細胞的眼部轉移，也有可能出現眼睛凸出的現象，需要留意。

眼皮跳動、眨眼慢、眼睛紅絲

許多人都認為眼皮跳動是一種預兆，可能是好事，也可能是壞事。其實眼皮跳動反映出神經疲乏現象，是在提醒你精神要放鬆、休息了。

如果眨眼速度變慢，表示這個人處於疲勞狀態，接著反應也會變遲鈍，所以是提醒你該休息，不要再ㄍㄧㄥ下去了。

還有，如果眼睛充滿紅絲，表示睡眠不足，或是晚上十一點到三點不睡覺，熬夜之故，也提醒你夜深了，讓眼睛早點休息吧！

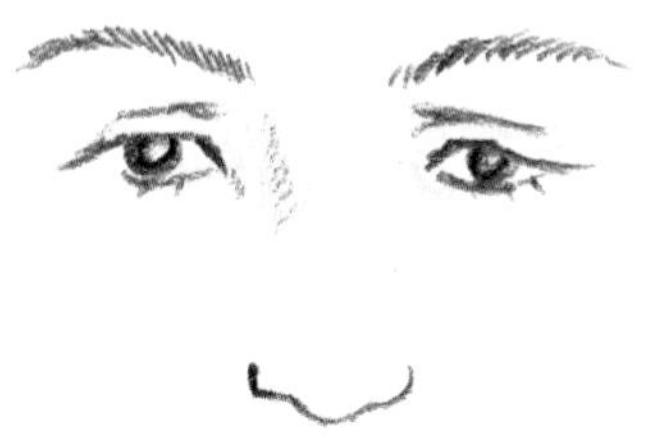

眼皮沉重

眼睛的基礎保健方法

眼睛有非常神奇的構造和功能，瞬間可以接收外界千千萬萬個不同的訊息，既複雜又精緻脆弱。有人將眼睛比喻為相機，然而真實的眼睛運作比任何相機都複雜許多。

眼睛如何運作，讓我們看到多采多姿的世界呢?首先，光線會經過角膜、瞳孔、水晶體進入眼內，這時水晶體會改變形狀（看近物時變薄、遠物時變厚），而使得進入眼內的光線、影像，清楚聚焦在視網膜上。而視網膜的外層細胞，會將光線影像轉化成電波，這時視覺神經會將電波資訊傳送到腦視皮質，經過腦視皮質的識別綜合後，就是我們看到的世界了。

眼睛系統中每個部位各司其職，有著不同的功用，如果哪一個部位運作不正常，眼睛就容易出現問題。所以一個人的精力是否充沛，身體是否健康，往往從眼睛、眼神即可一目了然。

一般來說，人在45歲以後，眼部的肌肉會漸漸有萎縮的現象，水晶體也將漸漸渾濁，視力調節能力減弱，而出現種種眼疾。透過平時的保養，將可以減緩症狀的產生，保有一雙雪亮的眼睛哦！

不宜久視，需休息一下

看東西時不宜連續一、二個小時以上，因為這樣一來血管容易擴張，能量消耗過多，視覺容易疲勞，導致視力不清。所以連續閱讀或看電視，最好不要超過1小時，中間應讓眼睛

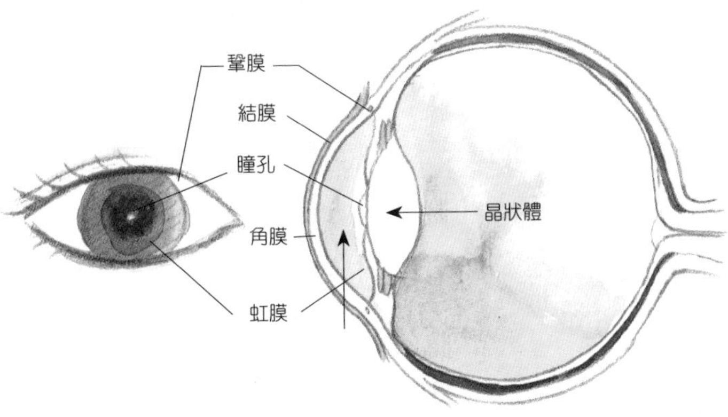

眼球解剖圖

休息約5－10分鐘左右。書本與眼睛的距離要30公分以上，與電視距離要2－3公尺以上。

●光線適宜，不可太強、太弱、閃爍

如果光線太強，瞳孔會受到虹膜肌肉的控制而持續收縮變小，減少光線傷害到視網膜。同樣的，如果光線太弱，瞳孔就會持續放大，允許較多的光線進入，如此一來，容易造成眼睛過度疲勞。

應避免在光線太強、太弱、閃爍的環境下閱讀、看電視、電腦；夏天陽光過強時，最好能配戴太陽眼鏡，保護眼睛。

●常看遠方或閉目養神

平時看近物久了，最好能讓眼睛多看看遠方，以調節平衡視網膜、視覺神經。

眼睛疲勞時可以閉目數分鐘，然後眨眨眼睛，遠望他方。

●不要用手揉眼睛

應避免用手揉眼睛，以免將細菌帶入眼內，產生發炎現象。其實，眼睛有天然的防疫力，如果有飛蟲或灰塵進入，它會立刻流淚，殺死入侵的異物，所以不要過度慌張。若情況嚴重，應該就醫。

●眼球運動

每天睡前或起床時，讓眼球先向左、右轉、然後上下轉，各18次；或是先順時針方向轉。再逆時針轉，各18次，以促進眼部的血液循環。

●熱敷

將手掌摩擦數秒使其發熱，再將手貼近眼部，重複5-10次；如果眼睛太疲勞時，可用毛巾沾濕溫熱水，熱敷1－2分鐘，重複5－10次。

按壓穴道

眼睛過度疲勞、不舒服，或感到模糊不清時，可以按壓眉頭（攢竹穴）、眼角（睛明穴）、太陽穴等部位穴道。依此約按壓5秒，休息5秒，反覆按壓，5－10次左右。

攢竹穴及睛明穴 位置圖

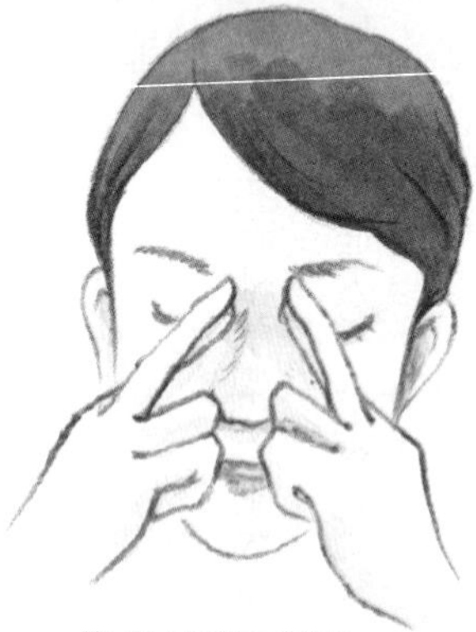

將中指疊在食指上，按壓攢竹或睛明穴

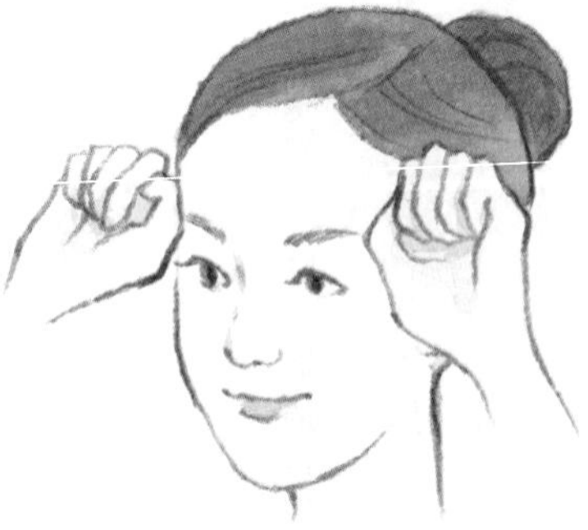

握拳，以拇指關節按壓太陽穴

保健養生的飲食法

從面相學及中醫觀點來看，我們可以了解眼睛部位和肝、肺、腎臟、甲狀腺疾病等有密切關係，除了平時需要注意眼睛的保養外，對於其他相關器官的保健也很重要。

以下針對和眼睛相關的症狀，在飲食攝取及保健食品上提供一些建議，以預防、保健，改善身體健康，讓眼睛明亮有光彩。

要強調的是，以下營養素及飲食上所列出的各項建議，僅表示患有該症狀者平時可多加攝取。因為，維持健康的不二法門，最基本的是營養、飲食要均衡，還有規律的生活、適當的運動，及時時保持心情愉快。如果平日只靠補品、藥物，而完全不運動，或生活、飲食不正常，那就是捨本逐末了。

提升眼睛健康

維生素：A、B_1、B_2、B_6、C、D、E。

礦物質：硒。

食物：紅蘿蔔、紅甘藷、杏仁、芒果、青花菜、菠菜、深綠色蔬菜、DHA（深海魚類）、全穀類、堅果……。

保健食品：山桑子（歐洲藍莓）、魚肝油、納豆酵素。

改善甲狀腺機能亢進

維生素：菸鹼酸、C、E。

礦物質：磷。

食物：綠花椰菜、白花椰菜、甘藍、芥末葉、桃、梨、大豆、菠菜……。

保健食品：蜂王乳、卵磷脂……。

其他：至少三個月禁吃乳製品，少喝咖啡、茶、汽水。

鼻子

財富的・權力的

主觀意識、消費能力、領導能力、
組織能力、脊椎架構

在中國命理學上，鼻子代表一個人的「財富」，跟權力也有密切關係。鼻子的大小也讓人聯想到男性的性能力，但似乎沒有科學或醫學的根據，在解剖學上只能以脊椎架構健不健全來論定。

被譽為俄國寫實主義之父的作家果戈里（N. V. Gogol），曾寫過一篇關於〈鼻子〉的小說故事，內容如下：

有一天，八等文官柯瓦遼夫作了一個夢：他夢見一大早醒來後，拿起鏡子，想看看鼻子上長出的小癤子如何了。結果，非常荒謬離奇且不可思議的是——鼻子竟然不見了，只剩下難看的疤痕。他駭然不已，隨即要報警尋找鼻子。

柯瓦遼夫原本有個長得相當好看的鼻子，為了突顯身分地位的高貴，他自稱為少校，若想跟他結婚，新娘的嫁妝一定要有二十萬盧布才行；還有他來到彼得堡城是為了求更高的官職而來的，可是現在他的鼻子不見了，這些夢想都將落空呀！

報警途中，他突然遇見一位身穿繡著金線、圍著大豎領的制服，褲子是羊皮作的，腰挎還插著一柄長劍，並戴有羽毛裝飾的帽子，比他官位還高的五等文官。而這位五等文官不是其他任何一個人，就是柯瓦遼夫遺失的「鼻子」。

柯瓦遼夫對自己的鼻子說：「我是少校。我沒有鼻子可不成，這樣是很不體面的。一個女販，沒有鼻子倒也罷了！可是，我還想要升遷……，而且跟許多官太太都常有來往，請閣下……」然而身穿五等文官制服的鼻子，根本就不理他，沒聽他說完就揚長而去了。

於是，柯瓦遼夫到報館發行署想刊登遺失告示，根本沒有人願意刊登這個荒謬的事情，「鼻子丟了，那是歸醫師管的。據說，有些醫師不管什麼樣的鼻子都可以幫你整形裝上。不過，我看得出來，您應該是個喜歡在大庭廣眾中開玩笑的人！」

最後，他終於來到了警察署，署長卻說：「一個正派的人，是不會被人割掉鼻子的，人世間形形色色的少校多的是，有的人只會成天在藏垢納污的地方鬼混。」

柯瓦遼夫無論如何也不能容忍有人褻瀆他的官階和名分，跟署長表達不滿後，轉身就離開了。

這時候，沮喪的柯瓦遼夫喊著：「上帝呀！我怎麼會這麼不幸？如果是缺手斷腿的，也還好些！就是沒有耳朵，雖然樣子難看，也還可以忍受呀。現在我這個樣子簡直就是廢物，如果是在戰場上被人削掉了，也情有可原，可是，現在卻莫名其妙不見了，連一毛錢也不值呀！」不過，這時他懷疑是某校官夫人僱用了巫婆毀掉他的容貌，因為她一心想把女兒嫁給他，而他拒絕了，現在只好和他對簿公堂了。後來才發現應該不是她……

過了一天，柯瓦遼夫醒來時，發現自己的鼻子完好如初。他興高采烈，滿面春風，穿好衣服，叫來了馬車，直奔糖果點心店而去。他望了望鏡子，心裡高興地說：「鼻子在耶」，並且帶著一副揶揄的神情，打量著在店裡的軍人，因為他的鼻子不過就像坎肩上的鈕扣一般大而已……

看見鼻子的奧秘

鼻子是由內部筋肉及軟硬二骨組成，其神經系統直接通達到大腦，且對氧氣的輸送具關鍵性地位，因此對一個人的健康影響巨大。

在面相學上，鼻子是觀看一個人是否有「財富」與「權力」的主要地方；我們更可從鼻子看出一個人的個性、心性、情緒管理、婚姻狀態、領導能力……。因此鼻子長得好不好，對人的一生關係重大。所以說，「貴者都有挺直端正的鼻子，富者都有豐厚多肉的鼻子。」

人的鼻子大約二十五歲才定型，一般小孩子的鼻樑通常比較低且短小，因為尚未發育完全，自我管理觀念不發達，獨立性、判斷力均不足，無法辨別是非對錯。等到漸漸長大，接受教育後，鼻子會慢慢變高變大。如果長大後，鼻子還是如小孩一般低而短小，則是人格尚未成熟的象徵。

從美學觀點來看，一個人的美醜，在五官中鼻子最具有影響力。

從正面看，它就在我們臉形的金三角區域的正中間，位置最醒目最突出的部位。其他地方長青春痘比較不會引起「另眼相待」，但如果鼻子上長了痘痘，那麼大家絕對印象深刻，可見鼻子對一個人第一印象的影響。

談到鼻子長得好不好，除了要看整個臉型的比例外，更要和「顴骨」搭配得宜，才算是好的鼻相。

以統計學來看，顴骨和一個人的社會人際關係、活動力及範圍有關，也和一個人的擔當、魄力有關，所以「顴」通「權」，關係到一個人一生的權勢，是否能掌權，因此有所謂的「問權在顴」之說。

如何辨別好的鼻相、顴相

好的鼻相、顴相，基礎條件是該部位不要有惡痣、疤痕、歪斜不正、晦暗、青筋暴露等情形，其他依每個人臉型比例為準。

鼻子與顴骨長得好的人，基本上在人際關係上懂得分寸的拿捏，表現得宜，有群眾魅力、領導魅力。他們具有領導力及組織力，加上他人的協助，做起事來事半功倍，簡單來說就是「己助人助」，較容易功成名就。

- 鼻子不要過大、過小、過長、過短，要大小、長短平衡。
- 鼻樑要明潤、豐滿有肉且端正，鼻翼要飽滿，鼻頭要圓潤。
- 鼻子不要有彎（曲）、鉤（鷹鉤鼻）、尖（鼻頭）、薄（鼻如刀）、側（歪斜）、反（鼻朝天、漏竅）、露節（鼻無肉）、痣（黑、灰痣）等現象。

● 鼻子、顴骨要搭配得宜，不可一大一小，才能發揮領導與組織方面的功能。

● 顴骨最好的位置是在眼尾下三公分處，不要太逼近或高於眼尾或鼻樑。

● 顴骨要飽滿有肉覆蓋，但不能太高凸無肉或低陷。

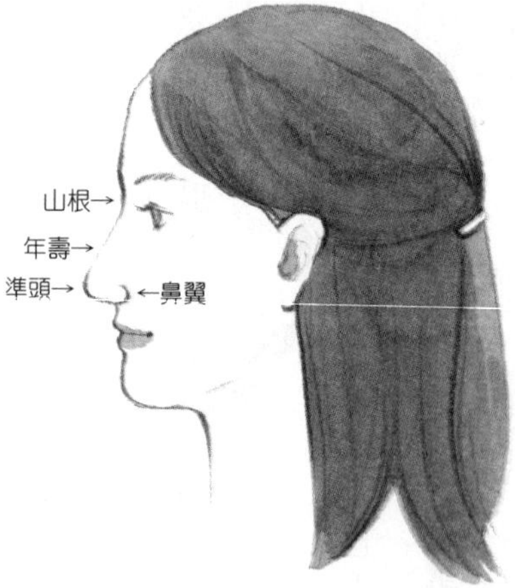

好的鼻相

好的顴相

個性思維篇

透視一個人的主觀意識

妻子：「老公，我在忙，客廳很亂，趕快清理一下。」

老公：「哦！」一聲，心想這種小事還要我親自動手呀！坐著一動也不動。

妻子見狀改口說：「老公，我看你工作的企畫案都寫得有條有理的，真的很厲害哦！像我可就沒辦法了。」

老公很是得意：「那當然了！」

妻子心中竊笑：「對呀！我老公最棒了。我相信和寫企畫案比起來，整理客廳簡直就是小事一樁，怎麼可能難倒你，對不對？」

老公心想上當囉！但還是回答：「那當然囉！」

有些人主觀意識強，但只要你多讚美、誇讚他（她），然後來一下激將法，他可能就願意為你做任何事。有些人非常有個性，不易妥協，不為五斗米折腰，軟硬不吃或吃軟不吃硬，遇到這些人該如何溝通呢？如何看出有這種特質的人？我們可以從鼻子大小、長短、高低來判斷。

鼻子大

鼻子大的人愛面子，「面子」對他們來說比什麼都重要，因此自尊心也強。雖然這種人平時只做自己喜歡做的事，但是其「罩門」就是抵抗不了別人的「讚美」，即使平時不太喜歡做的事，也會看在「讚美」的份上，而心甘情願為你做事。

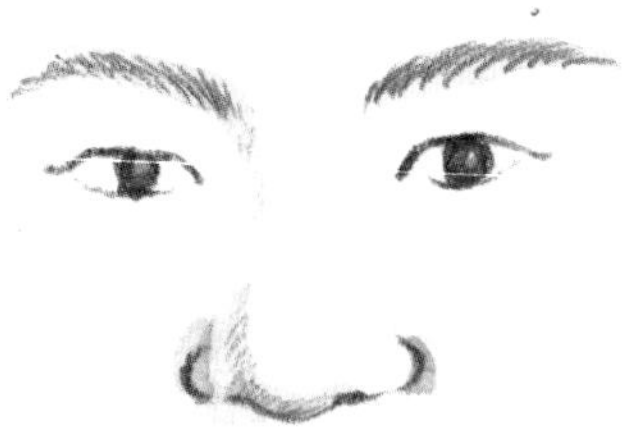

鼻子大
鼻寬寬於兩眼距離，長度不要太短

如果你不小心踩到他們的「罩門」，在別人面前責罵——這裡不對那裡又做錯了，他們肯定會跟你翻臉，此時即使他們錯了也不會輕易彎腰認錯，因為你實在太不給他面子了。

鼻子大的人，主觀意識強，通常比較不相信別人，也比較「鐵齒」不信邪，膽子也大。

因為他只相信自己，往往事必躬親，除非親自經歷過或審核過才會相信，才能放心。不過，鼻子大的人比較有自信，具領導能力。

鼻子小

鼻子小的人，個性通常比較柔弱，不怕被人取笑，不會為了面子假裝自己什麼都懂，因此可以放下身段不恥下問。但是他們比較沒有自信與定力，依賴心較重。

如果鼻子小但顴骨高的人，雖然平時脾氣還不錯，不過一旦發起脾氣來就不得

鼻樑高

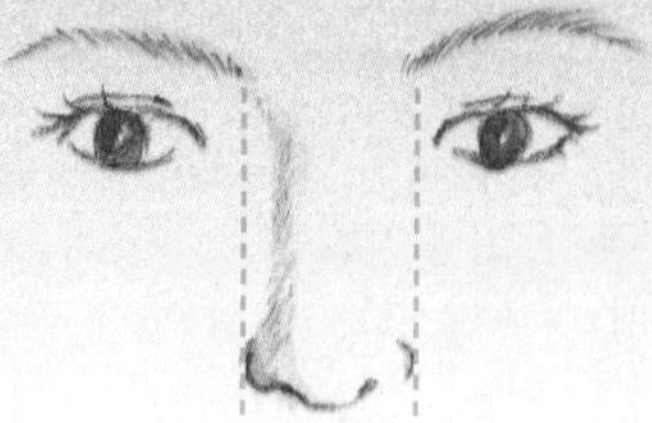

鼻子小
鼻寬窄於兩眼距離

了，情緒難控制，像刮颱風一般，這時就要小心，別掃到颱風尾。

如果鼻子小、眼睛也小，這樣的人通常比較沒有遠見、沒有氣度，所以常常有一句話形容，「小鼻子小眼睛」。

鼻樑高

鼻樑的高低主要觀看的是一個人是否有主見？一般而言，鼻樑高的人比較有主見、做事果斷、榮譽心也強。所以不管在工作上或團體活動時，仔細觀察那些特別有主見、意見的人，通常鼻樑都比較高。

如果鼻樑高，但在公開場合上卻不發表意見或常常沉默不語的人，這樣的人通常鼻孔密、做事保守小心，或眉毛很淡。其實，他們不是沒有意見，而是會把它放在心裡，但是私底下表達意見時可能頭頭是道、一針見血呢！

●鼻樑低陷

如果鼻樑低陷或無鼻樑骨的人，平時個性比較隨和、沒有脾氣、沒原則，是好好小姐或好好先生型的。他們不像鼻高的人因為理性果斷而比較沒有人情味，相反的他們是可以套交情的，只要動之以情，通常可以說服他們幫忙或通融一下。

鼻樑低陷

他們能聽得進別人的意見，但也因為比較沒有主見，聽了太多意見反而造成困擾，而對事情拿捏不定，無法下決定。由於他們做事猶疑，缺乏獨立性，通常意志也較為薄弱。

鼻子高大

鼻子決定一個人的方向、定力。所以，通常鼻子高、大的人，比較有定力、有方向，具領導才能。

這樣的人做起事來不會手忙腳亂、摸不著頭緒。他們雖然固執，但是理性，還算蠻講道理的，不會隨意亂發脾氣，情緒管理不錯。所以遇到這樣的人或主管，只要講道理說服他，他就會信任你。

鼻子大小長短的判別

鼻子的大小約以兩眼距離為標準，長度約以全臉 $\frac{1}{3}$ 比例為標準。愈大或愈小，愈長或愈短者，其特質愈明顯。

- 當鼻寬寬於兩眼距離，長度不要太短，表示鼻子大；若窄於兩眼的距離，表示鼻子小。
- 當鼻子長度超過全臉比例 $\frac{1}{3}$，表示長鼻；反之，短於 $\frac{1}{3}$ 者，為短鼻。

凹型獅子鼻

如果一個人鼻準頭圓肥，鼻翼左右橫張，再加兩眉間鼻根低陷窄小，就是所謂的「獅子鼻」。有這種鼻形的人，精力強旺，事業心也強，財運亦不弱。

他們重感情，但是比較不理智，缺乏勇氣，平時脾氣可能還不錯，但是一發起脾氣可就不得了。

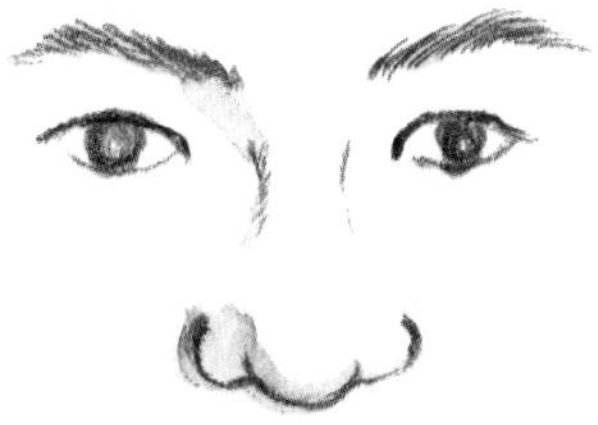

凹型獅子鼻

透視一個人的衝動指數

我們的鼻樑猶如一座山。如果一座山岩石暴露，沒有茂密的樹木覆蓋，會給人抖峭嚴峻，不易產生歡喜親近之情，這就如同一個人的鼻樑雖高卻露骨無肉，讓人覺得不易親近一般。

如果讓一個人靜靜地坐十分鐘，或完成一件事，但是不到幾分鐘他便覺得不耐煩了，根本靜不下來也坐不住，如果你是主管或是公司老闆，該如何看出來這樣的員工，交付適合的工作給他呢？

鼻樑骨是否豐滿有肉

我們可以從鼻樑看出一個人個性的剛柔。如果鼻樑高卻露骨無肉或肉薄的人，表示這個人的個性剛毅，往往會有剛愎自用的傾向，不易妥協，因此溝通上千萬不要硬碰硬。

相反的，鼻樑豐滿有肉的人，個性較為圓融溫柔，即使心中已有定見，但表面上還是客客氣氣的，

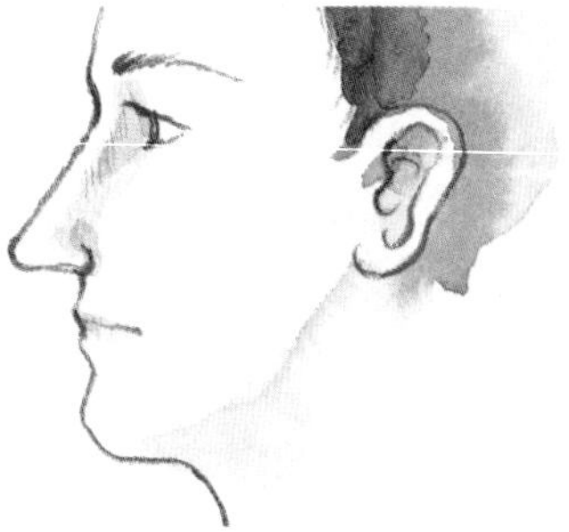
鼻樑無肉如劍

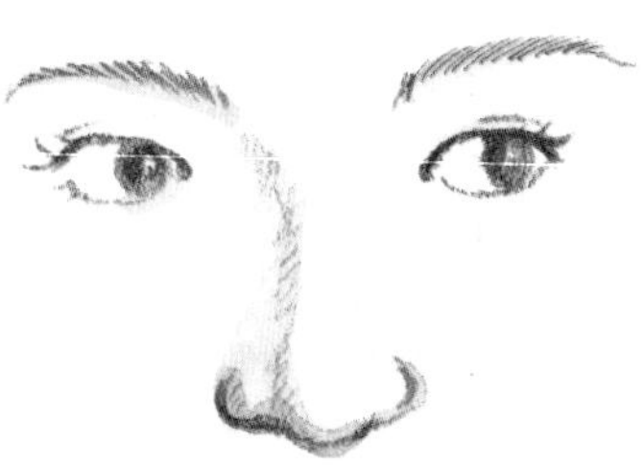
鼻樑有肉

不會隨意得罪別人。

鼻子長

我們可以留意一下身邊的人或同事，你會發現有人做事很有耐心，蠻能吃苦耐勞的，相信這樣的人鼻子一定不短。

在面相學上，長型鼻子的人比較有耐心，雖然行動上可能不屬於快速俐落類型的，且有時缺乏決斷力，但是他們卻是屬於耐苦型的。他們對於不曾做過事，可能不願嘗試或躊躇不前，不過一旦確定要做一件事時，便會努力去做且能持久。

鼻子短

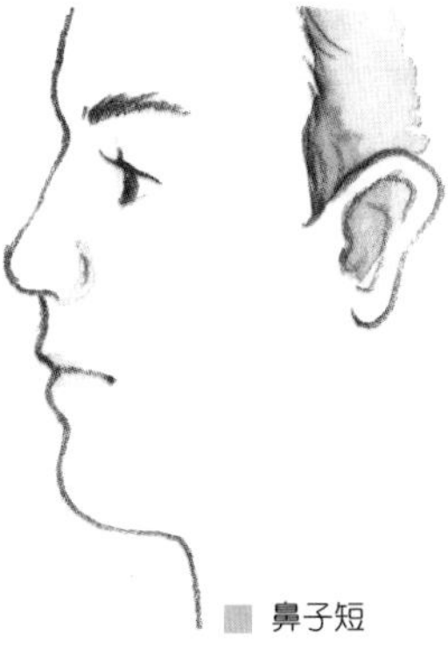

鼻子短

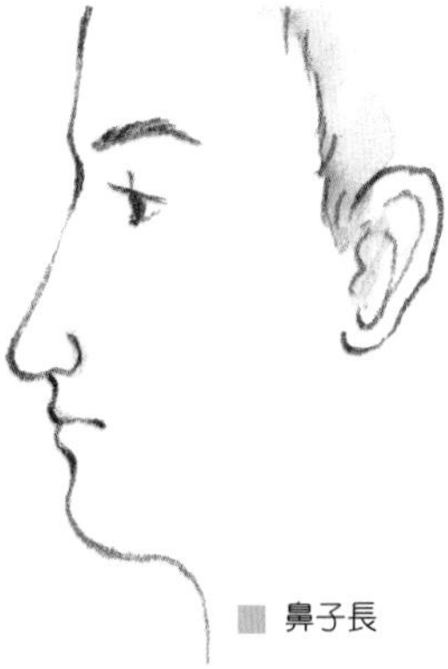

鼻子長

鼻子短的人比較缺乏耐心，若是加上鼻孔露竅，不但沒耐心且粗心大意、衝動暴躁，通常愈短的人，這種傾向愈明顯。如果鼻子的年壽部分突起，則表示此人個性不但急躁且倔強。

就解剖學來說，鼻子短，表示先天上脊椎架構不是很好，做起事來容易腰酸背痛，所以比較沒有耐心。如果鼻短加上朝天，則表示此人好逸惡勞、好吃懶做，除非被環境所逼或改變，否則本性上他還是喜歡享受、投機的人。

天真的孩子鼻

小孩子出生時，因為發育不成熟，鼻子通常有朝天的傾向，但是如果一個成年人鼻孔依然朝上（朝天），在西方被稱為「孩子鼻」。有孩子鼻的人，個性天真樂觀且隨和，但也因此讓人感覺較隨便，容易受到誘惑或欺騙。

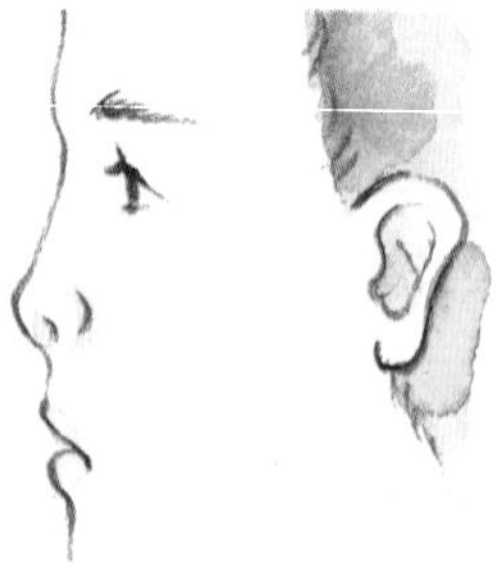

天真孩子鼻

鼻孔露竅

透視一個人的消費能力

「我今天又買了一套今年最流行的香奈兒衣服。」

「很漂亮，可是很貴吧！」

「那有什麼關係，錢就是要拿來花的呀！」

其實這個時候，通常平時非常節儉的人一定會感嘆，然後心裡會浮現一句話，「唉，真是敗家女！」或是「敗家男」。

我們的男朋友或是女朋友是敗家一族嗎？我們的孩子將來可能敗家嗎？想要知道答案，那就趕快看看他們的鼻孔大不大、漏不漏竅了，因為鼻孔代表一個人的投資與支出（消費能力），理財的觀念與態度。

鼻孔小

一般而言，鼻孔小不露竅的人，為人保守謹慎，比一般人「龜毛」，尤其在金錢方面特別會精打細算，一分一毫都算得清清楚楚，有理財觀念。平時要他們請客是一件很不容易的事，因為他們是「小氣」財神，花錢是一件心痛的事，更何況是花在別人身上。

如果鼻孔小而密不露竅的情況愈嚴重，表示此人只進不出，不懂得花錢，即使有錢還是省吃儉用，甚至吝嗇到一毛不拔的情況，也就是一般所說的「守財奴」，錢再多也發揮不了作用。不過，如果同時有大嘴巴的人，表示企圖心大，所以也可能會做一些投資，但是他們只有在很有把握的情形下才投資，不像露竅的人沒什麼把握就投資了。

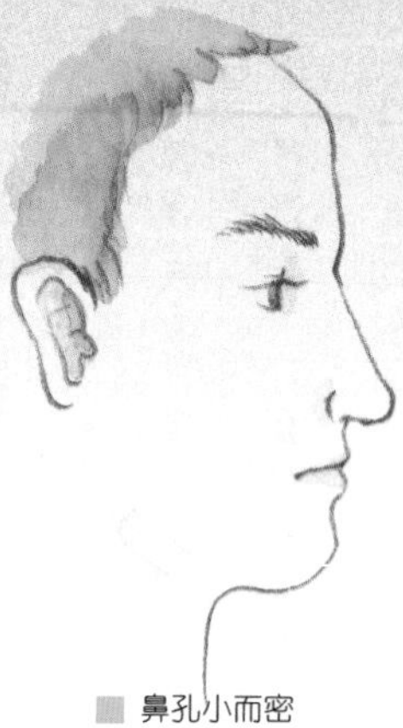

鼻孔小而密

所以，當我們在金錢調度上有問題或缺錢

用時，如果向這樣的朋友開口借錢，吃閉門羹的機率很大，勸勸你還是找別人吧！

鼻孔大

不管古代或現代，通常有錢人家的第二代或第三代容易揮金如土，花錢像流水一般；或是喜歡做投機事業，挹注大量資金。有這種作為的人，通常是鼻孔大且朝天露竅的人。

一般而言，鼻孔大而不露竅的人，通常肚量、膽識都大，投資也大，且決定一件事情時比較快速。不過鼻大露竅就不好，愈嚴重者愈喜歡投機，因為他們衝動，往往不到五成把握，只要有大量的利潤可圖，不管基本面如何，反正先投資、賭注再說。

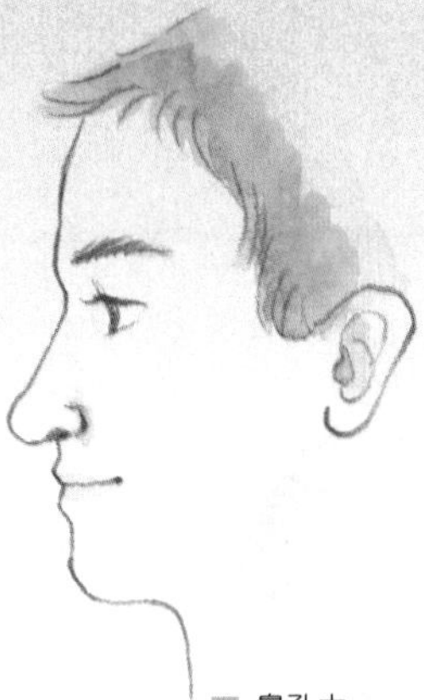

鼻孔大

鼻大露竅的人，花錢很「阿沙力」，容易

漏財，做事比較馬虎，因為他們不善於理財，即使賺再多的錢也存不住，總之財來財去，這樣的人最好不要掌管公司或家庭的經濟大權，否則容易出問題。

如果我們想借錢，向鼻孔大的人借錢比較容易借得到，因為他們心胸較大。若再加上鼻頭圓潤、人中長的話，表示此人善良具同情心，更容易借到。

此外，推銷產品時，遇到這種人也比較容易成交。

透視一個人的善良程度

「嗚……嗚……，好可憐哦！」

「又來了，你又不是主角，幹嘛一直哭呀！真是受不了你耶！」

「他的處境值得同情，我們捐一些錢幫助他。」

「我們自己花都不夠了，怎麼還有錢給別人呀！」

你想知道哪些人看電影遇到情節哀傷感人時，可能會掉淚嗎？看到處境堪憐的人，可能心生不忍嗎？還是無動於衷？只要了解這些人的本性，就能理解他們的行為了。

鼻頭圓

面相學上說，「鼻準圓，心無毒」。如果一個人的鼻頭圓潤，表示這個人本性善良，心地就像豆腐一樣柔軟，不會刻意去傷害別人，除非是受到後天環境或其他不得已的因素影響。

有句俗話，「刀子口，豆腐心」，假如遇到講

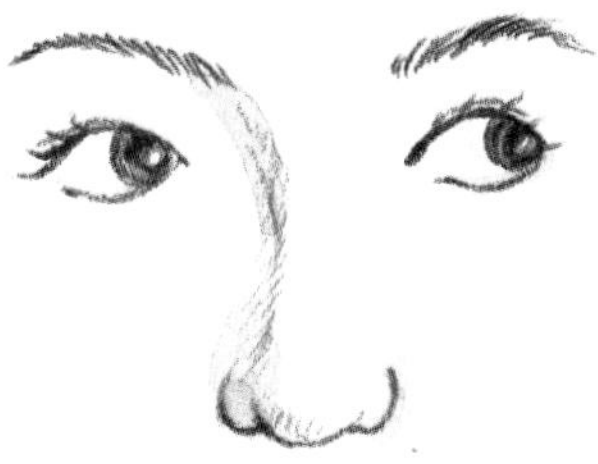

鼻頭圓

話較嚴苛或是感覺很凶的人，可以看看他的鼻頭圓不圓，是不是真如表面上苛刻或凶悍？說不定此人心地頗善良的，不過最好觀察一下說話時的眼神正不正，才能準確了解其動機。

鼻頭尖斜

如果遇到鼻頭尖且歪斜的人，那麼可能要小心一些，因為這種人心性較為奸詐，可能為了保護自己的利益，而不管他人，甚至陷害別人。如果你無法感化這種人，那麼最好保持距離。

若是鼻頭尖而且帶鉤狀，也就是所謂的「鷹鉤鼻」。無肉的鷹鉤鼻，為人比較自私，報復心較重，

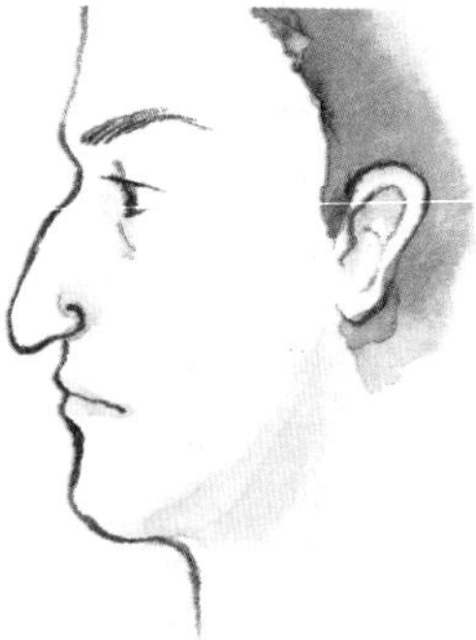

鷹鉤鼻

鼻頭尖、斜

讓人覺得狡猾陰沉，最好不要得罪或欺騙他們。而有肉的鷹鉤鼻，則是理財經商的高手，他們精打細算，物質價值觀重，如「猶太人」，就是這類型的代表。

預知41—50歲的運勢

鼻子、顴骨是觀看一個人是否有「財富」與「權力」的主要地方，也是一個人的領導與組織能力的展現之處。所以，面相學上表示：「問富在鼻」、「問權在顴」，有什麼道理嗎？

以年齡來說，鼻子的流年行運是41-50歲，是一個人的中年階段，更是事業有成的黃金階段。

在世俗社會的眼光裡，一個人到了這個年紀，通常就會被評斷人生成功與否？因為到了這個年紀，應該是國家、企業中的領導、主管階級，該是有一些成就的時候了。

而財富與權力正是社會判別一個人成功與否最重要的因素，而鼻相、顴相長得好不好，正關乎到一個人的財富、權力等地位。所以41-50歲的流年運勢是否順利，能否飛黃騰達，當然就要看鼻、顴相長得好不好了。

根據流年及鼻、顴相的好壞及氣色，可以預知該年順不順利，若是順利固然可喜，但也不要過度歡喜而不努力，以為成功會自己跑來，這樣反而錯失大好機緣。若可能不順利，也不要過度憂慮，所謂「謀事在人，成事在天；小富由儉，大富由天。」凡事謹慎一些，該努力該盡力的還是要做，其他就隨遇而安，也許會有另一番體悟。

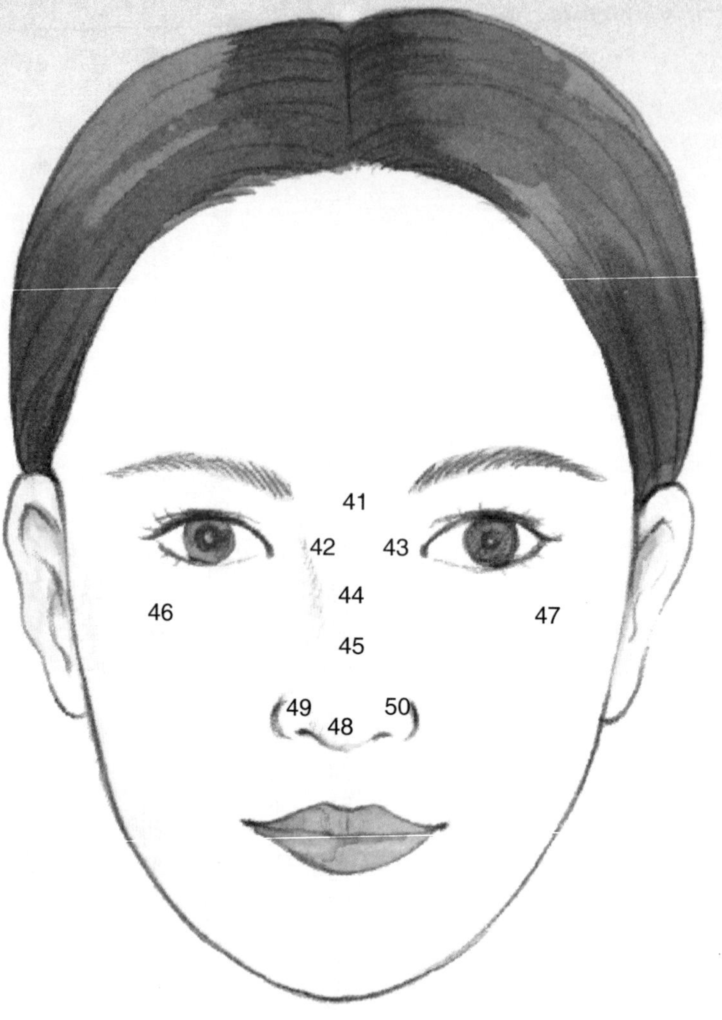

鼻、顴的流年圖（女）

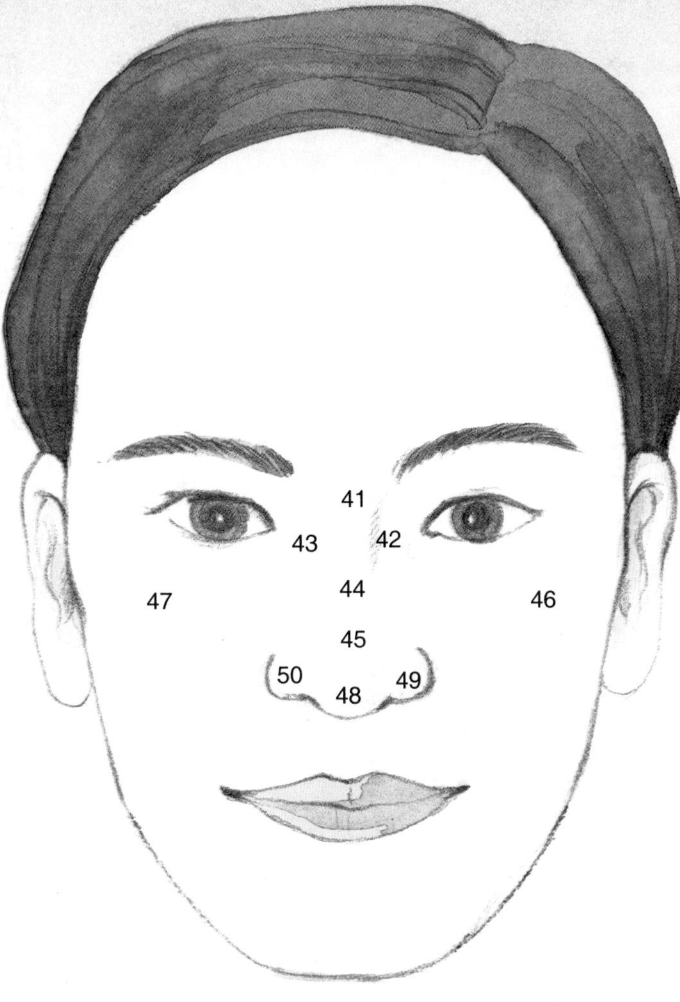

鼻、顴的流年圖（男）

預知一個人的賺錢理財能力

有一個礦工，每天辛辛苦苦的賺錢，但他不識字，所以賺來的錢也不懂得存到銀行或郵局裡，而是存放在一個甕裡，埋在地下，然而每隔一段時間，鈔票就會潮濕。

於是，他會把甕裡的錢拿出來曬太陽，數十年來都是如此。結果有一天，他的錢卻被騙光了。所以他現在替人工作，只要吃、穿沒問題就好了，其他多餘的錢他都不要了。

除了感情外，一般人最在意的莫過於自己究竟何時才會發財？雖然「錢非萬能，但沒錢卻萬萬不能」。從鼻子的長相確實能了解一個人是否帶有財運，但是有財運當然還是要努力，否則機會來了，只能眼睜睜地看著它溜走，因為賺一塊錢和賺一千萬，都是「財運」，都是「賺」。

面相學上表示，鼻樑屬財，鼻翼屬庫，鼻相好的人有財有庫，因為他們能賺錢且懂得理財，財源廣進，自然富有，所以鼻子為「財帛宮」。

其實，每個人對錢的定義不同，有些人有錢還要更有錢，甚至還覺得自己沒錢，永遠不滿足；有的人家財萬貫，卻一天到晚怕被綁架，保鑣隨侍在旁……。有的則是三餐溫飽、身體健康就可以了，所謂「健康就是財富」、「平安就是福」，如果你有這樣的觀念，也就不需要每天想著自己究竟會不會發財，或為金錢苦惱了。

鼻樑明潤有肉

鼻樑可看出一個人賺錢的能力，或錢財的來源及過程。

鼻子挺直的人，通常長相都不錯，但如果鼻樑露骨或是肉薄的人，比較沒有偏財運，所賺取的錢財以正財為主，也就是須靠自己的專業、技術賺錢，如工程師、建築師、技術人員……等，賺錢過程較為辛苦。所以有這種鼻子的人，通常比較適合從事專業技術工作。

如果鼻樑挺直明潤有肉，鼻翼飽滿，表示此人賺錢事半功倍，比較有偏財運，不但會賺錢又會理財，錢滾錢，因此賺錢較為輕鬆，雖然和別人投下一樣的精力，但錢財的收穫可能比人多。因為鼻相好的人聰明，鼻有肉的人個性溫和，和氣生財。

鼻翼大而肉厚飽滿

鼻翼代表一個人的財庫，也就是存錢、理財的能力。

如果你的鼻翼大且肉厚飽滿不漏竅，那麼恭喜你，因為你一生的偏財運佳，也懂得理財、生財之道，財富指日可待。相反的，鼻子小且肉薄的人，表示沒有財庫，因為不懂得理財或可能不重視金錢，所以留不住錢財，儘管懂得或有能力賺錢，卻賺多少花多少，自然不易聚財。

當然，以上並不表示鼻翼長得好的人，立刻就有錢，而是當流年行運走到鼻翼時，財運好，此時投資或其他相關活動，都會比較順利，自然容易財源廣進。

鼻頭明不明亮

鼻頭也就是面相學上所說的「準頭」。如果你想知道最近一兩個月的財運如何，可以觀察鼻頭的部位，如果比其他部位明亮，表示最近財運不錯哦！

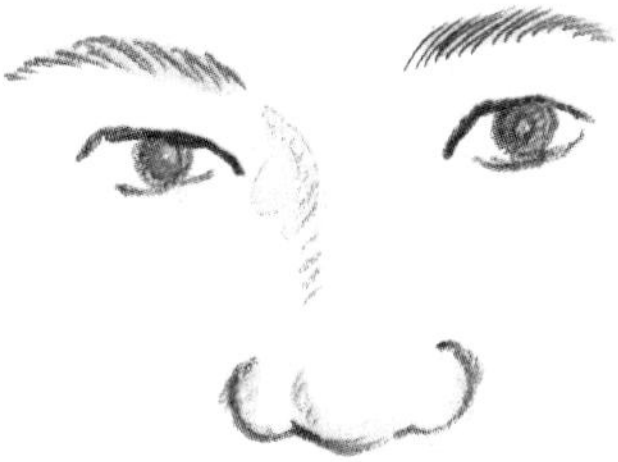

鼻翼大飽滿

鼻翼小

假如你最近鼻子剛好長青春痘，表示有破財的可能，在投資或理財上可能要小心注意了。當然也可能是因為最近花錢較凶，或莫名其妙地買了一堆平時用不到的東西，或突然開銷比較多……等。

鼻翼長痣

鼻翼代表財庫，如果鼻翼上有痣，比較不好，是「破相」的象徵，就好像財庫破了一個洞，錢財會從洞裡流出去一般，影響一個人一輩子，尤其是流年行運時。因為這樣的人容易犯小人，破財機率就高。

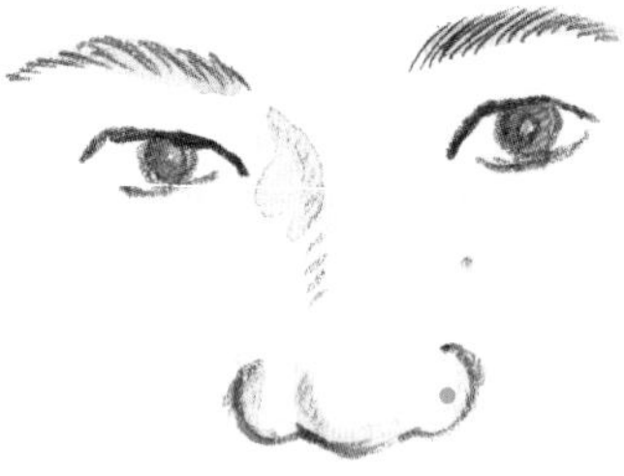

鼻翼長痣

有一位朋友，鼻翼長了一顆很大的痣，我提醒他50歲時可能有破財之虞，投資理財上要小心為妙。這一年他非常謹慎，結果倒平安無事，不料他老婆投資卻賠了一千萬，還是一樣破了財。

預知另一半的長相及婚姻

在面相學上，女性以鼻為夫星，有「鼻美夫便美」之說，所以從鼻子可以看出一個女子會尋找什麼樣的先生，婚姻是不是幸福？

一般而言，鼻子長相好的人，懂得情緒管理，又聰明，因此對另一半的條件通常要求較高，希望另一半和自己一樣，是帶得出去、介紹給朋友的，所以有寧缺勿濫的觀念傾向。因此女子鼻相長得好、漂亮的人，通常另一半長相也不差，是相夫益子之相。

當然，男性都希望另一半長得漂亮，不像女性以其他為衡量標準。不過普遍來說，鼻相漂亮的男性，對另一半長相的要求也比一般人高。

● 鼻子長相美不美

如果鼻子小、鼻樑凹陷沒有鼻樑骨，較沒有主見，所以通常對另一半的要求較低，如果有人追求，覺得還可以就可能接受了。

如果你是女子，正好遇到凶霸不明理的先生，就容易被欺負，造成婚姻的不美滿。相同的，男性也會比較容易接受另一半的建議，聽老婆的話。

鼻樑是否豐潤

鼻樑高卻無肉或肉薄的人，個性剛毅，容易影響夫妻間的感情，如果兩人個性一樣剛強，意見不一樣時，誰也不服誰，誰也不先低頭認錯或退讓一步，長久下來夫妻間的感情必定不好。

相反的，如果鼻樑豐潤有肉，則個性較為溫柔圓融，彼此懂得溝通退讓，夫妻感情自然好。

此外，女子如果鼻頭長痣，表示為另一半辛勞付出，容易失意悲觀，因此婚姻

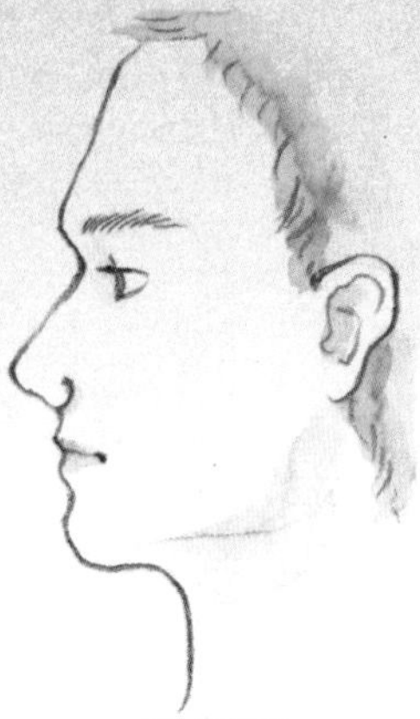

山根低

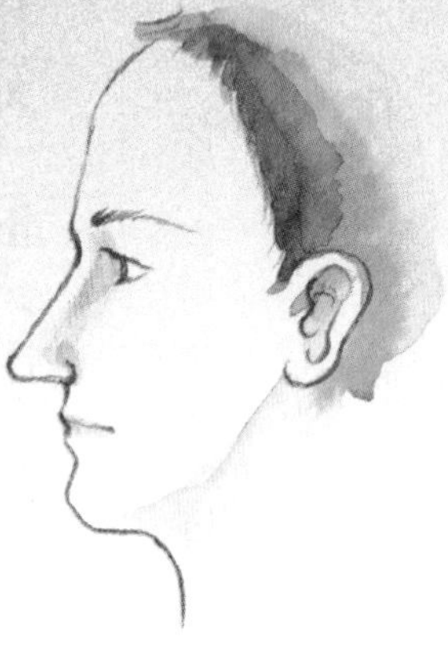

劍鼻

也不是很好。

如果鼻樑高無肉像刀子般，就是所謂的「劍鼻」。這種人較為寡情、無情，不管是男或女，都表示婚姻較難美滿。

預知一個人年輕的根基

在命相學上表示，「山根低，離祖家」，山根即鼻子的根部，位於兩眼之間的鼻子部分，代表一個人的根基、少年運……等。

山根低陷的人，通常出生時家庭環境差，父

母無法有足夠能力栽培，因此根基較弱。如果山根低到比眼睛還低時，表示其祖先風水可能下陷，磁場被干擾，在家鄉發展不易，無法落地生根，這樣的人最好外出發展。

山根高隆的人，通常出生時家境不錯，可得祖先父母的庇蔭，或是有家業可繼承而致富，表示年輕時根基好。

預知一個人的領導、群眾魅力

從鼻子可以看出一個人有沒有領導能力。通常鼻子高大長得好的人，面對事情時比較有定力、有方向，所以比較有領導方面的才能。此外，鼻中隔長的人，分析能力好，也是領導能力的指標之一。

但有領導能力並不代表是個好的領導者，還需要觀看「顴」骨部分，才能得知究竟是孤芳自賞，還是有組織才能，是個能領兵的將才，深具群眾魅力，還是孤軍奮鬥？所以要「鼻」、「顴」相搭配，才容易功成名就。

鼻大無顴

「鼻」和「顴」的關係就好比「君」與「臣」、「將」與「兵」、「主管」與「下屬」一般，一個國家、軍隊、企業，都必須彼此搭配得宜，整個社會、組織才能運作前進。

鼻大無顴

如果一個人鼻大鼻相好，卻沒有「顴」骨，那麼就像孤君一般，沒有臣民可效勞，就不像君王了。如果有將無兵，就如同校長兼工友，凡事必須自己來，總是一個人單打獨鬥，孤芳自賞。

這樣的人比較適合獨立作業，或自己開工作室，不必為了人事問題而傷透腦筋，總之心情會比較愉快一些。又如一些小攤販，老闆煮東西兼招呼客人……等。

鼻小顴高

鼻子好比自己，顴又好比自己以外的群眾和環境。鼻子小鼻樑低的人比較沒有魄力，缺乏領導能力，因此比較沒有群眾魅力，這樣的人當主管，通常不得下屬的協助，做事勞心勞力，事倍功半，不會掌權太久。

換另一個角度來說，鼻低陷且顴高的人，喜歡爭權，沒主見又愛掌權，不喜歡被人管，所以發起脾氣來猶如颱風過境。不論男女，有這種個性的人，通常另一半很難忍受。

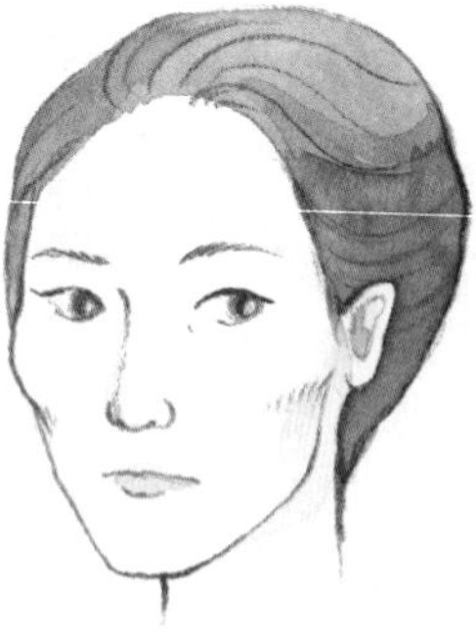

鼻小顴高

命相學上稱女子「兩顴高，殺夫不用刀」，因為先生容易被氣得半死，其實就是指上述情形。以現代觀念來說，如果先生是這種性格，那麼老婆也會受不了的。

●顴有痣、疤痕、紋路

有的人雖然鼻、顴搭配得很適宜，但是顴骨上卻有痣、明顯的紋路，或是意外產生的疤痕，有這種現象的人，也不適合當主管。因為身邊容易有小人，搬弄是非，容易被誤解，所以可能發生同事或下屬倒戈的情形，而導致權力被奪的危機。

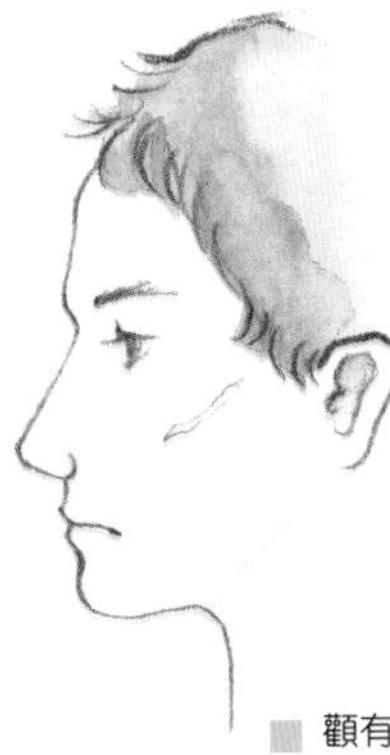

顴有疤痕

或是努力辛苦半天，功勞卻是別人的，有一句台灣話形容得很貼切：「做到流汗，被人嫌到流涎（口水）」。

又顴骨的流年是46、47歲，因此顴骨上有痣的人，如女生右邊有痣，則46歲時可能有破財或是非發生，這時候在投資或是行為上都要特別謹慎保守。

此外，鼻、顴不配或顴有痣、有疤、有紋路的人，通常比較不適合當負責人，最好從事幕後籌畫工作或副手職位。

顴相不佳的人

- 顴過於下墜或低陷──這樣的人通常比較欠缺進取心、執行力差。
- 顴逼近鼻樑──這樣的人觀念狹隘閉塞，心情不開朗，生活較為苦悶。
- 顴過於外張、高凸或逼近眼尾──這樣的人喜歡自我膨脹，好管閒事又自以為是，也就是為人比較囂張跋扈型的。

顴逼近鼻樑

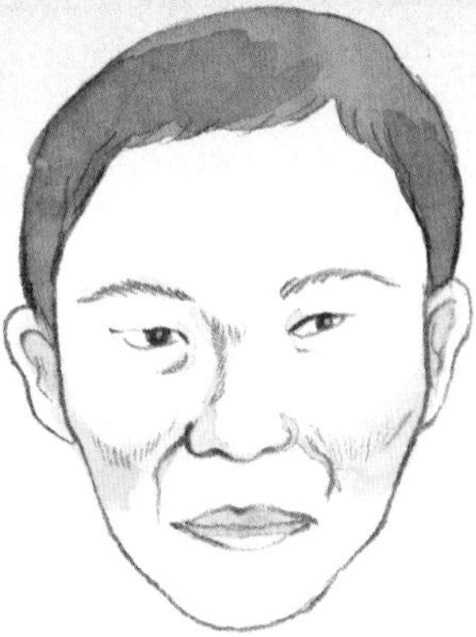

顴過於下墜或低陷

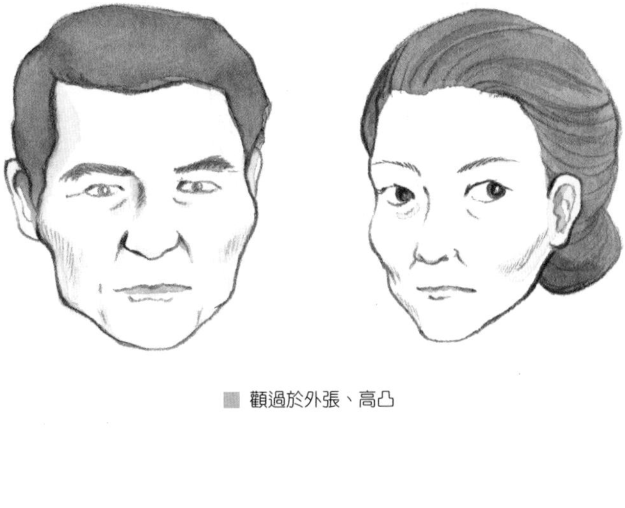

顴過於外張、高凸

從鼻子診斷身體健康

以解剖學來看，鼻子是脊椎的反射區，與脊椎的架構成正比，而脊椎長得好不好，自然影響一個人健康甚巨。中醫上也表示，「鼻醜腰不寧」，所以，我們可以從鼻子看出一個人先天上脊椎架構如何。

鼻子是肺的門戶，而氧氣、二氧化碳須靠鼻子進出，生命就存在於這一呼一吸間，呼吸循環暢通，身體自然健康。所以，鼻子和肺部健康息息相關，鼻子長相之重要可見一斑。

除了脊椎、肺部外，我們也可以從鼻子觀察一個人脾臟、卵巢功能好不好，是否貧血等。

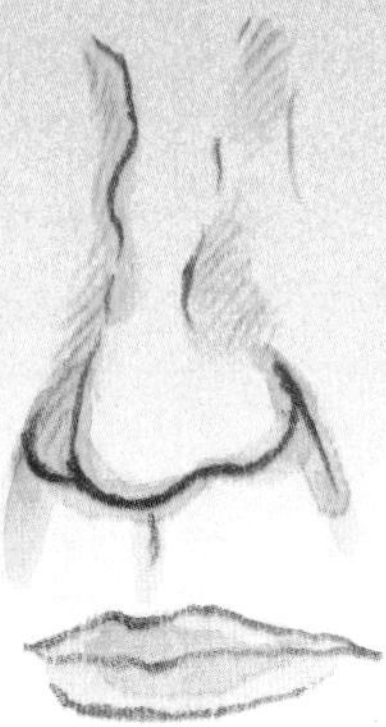

鼻彎曲（正面）

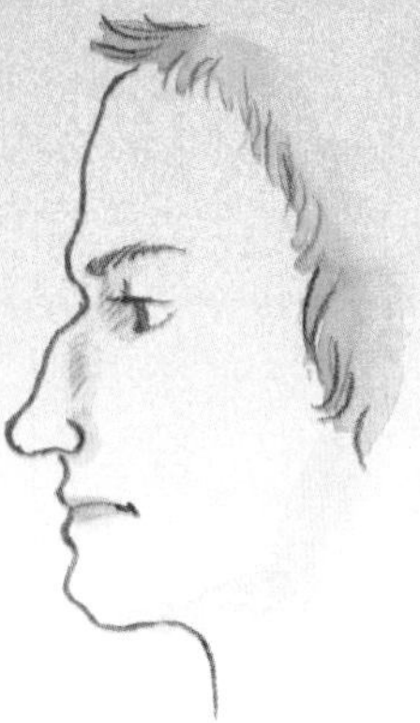

鼻彎曲（側面）

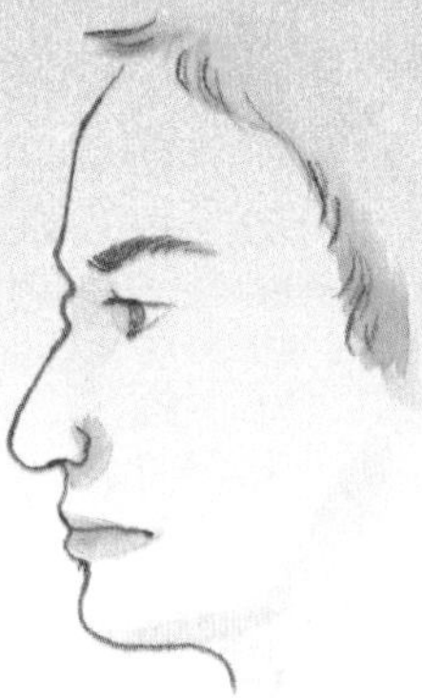

鼻子有鼻節

鼻子——脊椎架構

鼻子長相好的人，即端正挺直、豐潤的人，先天上的脊椎架構良好，肺臟、脾臟功能佳，身體較健康，因此做事積極持久，行動力好。

鼻小又凹陷的人，先天上脊椎架構不良，做事不到三分鐘，就覺得精神不繼，腰酸背痛，懶得做下去了。如果鼻子不正，有彎曲現象，則表示先天脊椎架構不端正或有側彎現象，背部到腰部容易有毛病產生。此外，若有鼻節，則表示筋骨上有問題。

腰酸背痛，通常是其他疾病開始的警訊，因為脊椎血液循環不良，往上容易造成脖子僵硬、腦部缺氧昏沉，往下容易造成坐骨神經、腳部痠麻……等症狀。

如果你先天脊椎架構良好，但是後天卻不懂得保養，姿勢不良，久坐不運動或職業關係，當然脊椎還是會有毛病產生，要特別注意。

鼻心——肺部

鼻子是肺的門戶，可以說是保護肺部的外圍器官。鼻子除了呼吸作用外，鼻腔內的絨毛及黏膜可以過濾空氣中的灰塵，而鼻竇則可以調節空氣中的溫度與溼度。

肺部功能要正常運作，應避免空氣過於乾燥，因為空氣太乾燥鼻腔內的黏膜及絨毛會因而乾裂、萎縮，無法過濾灰塵、病菌，容易導致支氣管炎，或氣喘發作，影響肺部功能。

所以，鼻樑骨大、鼻翼豐厚、鼻長的人，鼻子架構好，過濾、調節功能好，因此肺部功能較好；而鼻子小而扁的人，肺部功能多半不佳。

我們也可以觀察居住在較為寒冷地方的人，通常他們的鼻孔小但鼻子較長，這是因為空氣溫度太低，若鼻孔大則吸進的空氣多，容易傷害肺部；鼻子長則冷空氣進入肺部的時間較緩，可以保護肺部。

● 鼻樑──貧血（脾臟）

現代中醫學表示，脾臟不僅是「儲血」、過濾老邁的血球，而且能「統攝血液循經運行」，即表示脾臟和造血功能相關，也能使血液正常運行而不會溢出血管外。如皮下出血、牙齦出血、糞便有血、吐血等現象，都可能是脾臟出問題造成的。

當造血功能不良或紅血球破壞太快時，將造成貧血現象，一副氣血不足，有氣無力的模樣。我們

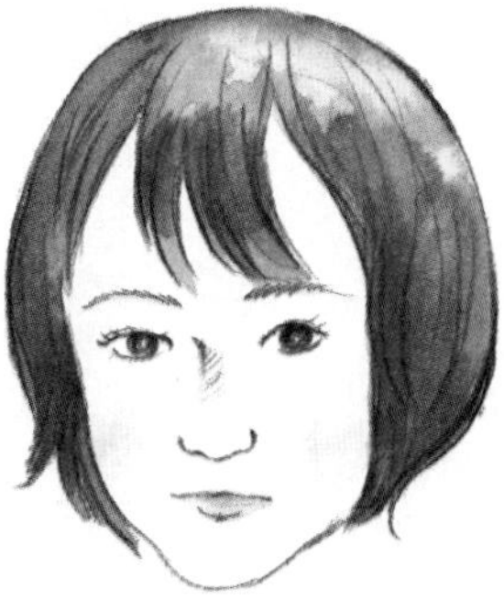
鼻樑青綠

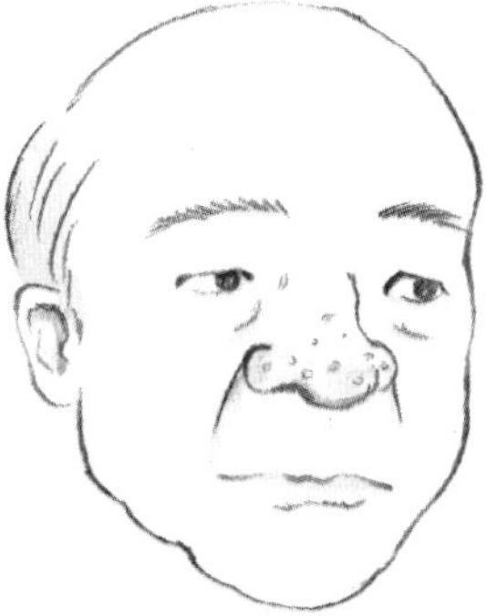
酒糟鼻

如何從臉部判斷一個人是否貧血？可以從嘴唇、臉的氣色、鼻樑觀察得出來。

就鼻子而言，可以觀察鼻樑骨$\frac{1}{3}$到$\frac{1}{2}$長的區域（即年壽的地方），如果這個區域與臉部其他地方的顏色明顯不一樣，出現晦暗且帶有青綠或紫綠色時，表示有貧血症狀，冬天容易手腳冰冷，顏色愈深者症狀愈嚴重。

其實，貧血主要看嘴唇是否泛白，不過現代人因為擦口紅的關係，實在不易觀察。

還有，有酒糟鼻的人，脾功能也不好。酒糟鼻就是俗稱的紅鼻子，即指鼻子潮紅、肥大，通常發生在鼻頭、鼻翼兩側，嚴重者此區域表面會凹凸不平。這樣的人，在面相學上是一種勞碌的象徵，也就是勞碌命。

鼻翼——卵巢

如果鼻翼和皮膚接觸的區域，老是長青春痘或紅紅的，在解剖學上，這種徵狀表示卵巢、輸卵管有輕微發炎的現象，如果嚴重的話，表示卵巢出問題，最好到婦產科檢查。

卵巢出現問題，可能造成荷爾蒙不平衡，使經期異常，出現經前症候群或經痛等現象；嚴重的話，將造成不孕。

如果是男性，則表示其泌尿系統、前列腺，或生殖能力出現問題，最好能去看醫生，找出可能的原因。

根據我的觀察，如果此區域的某一邊顏色特別灰暗，則表示某一邊的卵巢被切除了。記得有一位朋友，她左邊的鼻子和皮膚接觸的區域蠻灰暗的，我問她是不是卵巢有問題，她驚訝的表示，「沒錯！因為我左邊的卵巢前一陣子切除了。」

兩顴對稱長斑──淋巴系統

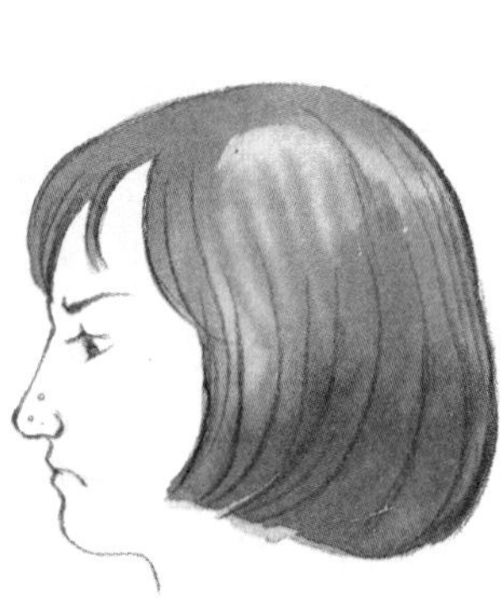

鼻翼長青春痘或紅紅的

除了血管外，人體內還有一種管子擴散至全身，稱為淋巴管，管中流著的體液稱為淋巴液，而在淋巴管的各要衝上，有大小不等的硬塊，稱為淋巴結，這種遍布全身的淋巴管稱為淋巴系統。

淋巴系統可濾出病源體，並製造白血球與抗體，可說是我們最好的醫生。如果淋巴系統出現問題，會有許多皮膚問題產生，如長斑、面皰、臉色晦暗不均、疲勞、蜂窩組織炎、局部酸痛……等。

如果兩顴對稱長斑，表示淋巴功能受阻不正常，毒素無法排除，因此在兩顴長出對稱的斑點來。淋巴系統不正常，免疫力也會跟著下降，因此容易受病菌感染。

兩顴對稱長斑

鼻子的基礎保健法

鼻子是肺呼吸道對外的門戶，主要功能就是吸入空氣中的氧氣，呼出廢氣二氧化碳。但空氣中有許多的灰塵、細菌、病毒等異物，往往也容易趁機進入體內，讓呼吸道成為致病的通道。溫度、溼度的差異，也會造成呼吸道的疾病，尤其是季節交替、乍暖還寒時節，更是嚴重。

鼻子這個守門者如何減少病菌入侵身體呢？如何讓溫度差異的影響降到最低呢？這時就需要鼻腔內的絨毛及黏膜過濾空氣中的灰塵，鼻竇則可以調節空氣中的溫度與溼度，發揮其功能了。

如果鼻內的絨毛、黏膜、鼻竇、鼻腔（嗅覺神經）的功能受損，鼻子就容易發炎，引發鼻病，防禦能力就會降低，所以需要平時的保健，以維持鼻子的健康。

避免待在空氣過度乾燥、過冷的地方

使用暖氣時，可在室內灑一些水，或放一盆水，避免空氣過度乾燥；也盡量避免長期待在冷氣房中。

忌用手指挖鼻子或剪鼻毛

用手指挖鼻時，容易弄傷黏膜，導致發炎，最好能使用棉花棒並用溫水沾濕，洗鼻腔。鼻毛可過濾空氣中的灰塵，不要任意修剪。

冬天太寒冷時，外出應戴口罩

有鼻子過敏、慢性鼻炎及支氣管炎的人，冬天外出時，必要時要戴口罩防寒。

用冷水洗鼻

用冷水洗鼻，可以提升其防禦力，如果怕冷，可以從夏天訓練起。

按摩鼻子

每天睡前、起床時，上下按摩鼻樑兩側，各約20次左右。雙手微握拳，用大拇指背下半部按摩即可。

按壓迎香穴

如果流鼻水、鼻塞時，可當場刺激迎香穴，其位於鼻翼兩側微凹處。

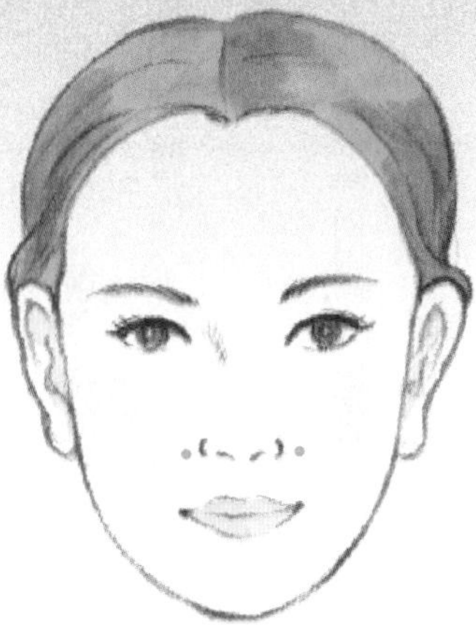

迎香穴

把中指疊在食指上，指壓迎香穴

保健養生的飲食法

從面相學、解剖學的觀點來診斷，我們可以了解鼻子和脊椎、肺、脾臟、生殖系統的關係密切。除了平時需要注意鼻子本身的保養外，對於其他相關器官的保健也很重要。

以下針對相關的腰酸背痛、貧血、氣喘、經前症候群、不孕症等症狀，在飲食攝取及食品保健上提供建議，以預防、保健，改善身體健康。

要強調的是，以下營養素及飲食上所列出的建議，僅表示患有該症狀者平時可多攝取。因為，維持健康的不二法門，最基本的是營養、飲食要均衡，還有規律的生活、適當的運動，及時時保持心情愉快。如果平日只靠補品、藥物，而完全不運動，或生活、飲食不正常，那就是捨本逐末了。

改善腰酸背痛的症狀

維生素：B_1、B_6、D。

礦物質：鈣、磷、鋅、錳。

食物：白葡萄乾、栗子、九層塔蛋、絲瓜、櫻桃、冬瓜、多吃鹼性食物（如芽菜、葉菜、水果、海藻……等）。

保健食品：刺五加、蜂王乳、冬蟲夏草、山楂（小藍梅）……。

其他：要喝足量的水（最好每天早上一起床就喝一大杯），保持正確的姿勢，適當的運動。

改善貧血症狀

維生素：B_{12}、C、葉酸。

礦物質：鐵、銅、鈷。

食物：菠菜、紅藻、黑糖、牛蒡根、蛋黃、豬肝、腰仔……。

保健食品：蜂王乳、花粉、冬蟲夏草、卵磷脂……。

●改善經前症候群症狀

維生素：B_6、B_{12}、E、泛酸。

礦物質：鈣、鎂、鉀、鋅。

食物：高纖維食物（蔬果、全穀類）、核桃、腰果、豆腐、蛋、優酪乳

保健食品：珍珠粉、蜂王乳、絞股藍、月見草油、桑黃……。

其他：切忌生冷飲食。

下庭

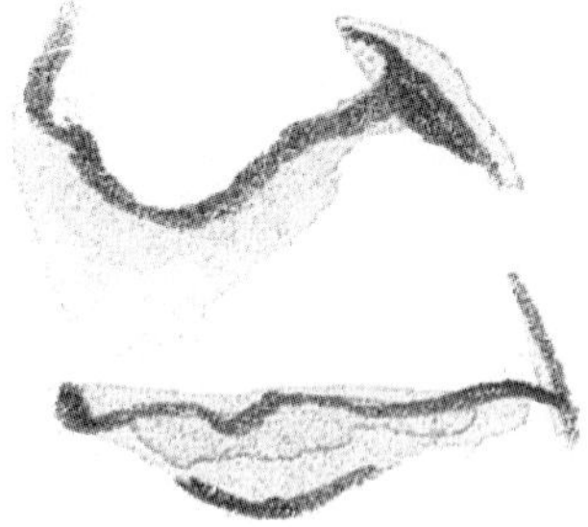

企圖心的・執行力的

情慾、口才、部屬運、意志力、穩定性、腸胃系統、泌尿系統、生殖系統

在面相學中，有「耳後見腮，其人必反」之說，歷史上最具代表性的人物是三國時代的魏延，他因為「腦後有反骨」的長相且自視甚高，而惹來殺身之禍。根據正史記載，魏延「身長八尺，面如重棗，目若朗星。性頗驕矜，然善撫士卒，胸懷韜略，識軍機，有將才。」然而在羅貫中的《三國演義》中，魏延則被描述為「勇有餘，其心不正」的大將。

魏延原是劉表的入幕之賓，後來投效在韓玄之下，因為韓玄怒斥黃忠有通敵嫌疑事件，要將他斬首，大家求情不果，魏延痛恨韓玄殘暴不仁，於是率領百姓將韓玄殺死。之後，魏延投於劉備麾下，被任命為漢中太守。然而，孔明卻批評魏延「不忠不義」，並曾對劉備表示，「此人耳後見腮，他日恐造反。」

魏延長年追隨劉備、諸葛亮征戰，屢立戰功，最後升遷至征西將軍南鄭侯。後追隨孔明北伐，魏延曾經建議率領五千士卒奇襲長安，可惜不被孔明採用。

魏延素來和長史楊儀不合，在孔明最後一次北伐時，兩人均隨行。北伐途中孔明鞠躬盡瘁，死於「五丈原」，楊儀事前受孔明之命要撤軍，由他指揮大軍回漢中。這時，魏延戰功彪炳，心中當然不服楊儀，認為孔明雖死，但仍應該繼續北伐，完成其心願，因而不受楊儀的差遣。

兩人意見不合之下，魏延逕自燒毀棧道，斷其歸路，因此楊儀認為魏延有抗命反叛之心，於是派先鋒何平引兵叫陣，魏延大怒出來應戰。此時，魏延、楊儀前後急奏後主，互控對方謀反叛變。

由於何平的詐敗計謀得逞，致使魏延部下軍心大亂，紛紛潰敗，這時只有馬岱所率領的三百位士兵不動，魏延大受感動地表示，「事成之後，決不相負」，並與馬岱商議投靠魏軍事宜。馬岱卻認為魏延智勇雙全，遂建議魏延應謀圖屬於自己的江山霸業才對，且信誓旦旦追隨魏延。

於是，魏延和馬岱引兵想直取南鄭。姜維在南鄭城上見魏延、馬岱率兵前來，趕緊請楊儀商議。楊儀表示，孔明臨終前，曾給他一個錦囊，囑咐他說：「如果魏延造反，裡面有殺魏延的方法，但是要在臨城對敵時，才可以拆開。」姜維大喜，即放心地引兵出城。

楊儀拆開錦囊後，騎馬來到大軍陣前，手指魏延笑著說：「丞相（孔明）在時，預知你久後必反，教我防備，今天果真應驗了。如果你敢在馬上連叫三聲『誰敢殺我』，就是真正的大丈夫，我就將漢中的城池獻給你。」

魏延大笑說：「不要說連叫三聲，即使叫三萬聲又有何困難？」於是在馬上大叫：「誰敢殺我？」一聲都還沒說完，腦後就有一人應聲說：「我敢殺你！」隨即揮刀砍下魏延，眾將兵駭然，因為斬魏延的人，就是馬岱。原來孔明臨終之時，曾經授命馬岱此計策，只要在魏延喊叫時，便出其不意而斬之。

然而楊儀回蜀後，因為孔明將國政交付蔣琬，楊儀心中十分不滿，曾對旁人說，早知如此寂寞，當時就應帶軍投魏，最後因為有謀叛之說，被貶為平民。

至於魏延是否真的叛變，正史上並沒有明文記載，所以魏延到底有沒有謀反之心，眾說紛紜。

看見下庭的奧秘

根據第一章所談的面相三分庭法，一個人的晚年過得好不好——即51開始到70歲，主要是觀察下庭部位是否長得好。下庭部位包括人中、法令紋、嘴巴、地閣，地閣則包括下巴、腮骨、兩頰等，因為需要一起搭配看，再參照其他部位，才較為準確，故在此章中一併說明。

俗語說：「病從口入，禍從口出」，我們平時所吃的食物可以讓身體吸取足夠的養分，也能讓身體產生病變；一句話可以救一個人，也可以害一個人。所以從嘴巴可以清楚了解「水能載舟，亦能覆舟」的道理。

嘴巴幾乎是所有器官中功能最多元的，可以吃、可以說、可以暫時替代鼻子的呼吸，為了基本生存、社會競爭、健康……等而存在。所以從小小的嘴巴，可以了解一個人對於慾望的強烈程度及企圖心大小。

一個人的骨盆架構健不健全，執行力、意志力、耐力好不好，可以從地閣看出來。所以根據統計，運動員地閣部分通常較為發達；北方人地閣部分也較大較長，因為要適應、克服惡劣環境。所以，有「南方人看天庭，北方人看地閣」之說，主要原因是南方天氣環境好，生存主要靠腦力，北方人則需靠體力。

從地閣部位，也可以看出一個人的部屬運好不好？是否容易有助力？因為地閣長得好的人心胸較為寬厚，做事有頭有尾，能貫徹始終，當然部屬願意為其效力。

此外，從法令紋可以看出一個人的事業工作是否穩定；從人中也可以看出一個人的心性好壞與否。當然，除了個性、運勢外，下庭部位，也關係到一個人的消化系統、泌尿系統、生殖系統……等健康情形，值得好好了解。

如何判別好的下庭長相

下庭相位要長得好的基本條件包括——嘴巴、下巴、腮骨、人中、法令紋要長得好，沒有歪斜、不對稱、疤痕、惡痣，氣色要明潤不晦暗。其他判斷標準如下：

一、嘴巴部位

● **上下唇相對**：上下嘴唇不要長短不一或歪斜，要厚薄適中、上下相副成一直線，表示有口德，不會搬弄是非。

● **稜角分明**：即嘴唇弧線部分清晰，如菱角一般，為名譽、仁厚之相。

● **口角如弓**：嘴角上揚，表示積極樂觀、有信心。

● **開大合小**：嘴巴張開時大，但合上時卻小。開大表示膽識大、個性豪爽、有行動力；合小表示內斂，說話不會虛浮誇張。

● **唇上有直紋**：嘴唇上要有直紋，直紋愈多表示能子孫滿堂之意。

二、地閣部位（下巴）

● **地閣豐圓**、**寬圓**：表示為人宅心仁厚，有行動力、執行力。地閣不要尖小、短小、無肉、後縮。

● **腮骨豐厚**：表示肯吃苦，有意志力、能力爭上游；腮骨不要尖凸、無肉。

三、法令紋部位

● **形如鐘**：法令紋要圓、要寬、要明顯但不宜過深，表示人際關係好，事業易成功。

● **左右對稱**：法令紋左右長短、寬度要一樣。

● **廣長過口**：法令紋要長過嘴巴，不要中斷、有橫紋或過短，事業才能順遂，也為長壽之相。

四、人中部位：

● **深直不偏且寬長**：人中要深不要淺平，要正不要歪斜，要寬不要窄，表示性格厚道，樂於助人。

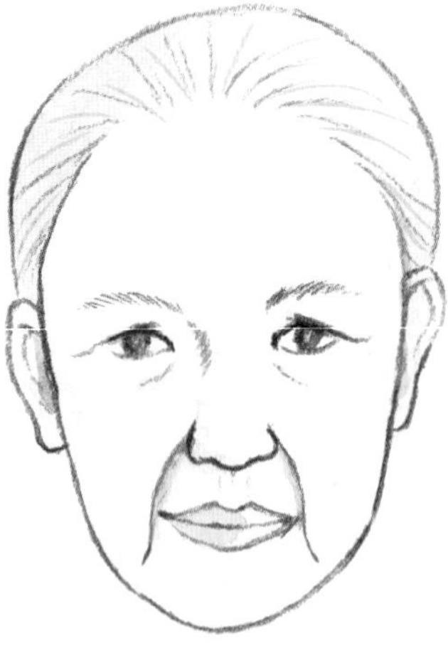

■ 好的下庭相

透視一個人的企圖心與執行力

十九世紀初，韓國（朝鮮）有一位叫林尚沃的年輕商人，隨著商團來到中國的燕京。在經過山海關之時，他想起父親曾指著城門樓匾額上所提的字——「天下第一關」，當時父親期許自己要成為天下第一商的宏願，然而始終無法如願，便期望兒子能達成。

此時，林尚沃看著「天下第一關」的匾額，想著父親的心願，便發下豪語，要成為「天下第一商」，憑著這樣的信念及經商之道，貧困的林尚沃最後終於成為朝鮮境內最有錢的巨富。

每個人都有自己的夢想，然而夢想不會自己實現，需要有強烈的企圖心作為動力。不過，有企圖心還不夠，更重要的是堅忍不拔的執行力，才能完成夢想，否則空有企圖心，沒有執行力，就是一場白日夢了。

從嘴巴可以看出一個人的企圖心；下巴則可看出執行力。

嘴巴大小

嘴巴大的人，企圖心強，他們通常不容易滿足現況，因為「口大，心便大」。如果現在只是一個小主管，他們希望未來能一路升遷到總經理；如果現在只賺一百萬，他們希望能再賺二百萬，甚至千萬。嘴巴愈大的人，企圖心愈強，愈不容易滿足現狀，動力強，個性

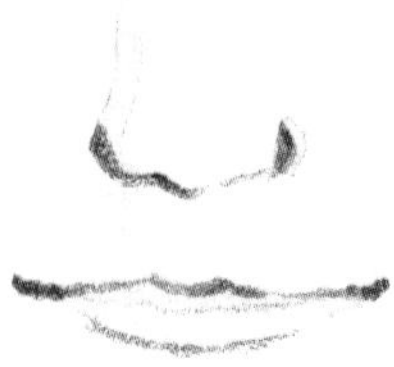
嘴巴大

嘴巴小

也較為豪爽。

相反的，嘴巴小的人，企圖心較弱，比較容易知足、滿足，也就是「口小，心便小」。他們覺得不一定要住別墅或富麗堂皇的大房子，有房子住就好了；不一定要吃盡山珍海味，鄉間的野菜或是家常菜也很美味。

所以，嘴巴小的人個性傾向保守，行動較不積極。又如古代美女都是櫻桃小口，通常一輩子待在家裡也不會有所埋怨。

下巴長短

有滿懷雄心壯志和強烈的企圖心還不夠，最重要的是要去實踐、去執行，否則容易淪為只會空口說大話之人。什麼樣的人先天執行力、行動力強？可以從一個人下巴長短、厚度判斷。

下頷長

下巴長（超過兩指寬）的人，通常比較有冒險精神，外向好動，耐力強，但也較固執。根據統計，大部分的運動員下額部分較長，因為優秀的運動員，須具備良好耐力、意志力、行動力，才能有優異的表現。

如果下巴長而厚，表示做事較一般人勇敢果決，判斷力強，具有堅忍不拔的毅力，不會因為小小的阻礙或挫折，動不動就說：「我做不下去了！這個無法執行，我做不到。」基本上他們執行力強，能夠貫徹實踐任務或理想。歷史記載明太祖朱元璋下巴朝天，因此他的決心和毅力很強，終能取得天下。

相反的，下巴過於短小（少於二根指幅寬）且尖的人，則先天體質較弱，個性

下巴短

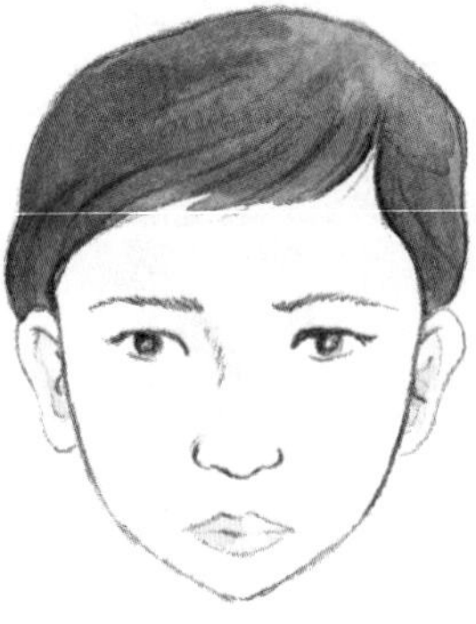

下巴尖小

較不穩定，欠缺耐力及持久力。他們做事比較喜歡立即看到成效，對於要執行好幾年才能看到成效的事情，可能興趣缺缺。

額高飽滿、鼻高顴高

妳有男性思維、個性嗎？

有些女孩子也許長得還蠻女性化的，但是和他們相處後，才發現她們具有男性的個性思維，相處起來像哥兒們，聰明智慧不輸男性。當然也有一些女性，從外表或言談舉止即可看出男性思維傾向。

有男性思維的女性，因腎上腺素分泌旺盛，雄性激素影響到大腦思維，所以會有男性個性思維出現。如果雄性激素影響到肺部，則手毛、腳毛會比較長；如果影響到喉嚨，則聲音低沉。相反的，如果男性的女性激素分泌旺盛，則有女性個性思維，此時有血管較有彈性，皮膚好，個性細膩……等現象產生。

有這種特質的女性在面相上有以下特徵：

- 額高飽滿：這樣的女性，聰明有智慧，企畫能力及理智不輸男性。
- 鼻高顴高：鼻子高大的女性，做事有方向，具領導能力，若再加上顴骨高，則喜歡掌權（有能力掌權），做起事來果斷具權威，有時連男性都自嘆不如。
- 下額呈四方形：這樣的女性耐力強，很能幹勤勞，但是不擅長或不喜歡談情說愛、談論風花雪月，任性而不溫柔，因此較為男性化。

透視一個人的情慾指數

嘴唇容易讓人聯想到性，是能展現一個人有無魅力的器官之一。確實，嘴唇關係到一個人對情感、情慾的濃淡程度。所以在行為研究上，如果男性看女性的臉時，首先注意到的是嘴唇部分，通常表示此人較為好色。

在非洲的某些民族部落，女性會將嘴唇盡量畫厚畫大，甚至紋唇，讓它看起來更為厚實飽滿，以吸引男性。因為在他們的觀念裡，嘴唇大而厚不但性感熱情且性能力佳。

我們也可以從嘴唇看出一個人是否有心機，或是為人輕浮與否……。

●唇厚

在面相學上有「唇厚情厚」之說，表示上下嘴唇厚的人較重感情，尤其是情愛方面頗為執著。嘴唇代表情欲，一般而言，上唇代表情、下唇代表慾，如果上下唇均衡時，表示此人在情慾上能控制得宜。

根據統計，大部分的人通常是上唇薄，下唇厚，如果上下相差一・五倍，表示生活非常節制，感情起伏也較少，是比較理想的。如果下唇厚度大於上唇過多（三倍），則屬於較為開放的人，在性方面比一般人早熟。

如果嘴唇太厚，表示此人比較沒有心機（須再觀察眼神），但意志力薄弱，很難抵抗情感的誘惑。

唇薄

面相學上說：「唇薄情薄」，表示上下嘴唇薄的人

唇厚

唇薄

較冷淡或不體貼，容易被別人視為沒有人情味。所以，他們在情慾表現上比較不熱情，大都屬於冷淡類型的人。

嘴唇太薄，容易讓人有輕浮不穩重的感覺，所以說話或做事往往不容易被人信任。

上唇薄且緊閉之人，則讓人感覺心胸較不寬厚，屬於較為苛薄之人。

未開口先舔嘴唇

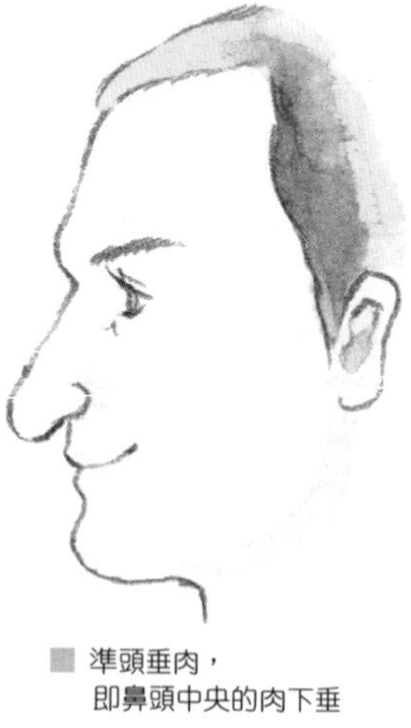

準頭垂肉，
即鼻頭中央的肉下垂

認識好色之徒

在公共場合或是一些私人的聚會，最容易碰到陌生人搭訕，如果想了解此人是否是好色之徒，可以從以下幾個地方的特徵看出。

此外，若是朋友或是熟悉的人，除了下面幾點外，平時只要多加注意其行為舉止，也可以觀察出來。

- 未開口說話之前，就先舔嘴唇的人，較好色；如果是抿嘴則是緊張之故。
- 眼睛像雞目，或不時色瞇瞇斜眼看人，眼睛氾濫如水帶桃花……。
- 兩眼魚尾紋呈現交叉現象，或其中有一紋長得特別長，這是因為長期色瞇瞇看人，而自然成型的現象。
- 準頭垂肉，即鼻頭中央的肉下垂，很難看到鼻中隔之人。

眼睛像雞目

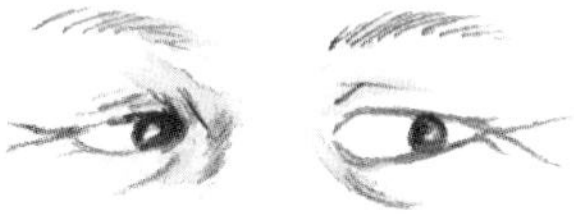

兩眼魚尾紋呈現交叉現象

有一紋長得特別長

透視一個人的口才、說話能力

「予豈好辯哉！予不得已也。」這是孟子所說的話。春秋戰國時代百家爭鳴，孟子辭采縱橫，與梁惠王談辯治國之道，擅用譬喻，實在是說話高手中的高手。然而孟子所說的並非巧言，而是有著明確的中心思想。

又如在孔子的弟子中，子貢是一位喜歡批評別人，且好辯之人。有一天子貢問孔子自己是不是一位賢者，孔子婉轉的以沒有時間來否定。

你是如孟子般不得已也，還是真正好辯如子貢般？或者喜歡天花亂墜，言不及義呢？觀察嘴巴，大概就可以了解。

● 口大唇薄

「不要被他的花言巧語給騙了」，男女交往時，或是買賣交易時，我們總會聽到有人這樣提醒。現在只要能看懂臉部的奧秘，你就不需要別人提醒了。

通常嘴巴大而嘴唇薄的人，容易花言巧語，在你面前誇讚你，或者甜言蜜語，背後可能又是另一種說法，猶如「雙面人」。如果你們處於對立狀態，不得已要你幫忙時，他可能會語帶諷刺地說，「你比較好辯，他們應該會聽你的。」因為口大企圖心大之故。

口大唇薄

這種人自私自利，容易搬弄是非，凡事只會為自己著想，如果遇到這種人，對於他們所說的話，要大打折扣，最好不要太認真。總之，好話聽聽就好了，壞話也不必在意，當作耳邊風，聽過就算了。

● 口大舌小

嘴巴大但舌頭尖小的人，極有辯論的天分，口才好。遇到這樣的人，可能你說一句，他可以馬上旁徵博引回應十句。他們說的也許有道理，也許強詞奪理，但是你很難反駁，只能甘拜下風。

至於他們是否博學多聞或只是小聰明好批評如子貢，就得看後天環境及教育的訓練了。

如果口小舌大，由於講話時舌頭的運轉空間不夠，容易口沫橫飛，噴得對方滿臉口水。說話容易結巴，「大舌頭」，就是此種類型。

上唇短

通常上唇短於下唇的人，即俗稱的尖嘴或元寶嘴，好勝心強，凡事都希望比別人好，不喜歡輸人或落後。如果有人刺激，他們會為了面子問題，拚命也要做給別人看，證明自

元寶嘴（菱角嘴）

己的能力，讓你刮目相看。

如果口大舌尖小，加上上唇短如元寶嘴般的人，不但好辯且好勝心強，無論如何，他們一定要辯到贏才肯罷休。

什麼樣的人喜投機？

喜歡投機取巧的人，做事不踏實，容易使用小聰明，比較難完成重要的任務。如果你是主管，如何看出有這種特性的下屬呢？

●口大臉小

嘴巴大的人企圖心強，但是相對的如果臉太小的話，其所說的話可能就要保留一點。因為他們喜投機，往往話七分，做三分。

●鼻孔大而漏竅

鼻孔大的人，為人較「阿沙力」且大膽，但在錢財方面，比較喜歡和容易從事投機性的活動，對於按部就班的投資較沒耐心。如果漏竅則容易漏財，大起大落。

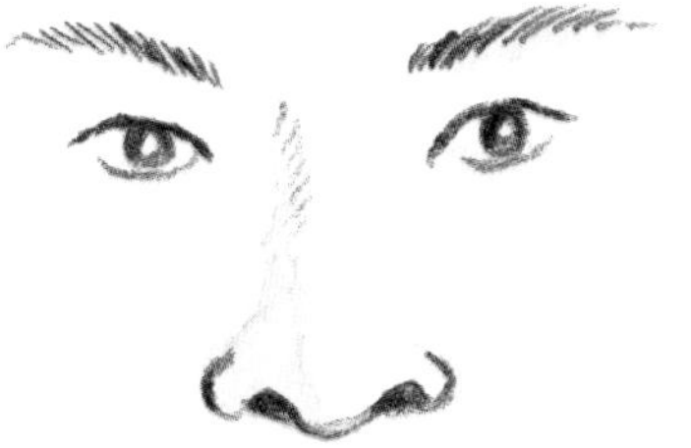

鼻孔大而漏竅

透視一個人的自負、固執程度

「你太固執了！」

「我是擇善固執啊！」

「你太驕傲了！」

「我有本錢驕傲呀！你有嗎？」

碰到如此固執或驕傲的人，尤其是不自覺的人，通常也只能搖頭罷了！其實，從下巴及腮骨，就可以了解一個人先天是否固執、自負。

當然，如果因為後天成長環境的影響，固執或驕傲的人還是能夠改變的，最重要的是有沒有自覺、願不願意改變罷了。

●下巴長而凸出

當一個人很高傲、瞧不起人時，下巴往往有朝上翹的架勢。確實就面相學來說，下巴長而凸出的人，即俗稱的「戽斗」，個性較為自負高傲。

他們自視甚高，讓人覺得不易相處，但敢做，敢冒險，固執且富自信心，只要想做的事別人很難勸退。

因為這樣的性格，一旦有機會掌權，可能會運用權力欺壓別人，也許有一天，也可能凌駕於主管或老闆之上。

相反的，下巴內縮的人，個性較為自卑沒自信。

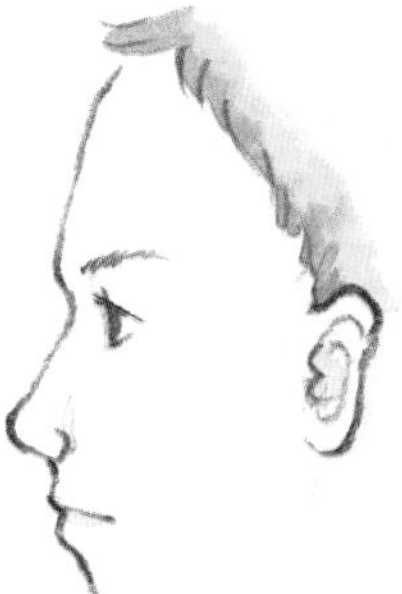
下巴內縮

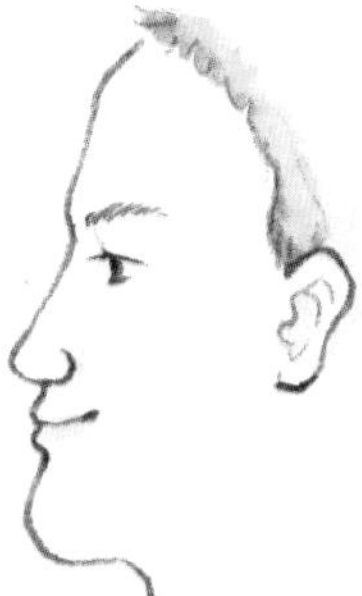
下巴長而凸出

腮骨有角度

下顎部位的尾端，即是腮骨。腮骨有角度的人，為人固執，但意志堅強，遇到阻礙或有人搧風點火時，別人可能心猿意馬，見風轉舵或改變心意了，但是他可能還是會堅持原來的方向。

腮骨有角度的人，比較能堅持原則，有所為有所不為，至於堅持的原則是好是壞，就必須觀察其他部位了。

如加上耳輪尖凸，或鼻子有節，那堅持的事可能就較為自私自利或具破壞性了。

腮骨有角度

耳後見腮，容易忘恩負義

下顎部位的尾端，即是腮骨。我們常常聽到有人罵「耳後見腮」的人，容易忘恩負義，反叛心強。不過一般人都不是很了解「耳後見腮」的真正長相，以為從一個人的後腦杓看去，即可看到腮骨的人即是，因此許多人可能都被誤會了。真正的耳後見腮是從側面觀看時，其腮骨凸出超過耳朵或是腮骨特別的尖凸，才是面相統計學上的「耳後見腮」之相。這種人破壞性強且自私，即使你對他有恩，曾幫助過他，一旦有利害衝突，攸關自身的利益，仍可能與你反目成仇，忘恩負義。

如果其他部位之相不好的話，更可能恩將仇報，所以要小心，所謂「害人之心不可有；防人之心不可無。」

不過，「人性本善」，如果能夠靠後天環境的教育，自己多加修持改進，相信也能有所改變。相信沒有人天生就喜歡或願意當「忘恩負義」之人，為人詬病。

耳後見腮

預知51－70歲的運勢

有人年輕時意氣風發，頗有呼風喚雨之姿，好像天底下所有的好事都被他獨占了，既令人欣羨又嫉妒。

然而這樣的風光日子，能長久嗎？會不會像「小時了了，大未必佳」一樣？如何預知年老時是否也能如此風光？那就要看看下庭的長相好不好了。

在面相學上，下庭部位主要代表一個人的老年運及部屬運，為51-70歲的流年運勢。因為一個人到了50歲以後，人生也走了大半，事業上能不能位居高位、或開創事業，幾乎已底定。因此，往後事業是否能繼續保持或更上一層樓，就需要有得力助手，好的下屬，一起協助努力，才能經營或擴展得更成功。

老一輩的人常說，「男要看天庭，女要看地閣」，主要是因為女 地閣長得好，表示身體健康，生殖系統健全，能多子多孫，一看就是賢妻良母型的原故。

其實，男女都一樣，下庭長得好，表示身體健康、有執行力、有耐力，不怕吃苦，且為人寬厚，當然晚年運勢佳。

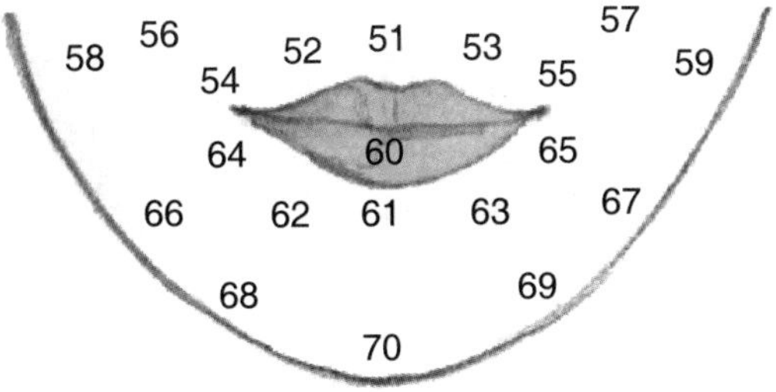

女性下庭流年圖

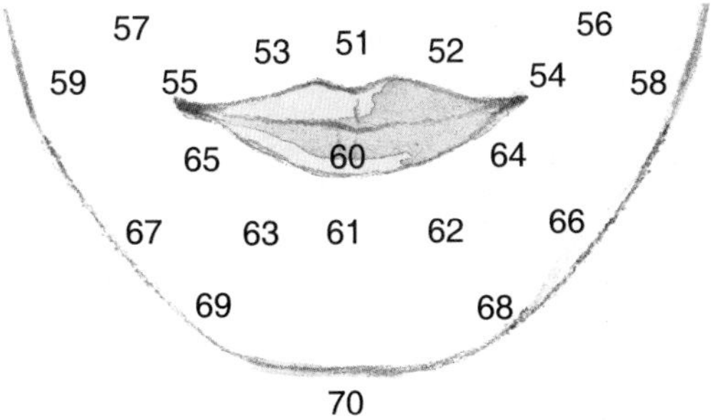

男性下庭流年圖

預知一個人的部屬運勢

我們常常說家家有本難念的經。

其實，上班族更能體會「家家公司都有難搞的主管；家家公司也都有本難念的經。」比來比去，好像都差不多，只是每家公司的問題不一樣罷了。

一提起主管兩個字，不外乎「不近情理、只會要求別人、苛薄、自以為是……」甚至不負責任，功勞都是自己的，錯的永遠是下屬，所以和屬下的互動關係永遠是貌合神離。

每個人或多或少都遇過或碰過這樣的主管，實在教人為之氣結，但是往往知道以後為時已晚。那麼如何事先知道你的主管或老闆是否為人

桃花痣

不管男女，有酒窩的人，總讓人覺得秀麗帥氣中帶點可愛，如鄰家女孩（男孩）般親近。但是，如果此部位不是酒窩而是長痣，就是標準的桃花痣，異性緣特別好。

寬厚，願意提攜人才？這就需要觀察他的地閣部位，即兩頰、腮骨及下巴了。因此，我們從地閣長相，也可以看出一個人的部屬運如何，也就是所謂的「奴僕宮」。

● 地閣豐圓

地閣豐圓的人，心胸寬大，做事穩重，較能體恤他人的辛苦，人緣不錯。如果加上有雙下巴，則財運不錯，所以面相學上表示，「有天則貴，有地則富」。

地閣豐圓的人，若為主管或老闆，多能領導下屬，因為他們待人寬厚，容易贏得人心，下屬願意為其賣命，所以部屬運佳。因此如果你有能力選擇主管

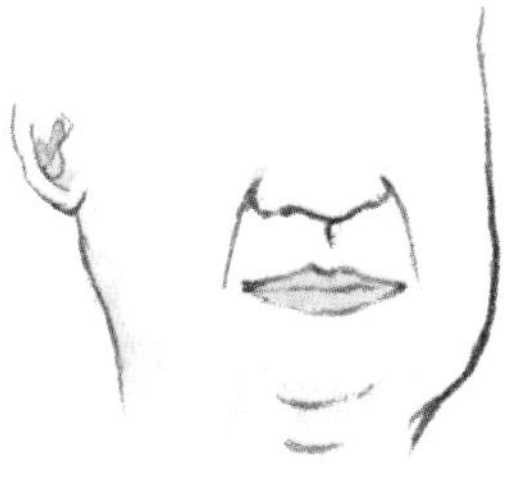

雙下巴

地閣豐圓

或老闆，最好能選擇地閣豐厚的人，這樣付出的辛勞容易得到回報或獲得栽培。

但是地閣特別肥厚也不好，其人不但不寬厚，反而個性較為凶狠，不可不注意。

●地閣尖小

一般說來，地閣尖小者，下半身架構不健全，耐心、執行力較差，所以晚年運通常不是很好，比較沒有福氣可享。

地閣尖小者，通常部屬運也不好，因為他們容易「說得多，做得少」，大都自私自利，比較不會替下屬著想。當然有時可能都自身難保了，更何況是下屬。

如果你的老闆或主管是這種人，那麼身為下屬的就辛苦了，可能一切功勞都歸於他們，然而一旦業務發生問題，就是你的問題了。這樣一來，下屬當然不服氣，也不會真正替他們賣命了。

承漿長痣，容易有水難

下巴和嘴巴間有一凹陷處，即面相學上所稱的「承漿」部位，如果此地方長痣，表示容易有抽筋現象發生，也容易有水難意外的發生。可能對水的警覺性不高，如會游泳的人，應避免單獨到河邊、海邊游泳，或是坐船……等，盡量多注意安全，尤其是走到此部位的流年，即61歲時。

此外，承漿也可以看出一個人先天的酒量如何？承漿凹陷的人酒量好，而下巴後縮，則先天對酒過敏，會排斥酒。如果承漿有疤痕，則表示容易酒精中毒或因為酒醉而發生意外，所以喝酒後不要開車，也不要喝酒過量。

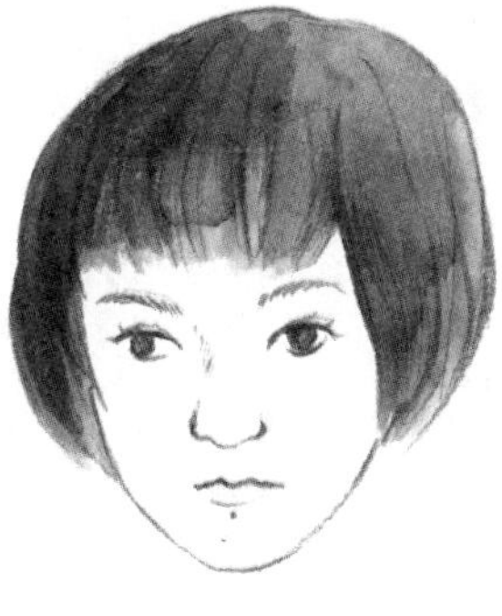

承漿長痣

承漿的位置

預知一個人的事業、生活穩定度

在鼻子的左右下方，會有兩條縱紋，相學上稱為「法令紋」，主要隨著經年累月肌肉的收縮，再加上肌肉的老化而形成的，當兩頰軟組織向下垂時，將更加深法令紋的深度。

法令紋的運勢流年為56、57歲，主要觀察一個人的事業工作，及社會地位、威儀等。在正常情形下，30歲以後法令紋才會漸漸明顯。如果太早出現，表示這個人可能年輕運較差，需自力更生，個性嚴肅，或很早就業，社會歷練深；如果40、50歲以後，法令紋仍不明顯，就是一種不安定的現象了。

古代的人認為女性不宜有法令紋，如此比較能安於室，不過現代觀念及生活型態的改變，就無法一概而論了。因為有法令紋的女性，大都個性獨立，工作能力強，是職業婦女型的，只要法令紋不要太深就好了。

法令紋太短或不明顯

一個人到了40、50歲，法令紋仍然不明顯或太短，表示心性還不定，穩定性不足，容易更換工作或職業，因此，生活相對也比較不安定。

他們可能喜歡自由且無拘束的生活，或處事不夠嚴謹踏實，所以責任感不重，在事業上無法建立好的社會地位，所以較不適合當主管或老闆。不過他們可從事自由業或是自組工作室，如果其他部位長相好的話，也能有所收穫。

法令紋長短不一

如果法令紋左右長短不一，也表示一生事業多變，生活不安定。以男性而言，左法令紋代表正業正財，右法令紋代表副業、偏財；女性則相反，右為正業正財，左為副業、偏財。

以男性為例，如果右法令紋比較長，優於左法令紋，則表示正業工作可能令你有志難伸，或容易遭遇是非困難，所以適合往副業、偏財方面追求發展，反之則否。

法令紋太深，嚴苛且勞碌

法令紋太深的人，讓人覺得嚴肅而缺乏人情味，如法官般難以親近。沒錯，法令紋太深的人，可能因為年輕需要自力更生，難以享受青春年華，生活呆板沒變化，行事嚴苛，就像電視、電影裡不講情理的老人，連親人都不敢接近。

不近情理，呆板嚴苛之人，通常婚姻也不圓滿，一生勞碌，晚年容易成為孤獨老人。其實人生如戲，不需要事事太在意或計較，也不必太過嚴肅，讓身旁的人備感壓力，如此才能活得較自在些。

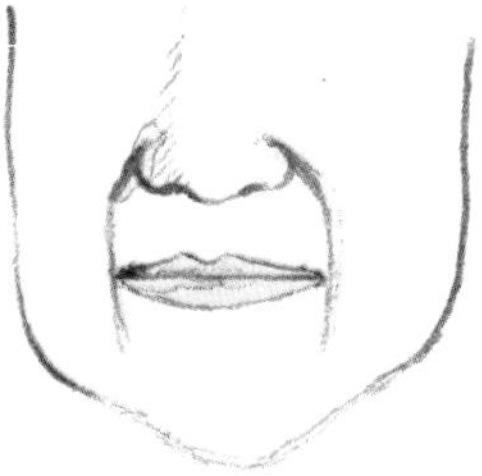

法令紋太深

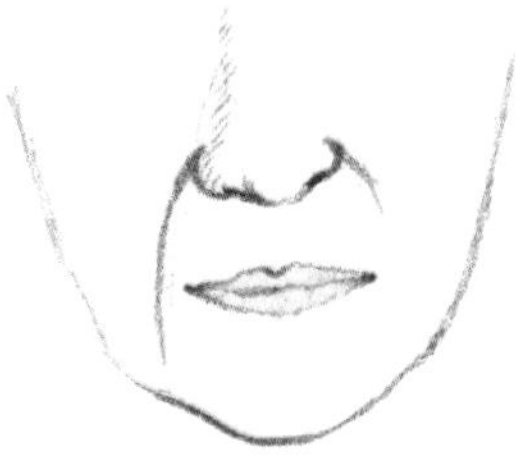

法令紋太短

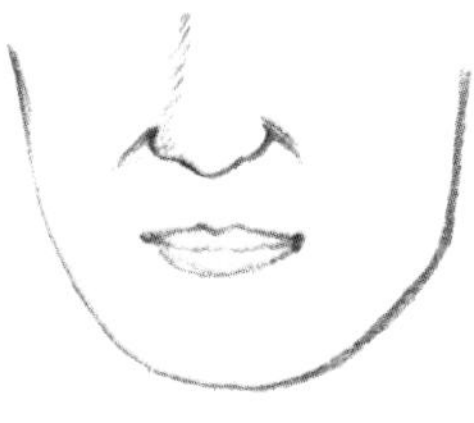

法令紋長短不一

預知一個人的口福好壞

每當大家吃點心或有好東西吃時，總是有一種人正好會意外地出現在面前，我們通常會說，「你真是太有口福了」或「腳真長」。還有一些人喜歡吃，對美食趨之若鶩，不管多遠，都可能不辭千里去品嚐一番。在面相學上，喜歡吃或有口福之人，先天上也有一些特徵可以看出來。

在上唇上之人中兩旁的部位，稱為食祿。食祿長痣的人，即俗稱的「貪吃痣」，喜歡吃美食，也就是有口福的人。不過這種講法太籠統，如果食祿的地方氣色不好或長的是不好的痣，可就不一樣了。

●食祿紅潤、好痣

食祿部位，代表了一個人的衣食狀況。如果食祿顏色光澤明潤，再加上一顆好痣，（紅痣、黑亮的痣）則表示此人有口福，一生幾乎衣食無憂。

他們即使身上沒有錢，也不愁沒東西吃，總會有人免費自動送上東西來。此外，在工作上也容易得到額外的分紅或兼職收入。

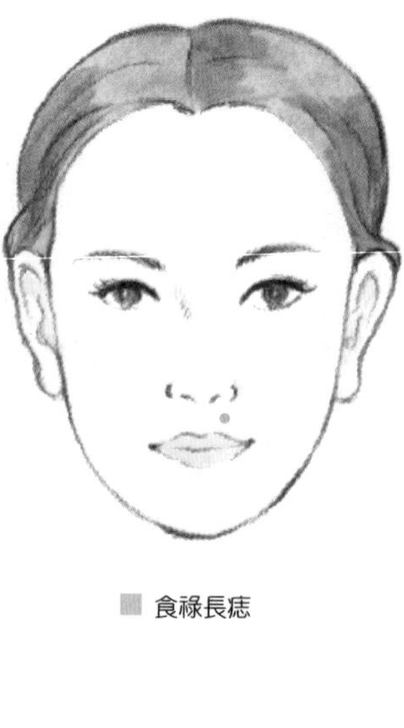

食祿長痣

食祿晦暗、壞痣

如果食祿部位氣色白中帶青或晦暗，表示胃功能已經轉弱，胃壁薄，容易胃酸、胃脹氣，加上有壞痣在上，那麼就得為了填飽肚子，而勞心勞力地奔波，反而不是口福。如：老闆請吃飯，有時也會因為意外而不能赴會，或工作事業上易生波折。

口角長痣，口舌是非多

為什麼有些人常常惹來一些口舌是非？除了容易講人是非而惹來麻煩外，還有一種就是「口角長痣」。

口角長痣的人，有時可能自己也莫名其妙，為什麼有批評、是非發生。其實，這是其來有自的，因為他們的個性心直口快，容易在言語上得罪別人，或許說者無意，但聽者有心，冥冥之中，就種下了是非之因，所以口舌是非就多了。

所謂「禍從口出」，只要自己平時不隨意批評、抱怨或責備他人，口舌是非自然能減少。

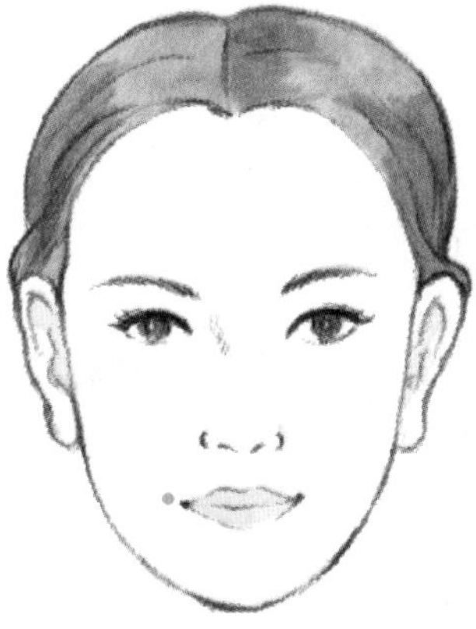

口角長痣

養生保健篇

從下庭診斷身體健康

在健康方面，下庭部位主一個人的免疫功能、消化系統、泌尿系統、內分泌系統及生殖系統等下半身之架構完整與健康與否。

所謂「病從口入」，當食物從嘴巴進入人體後，經過消化、吸收，最後排出體外，如果過程中有某一個系統出了問題，那麼日復一日，百病就叢生了。這些病症，會透過許多方式表現出來，如身體感覺不舒服，也會出現在臉部肌膚，不管是先天或後天，都時時提醒著我們該注意了。

如嘴唇泛白，臉色蠟黃、手腳冰冷等，表示有貧血症狀，脾臟的造血功能不正常；又如兩顴斑點叢生、容易疲勞受感染，表示淋巴功能有問題，免疫力開始下降，要好好保養呵護身體。

下巴小、晦暗——免疫功能

在人體解剖學上，下巴與骨盆架構相關，下巴短小（長度少於兩指寬）、尖的人，表示先天骨盆架構不良，容易影響下半身的血液循環，所以要多多運動，改善先天的不足。

下巴是「子宮（右邊）」、「膀胱（左邊）」的反射區，如果整個下巴顏色晦暗，表示免疫功能不佳，尿道、膀胱、子宮容易受感染，若再加先天下巴短小，情況會更為嚴重。

淋巴系統與免疫功能息息相關，淋巴功能良好，免疫力自然提升；而淋巴系統也與皮膚好壞相關。如果兩顴對稱長斑，表示淋巴功能受阻，毒素無法排除，自然免疫力也下降，容易受病菌感染。

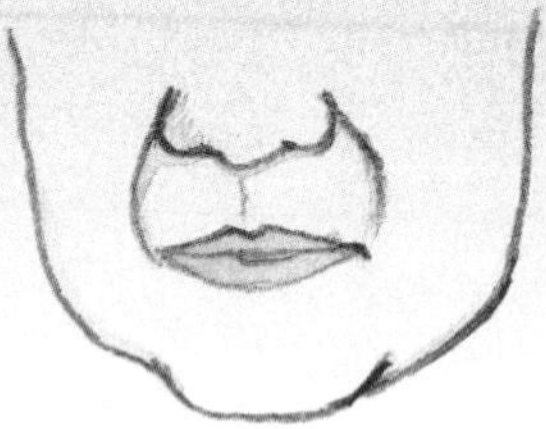

法令紋入口

酒窩

人中、法令紋、酒窩——胃

有酒窩的人，笑起來不但令人覺得可愛且有魅力，也讓人稱羨；但就健康的解讀，可就不好了。因為有酒窩的人，通常先天腸胃功能比較不好，需靠後天保養。為什麼？主要是胃功能好不好，與肌肉組織是否結實及彈性相關，而酒窩即是肌肉鬆弛所造成的，其位置正好位於臉部「大小腸」的反射區，當然功能就會比較弱。

還有，可以觀察鼻翼兩側的法令紋，如果有法令紋垂勾至嘴角，顯示肌肉鬆弛嚴重，胃潰瘍的情形已相當嚴重。

除了先天的酒窩徵兆外，想及早了解自己目前的胃功能是否正常，可以觀察人中兩旁的氣色。如果發現人中兩旁的色澤和其他臉色不同，且更為晦暗時，表示胃功能不好，胃寒、容易脹氣，應該盡快保養，情況才不會惡化。

法令紋有痣——腳

一般來說，痣和運勢較為相關，但是長在法令紋的痣就不同了。可能有人從年輕時腳就有些毛病，如容易酸痛、受傷或跑步時不知不覺就跌倒，可是找不出原因。

當然可能原因很多，不過可以觀察法令紋的部位是否有痣。因為從體相學來說，法令紋代表人的雙腳，從法令紋可以了解雙腳健康與否。如果痣長在右邊，表示右腳容易酸痛或受傷，反之則左腳。

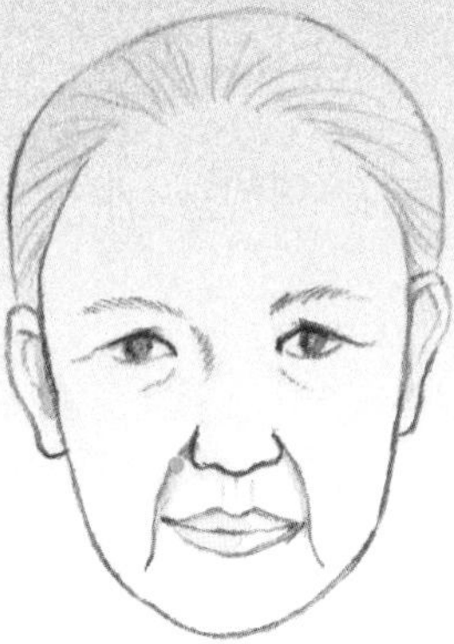

法令紋長痣

依照血液循環道理來說，腳容易痠痛的人，腰必會痠痛。因為腰部痠痛，表示腰部血液循環不良，會直接影響到下半身的循環，所以法令紋有痣的人，若平時不注意保養，腰和腳部都容易有痠痛的情形發生。

兩腮長青春痘——內分泌

許多人認為，只要是長青春痘即是內分泌失調，這種說法可以說對，也可以說不對。因為青春痘長在臉部的不同部位，有不同的解釋。如長在額頭表示心火過大、煩惱多；長在下巴表示最近泌尿系統不太正常；長在兩頰表示腸胃功能不佳；長在太陽穴表示最近情緒不好，影響到肝功能。

然而，人體機能有三大系統：「內分泌系統、神經系統和免疫系統」，這三個系統會相互聯繫、相互影響。所以這三大系統之間是否平衡，關乎到一個人的健康，因為一旦某個系統出了問題，也會引起其他系統的失衡。

嚴格說來，兩腮長青春痘，才是判斷內分泌失調比較正確的方法。因為，兩腮通常比較不容易長青春痘，所以一旦發現兩腮長了許多青春痘，就要特別注意了。這種情況通常發生在青春期的少男、少女。

●下巴、左臉頰——膀胱

女性下巴的健康反射區可分為二個區域，左邊是膀胱區，右邊為子宮區。如前所述，當下巴氣色晦暗時，顯示免疫功能衰退，此時如果左下巴長青春痘，則表示膀胱有發炎現象。

下巴左邊部位先天長痣的人，通常膀胱功能也較差。此外，老年人如果眼睛下方出現嚴重的眼袋時，也表示膀胱功能不佳。而膀胱功能好不好，與腎臟功能息息相關，所以腎臟保養好，膀胱功能也會維持正常。

下巴右邊長痣，則表示子宮比較不容易受孕，如果下巴短小，受孕機率相對更小。

男性如果下巴特別晦暗，或鼻翼兩旁有紅絲出現，都表示泌尿系統不正常或受感染，需要去醫院檢查是泌尿問題還是進一步的攝護腺問題。

● 兩頰、太陽穴——大小腸

大、小腸分別負責吸收食物的水分及養分。當生活緊張，飲食不均衡又少運動時，腸胃功能會受影響而不正常，容易導致肥胖及便秘。

想了解腸功能好不好，首先可以看看兩頰的肌膚，如果晦暗、長斑或有酒窩、長青春痘，表示腸功能不佳，需要注意。

右臉頰反映小腸的功能，左臉頰反映大腸功能。如左頰容易長青春痘，表示大腸毒素多，有宿便情形。

大小腸功能正不正常，也可以從太陽穴看出。如果太陽穴「青筋暴露」，表示交感神經亢奮，影響了腸胃的蠕動功能，而造成太陽穴的靜脈曲張，此時便秘情況就產生了。當太陽穴靜脈曲張愈明顯，表示便秘愈嚴重，需要即時改善，否則身體毒素將愈積愈多，身體健康狀況也會愈來愈差。

太陽穴青筋暴露

腸胃消化系統的基礎保健方法

整個食物消化過程是——食物經由口進入食道再送到胃裡，經過胃壁肌肉運動將食物研磨成小碎塊，並與胃裡的消化液混合、分解而成為食糜。

經過消化後的食糜，被推動而經過幽門進入小腸。小腸的主要功能就是食物營養的吸收，因為腸道內有來自肝臟、胰臟及腸道所分泌的消化酵素，藉著腸道的蠕動，與食糜充分混合，以利食糜營養被充分吸收。

在小腸中無法吸收的殘渣，則會被推送到大腸中貯存，接著大腸會吸收其中的水分及礦物質。大腸吸收後剩下的廢物，將被送到直腸，直到壓力漸增時，刺激產生便意，最後經由肛門排出體外。

所以，食物的消化，是經由腸胃道蠕動、分泌、吸收等三個功能整體作用的結果。如果其中某一部位環節出現問題，就會造成腸胃系統的不適，可能引發潰瘍、消化不良、脹氣、便秘……等腸胃問題。

平時如何保持腸胃功能的正常，有以下幾點：

● 均衡適量的飲食

不要有暴飲暴食、偏食的習慣；餐後不要立即躺下睡覺或睡前吃東西；保持適當的體重；少吃過甜、油膩、過辣、不易消化的食品……等。均衡適量的飲食，是腸胃保健的最根本方法。

據研究，大小腸的總長度和上半身成比例，上半身長的人，腸道就長，消化速度慢，所以應少肉食多素食，身體較健康。

規律的作息

平時作息正常，心情放輕鬆，避免過度緊張或壓力過大，否則腸胃蠕動會受到不良的影響，引發腸胃病。此外，也應避免腰帶過緊或穿著緊身服。

不要隨意服用成藥、避免抽菸或喝烈酒

成藥、抽菸、烈酒，會過度刺激腸胃，造成腸胃不舒服。

腹脹時的按摩法

生活壓力過大、飲食不正常、運 不足等，是造成腹脹的主要因素。

腹脹時可以用四隻指頭按壓腹結與四滿穴位，再以順時針方向按摩，如此就可以排氣，比較舒服了。

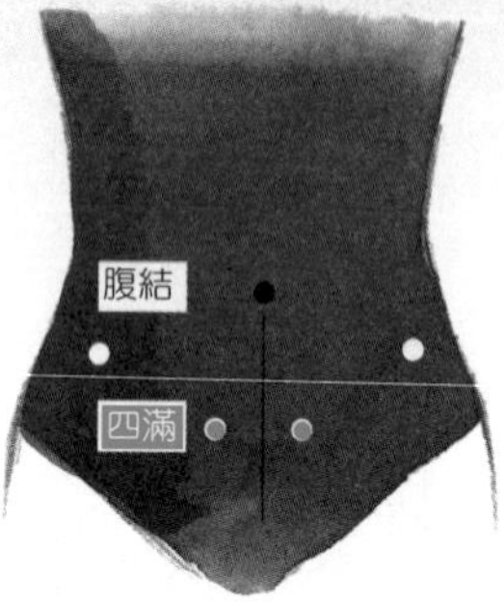

腹結與四滿穴位圖

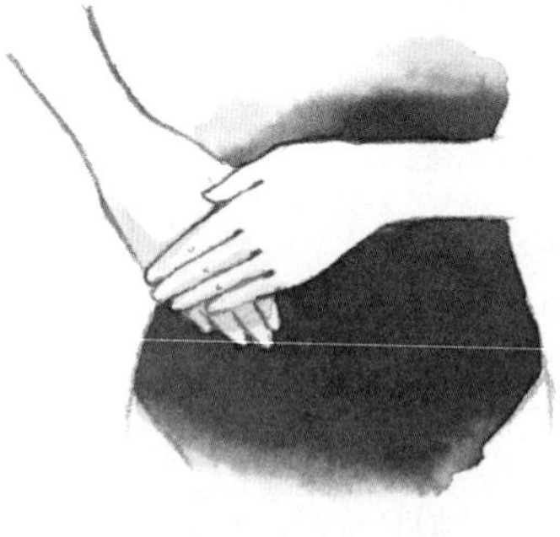

左右手重疊，從右邊腹結開始，以順時針方向按摩

保健養生的飲食法

從面相學、解剖學的觀點來診斷，我們可以了解下庭部位和腸、胃、內分泌系統、泌尿系統、生殖系統關係非常密切，所以平時應多注意保健。以下針對相關的消化功能、便秘、不孕症等症狀，在飲食攝取及食品保健上提供一些建議，以預防、保健，改善身體健康。

要強調的是，以下營養素及飲食上所列出的各項建議，僅表示患有該症狀者平時可多加攝取。因為，維持健康的不二法門，最基本的是營養、飲食要均衡，還有規律的生活、適當的運動，及時時保持心情愉快。如果平日只靠補品、藥物，而完全不運動，或生活、飲食不正常，那就是捨本逐末了。

改善腸胃消化功能

維生素：B_1、B_2、B_{12}、C、葉酸、菸鹼酸、泛酸。

礦物質：鈣、鎂、鉀。

食物：高麗菜、萵苣、荷蘭芹、蘆筍、香蕉、南瓜……。

保健食品：蜂膠、紅麴、納豆酵素、蜂王乳、紫蘇油、猴頭菇、卵磷脂……。

改善便秘情況

維生素：B_1、B_2、C。

礦物質：鐵、鉀。

食物：甘藷、香蕉、香菇、燕麥、木耳、奇異果、蘆筍、糙米、全麥……。

保健食品：蜂膠、花粉、蜂王乳、納豆酵素……。

其他：多喝水、多吃蔬菜、水果等高纖維食物，此外多做仰臥起坐增加腸壓，幫助大腸蠕動。

改善尿道感染

維生素：A、B群、C、E。

礦物質：鈣、鎂、鋅。

食物：芹菜、香菜、西 、牛蒡、小紅莓汁……等。

保健食品：冬蟲夏草、沙棘……。

注意事項：避免飲用柳橙果汁、咖啡、茶及辛辣食物；勿憋尿、注意衛生習慣。

改善女性不孕症

女性維生素： A、B_1、B_2、B_6、C、E、葉酸。
礦物質： 鎂、鋅、鐵、錳。
食物： 貝類、豆類、全穀類、綠色蔬菜、栗子、豌豆、芝麻……。
保健食品： 蜂王乳、花粉、珍珠粉、刺五加……。
其他： 少抽菸、勿酗酒，生活、飲食正常。

改善男性不孕症

維生素： B_{12}、C、E。
礦物質： 硒、鋅。
食物： 小麥胚芽、芝麻、堅果、人參、柑橘類水果、生蠔、海鮮、貝類……。

保健食品：冬蟲夏草、花粉、絞股藍、月見草油、刺五加、瓜拿那、鱉哥……。

其他：少抽菸、勿酗酒，生活、飲食正常。

如何從聲音論運勢

人的聲音出自於丹田，到膻中、喉嚨、聲帶、舌頭、牙齒、嘴唇，這一系列過程非常複雜，由於推動空氣的頻率不同，所以每個人的聲音也不同。

「聲」是出去的頻率，「音」是回來的頻率，所以老虎、獅子、等有聲無音；小鳥則是有音無聲。

一流的命相師要懂得辨別聲音，二流的要懂得看氣色，三流的要懂得看面相。這就如同一塊玉的好壞，先聽其聲音就知道其硬度夠不夠，二要看色澤美不美，三才看雕工好不好。同樣一個人的命好不好，也須先聽聲音美不美，有沒有配合其五行；再看他的氣色好不好，最後則看他的五官好不好？

因此，命相學常說，「人不可貌相」，長得不好看沒關係，只要聲音美，氣色佳，這就是奇相，也就是說「一貴可破九賤」。

聲音對一個人來說，是非常重要的，猶如風水學。所以，一流的風水師會觀星望斗；二流的會看水口；三流的滿山走，是看風景而不是看地的靈氣。

聲音如果出於咽喉，便會出現聲急、音嫩、無尾音的現象。如果出於膻中，則氣輕浮，聲收即音清。如果出於丹田，音遲緩而充足。

聲音以清為貴，濁為賤；明亮為富、暗滯為貧；韻長為壽、不收為夭。（不收即無尾音）。氣長命就長，氣短命就短。

男性的聲音，聲輕者優柔寡斷，聲破者做事無成，聲濁者謀事不發，聲低者愚笨。清吟如潤者極貴，聲亮如甕中之聲者，主五福全備之人。

女性的聲音，聲小亮高者賢貴之極；女人雄聲，終身不榮妨夫；女聲急切亦妨夫。

另外，人約略分為金、木、水、火、土等五類。

若屬金形的人，臉為標準的方形臉且皮膚白，給

金形臉

■ 水形臉

■ 木形臉

■ 土形臉

■ 火形臉

人剛正不阿的感覺，其聲音應該是剛亮而鏗鏘，聲如鐘有回音者最好。

若屬木形人標準的長形臉或甲字臉，臉色白微青，聲音應像木魚聲，鳳鳴而逸，鼻樑要漂亮，命就會很好。

若屬水形人標準的圓形臉，臉色微黑，處事圓融，做事積極，其聲音要像流水，蟬鳴而韻長。

若屬火形人臉較為尖露，面色紅亮，個性如火，言語動作迅速，其聲音要霹靂而急燥，講話速度較快。

若屬土形臉介於圓形和方形之間，面色黃暗明，給人信賴踏實之感，其聲音應像牛鳴而深遲，講話速度較慢。

人很少屬於純正五行。如果偏某一形的人，其聲音也應該符合那一形人的聲音，要不然在五行上也要相生，命運才會加分。

如果一個人的眼球較外凸或嘴巴尖，唇較薄的人，說話神經會較為發達，所以會比較愛講話。

如果眼睛較凹或較厚的人，說話神經較不發達，會比較不愛講話。口小舌大的人，說話容易口沫橫飛或口吃。睡覺時，會說夢話的人，是脾臟功能不好。平常不愛講話，突然喋喋不休，自言自語，可能是精神病的初期。緊張或恐懼會造成支氣管縮收，發出來的聲音會變小或顫抖。

改變生命密碼的方法

古人說：「大難不死，必有後福。」

信念就是生命的原動力，如果信念改變了，就會引發一連串思維、行為、情緒的改變，進而影響到個人的自我認同，使你成為一個嶄新的人。

所謂「信念」乃是預先的結論，也是一種價值觀，它不僅控制我們對周遭一切的感受，同時也控制我們的行為和反應。所以，我們會根據自己的價值信念判斷什麼是對的，什麼是錯的，什麼應該做，什麼不該做。

一個人能不能成功，他的ＥＱ（情緒管理）比ＩＱ重要性高出兩倍；一個人的婚姻美不美滿更和他的ＥＱ有密切關係。

ＥＱ不是與生俱來的，而是經過環境經驗累積得來的。好的ＥＱ並不是不能發脾氣，而是在適當的時間，用適當的方法，對適當的人提出你的不同意見或不滿。

一般人的EQ都差不多，而成功人EQ都特別高。所以，我們看到一些成功的人或偉大的人物，他的情緒管理都很好，價值觀和人生觀更和一般人不同。

如果居家風水（環境）不好，睡眠品質便不好，體能也就容易衰退；接著情緒也會受影響，工作效率不佳，人際關係也將變差。如此，不但影響健康，也會影響事業，應該盡快想辦法改善或選擇更好的居家環境。

什麼是好的居家風水？就是能讓你睡好覺，補充體力，讓我們的情緒穩定，家庭祥和。

風水講究的是氣場，好的風水一定是「藏風聚氣」。氣遇風則散，遇水則止，風是因為溫差的變化而使空氣對流，所以風大的地方溫差的變化也大。人的體溫如增減一度，身體便會出現不適，尤其當我們睡眠時，無法控制體溫，很容易著涼。因此，俗說話，「風吹氣散，居不興旺。」

房屋外觀所呈現的氣色，猶如一個人面部之氣色一般，有興旺之氣，亦有晦暗不明之氣。例如，建築物的外觀看起來乾淨清爽，家家戶戶綠意盎然，再加上一樓進出的門廳也光潔明亮，則這棟房屋就是好氣色。

住家如果安定下來，平常能夠多讀書，多積德，自然運氣就會變好，命也將隨之改變。所以命好不如運好，運要好則必須住家風水好，多積德，多讀書。

很多人似乎書讀的不多但卻聰明過人，是因為書到今生讀已遲，他上輩子已經讀了很多書，如果能更努力的話，那就能達到「貧因書而富，富因書而貴」，此生或來世都福慧俱全。

從十二生肖看運氣

長相和出生的生肖也有密不可分的關係，每一種生肖都有它獨特的地方。

若長相和生肖能相互搭配，一生的運氣都會比別人好幾分，貴人也會特別多。

一、鼠年出生的人

首要觀察之部位是「頭」部，因為鼠的頭都尖尖的、小小的，往往予人無腦的錯覺，故俗語說：「鼠無腦。」

所以，如果肖鼠的人，長得頭大面四方，一生便會多福報，處處逢貴人。

如果頭部小小的，在面相學上說，「頭小多急性，面短事少成。」若後天個性沒有改善，那可能會變成俗語所說，「過街老鼠，人人喊打。」命也就苦了。

二、牛年出生的人

首先要觀察的部位是「小腹」，因為牛最特殊之處就是有四個胃。所以，肖牛的人，如果小腹微凸，腹如垂囊，寬容大度，那好運將會連連。

如果肚子上方凸凸的，那便是脾酒肚，表示此人可能好吃懶惰；如果肚子小小的，表示身體不強壯。

所以，肖牛的人看起來最好壯壯的或小腹微凸，才能像牛一樣任勞任怨、吃苦耐勞，老運昌隆。

三、虎年出生的人

首先要觀察的部位是「眉毛」，虎為百獸之王，眉毛要有勢、有威、有精神，若能如此，可說是一生命好。

如果眉寒，眉毛淡，看起來會無精打采，一點威嚴都沒有，那可能就成為紙老虎了，虎落平陽被犬欺，一生可能多勞碌。還有，虎看起來好像沒有頸部般，所以肖虎的人脖子也不能太長，否則運氣會比較沒那麼平順。

四、兔年出生的人

首先要觀察的部位是「嘴唇」，因為兔子看起好像沒有唇一般，也就是俗語說的「兔無唇」。

如果兔年出生的人，嘴唇上下均勻，有如元寶般，那就是最吉祥的玉兔了，言行若能謙和不生非，一生命好無憂。如果嘴唇長得薄薄的，那個性會比較輕浮，運勢也會不佳。

其實，兔子本性善良。若唇厚，個性通常善良穩重；唇薄的人，則較會花言巧語，情也較薄。

五、龍年出生的人

首先要觀察的部位是「耳朵」。中國人常說「雲從龍」，飛龍在天，所以肖龍的人耳朵不能招風，一招風阻力就大，運勢也可能因而不佳，多坎坷，得要多努力。

肖龍的人，耳朵必須貼腦，這種人理智，自我保護能力強，不容易被騙，故相書上說，「對面不見耳，那家富貴翁。」所以，耳朵貼臉的人容易發大財。

另外，畫龍要點睛，肖龍的人眼睛也必須亮而有神，那麼運勢會更順更好。

六、蛇年出生的人

首先要觀察的部位是「腰」。大蟒蛇都是粗腰，所以，行走有勢，令人敬畏。

所以，肖蛇的人，腰圍要粗一些，如此走路步伐穩重，必成為蛇中之王，運勢也會比較好。

如果肖蛇的人腰細，而且走路時身體會搖晃，那就是小蛇，一般都會比較辛苦，比較無法得志。

七、馬年出生的人

首先要觀察的部位是「手、腳」，看看手腳長相是否秀氣。因為千里馬的四條腿，秀氣剛勁有力，可日行千里；而農夫用的馬，腿都很粗重，像蘿蔔跑不動。

如果肖馬的人手腳都長得秀氣又美，那就價值連城的千里馬，命比較好。

如果肖馬的人手腳粗短又不美，那就像農夫用的拖車馬，一生勞累，這也應了相書上說，「足長常奔波，手短財便傾。」所以，一般若「缺錢」，俗話常以「手頭短」來形容。

八、羊年出生的人

首先要觀察的部位是「眼睛」，因為羊的眼睛無神，死後眼睛幾乎都合不起來。

所以，肖羊的人眼睛必須黑的多，白的少，看起來很有精神，一生才會吉祥如意。

如果眼睛白的多黑的少，那就是「白目」，容易衝動不合群。而且羊的習性怕孤單，一落單就容易受欺侮。所以，屬羊的人要學會合群，人際的互動很重要。

九、猴年出生的人

首先要觀察的部位是「兩腮」，因為俗話形容「猴無腮」。

所以，肖猴的人，如果兩腮瘦小，那就像小猴子了，通常一生運勢比較不好，得靠後天的努力與修持。

如果肖猴的人兩腮豐滿，下巴大，那猶如猴王一般，地位崇高，因此一般來說命會比較好。

十、雞年出生的人

首先要觀察的部位是「屁股」，因為最珍貴的禽類尾巴的羽毛大又美，如鳳凰、孔雀。

所以，雞年出生的人，如果有個大又美的「屁股」，必將出類拔粹，可說是命好運也佳。

如果屁股瘦小，那就像小麻雀一般，命就比較沒那麼好了。俗話說：「十個胖子九個富，一個沒屁股。」屁股大的人一般體力好，執行力也強，所以較容易成功致富。

一般也可以從臉上的反射部位看出長相，如果下庭豐滿的人，屁股也會比較大，相書上則說：「有地則富」，就是下庭要飽滿。

十一、狗年出生的人

首先要觀察的部位是「鼻子」。狗以鼻子的嗅覺敏銳著稱，狗無味覺，所以狗的適應能力很好。有肉吃肉，無肉吃屎，「狗改不了吃屎」的形容就是這樣來的。

好狗都有一隻好鼻子，牧羊犬、狼犬等鼻子都很美，獨立性很強。

所以，狗年出生的人，如果長有一個好鼻子，必然優秀，命較好；如果狗年出生的人卻長著一個小鼻子，那就不太好，可能會像哈巴狗，獨立性不強，一生必須看人臉色，日子才好過。

另外，狗年出生的人嘴巴不能常開開的，因為狗都用舌頭散熱，只有勞累狗才會嘴開開的；如果狗年出生的人嘴巴常開開的，表示反應遲鈍，是一隻笨狗，命也不太好。

十二、豬年出生的人

首先要觀察的部位是「額頭」。所以，豬額頭要美，人中要長，耳朵要大，臉皮要厚，因為俗語形容「豬無壽」，很少豬是活到壽終正寢的。豬最長壽且最好命的，就是用來祭拜天公的豬，吃得好，命又長。

所以，肖豬的人要有長壽相，才會好命；豬最慘的應是烤乳豬，所以豬年出年的人最怕皮薄，氣短，如此一生將會阻礙重重。

從以上的十二生肖觀察法，我們可以很快地瞭解自己的命是屬於哪一類型的？如果是命好型的就應該更用心珍惜，好好努力；如果是屬於較不好的那一類型的，也不必灰心，凡事用心耕耘，還是會改善的。

俗話說：「一命、二運、三風水、四積德、五讀書。」其實，命運掌握在每一個人手中。君子造命，命是可以改的，人的最大敵人就是自己，只要找到信心就會成功，當然命或運也將隨之而轉。

從臉上看財運

面相學把人的長相分為七類：富、貴、貧、賤、寒、清、奇。有的人富而不貴；有的人則富貴兩全；有的人貧而不賤；有的人卻是又貧又賤……

生命是從出生到死亡，每一天為了維持呼吸的順暢，都必須有一大筆的開銷，所以每一個人窮其一生，幾乎都忙著賺錢。有的人賺錢輕鬆容易，財運特別好；有的人卻困難重重，難得溫飽。

為何會有如此大的差別呢?其實，從每個人的五官便可以找出隱藏在其中的祕密。

一、耳朵好，腎臟功能便好，體內毒素代謝快，生病少，工作效率就好，於是得到了健康財。

二、額頭長得好，聰明機伶反應好，容易得到父母、長輩的提拔，年輕運勢特別好，這是得到了貴人財。最怕少年得志，福不長，故要學會謙虛，好運才能長長久久。

三、眉毛長得好，人際關係好，不容易樹敵，朋友多，人生路就好走，發財機會也跟著多。這是容易得到朋友財。

四、眼睛細長的人，做事細心有謀略，凡事深謀遠慮，容易發大財，這是智慧財。

五、鼻樑有肉、鼻翼飽滿的人。鼻樑有肉，表示聰明，個性又溫和，有耐力，賺錢輕鬆又容易；鼻翼飽滿，表示做事細心保守，會理財，不投機，所以這種人都帶有正財。

六、眉毛長得好，鼻子美，夫妻宮又飽滿的人，男人命帶妻財，會娶到有錢、家世好的老婆、女性則會嫁有錢的老公。

六、下庭飽滿的人，身體健康體力好，凡事以身作則，容易得到部屬的尊重。所以，這種人較有穩定的財運。

七、嘴巴大的人，企圖心也大。如果配上一個大鼻孔且露竅，那會喜歡投機，財運不安定，容易大起大落。嘴巴大的人，格局也大，要成功，必須要額頭美，企畫能力好；若再加上鼻子好及眉毛長得好，表示耐力好，人際關係也好，這樣才能成大功，立大業。所以命相學說：「有天則貴（額頭），有地則富（下庭飽滿），有人則壽（鼻美）。」不過，天、地、人，還是以人為主。所以，鼻子美不美與財運的好壞關係最密切。通常鼻子如有痣或疤痕的人，會破財或犯小人。

成功一定要努力，但努力不一定會成功，努力必須加上運氣，才會成功。因此，有的人走年輕運，有的人走中年運，有的人走老年運，這就必須參考臉上流年圖。

從臉上的流年圖，可以得知哪些部位的氣色格局好，那一段歲數流年的運勢會比較好，當走運的時候必須加倍努力，把握時機，財富才容易倍增。當流年運勢不佳的時候，必須沉得住氣，保守一點，小心謹慎，才不會損失太大。

如果學會看懂自己的流年運勢，就能知道何時要把握機緣，大步擴展人生；何時該保守謙虛，養精蓄銳，等待時機再起。

金錢雖然很重要，但有錢會花是財主，有錢不會花就是守財奴。聰明的人，會把錢花在刀口上，做些有意義的事，換取人生更多的經驗和智慧，廣結善緣，有了大智慧，人生就不會有煩惱。

從臉上看健康

每一個人都是從一個細胞不斷地分裂，自我組裝，自我維修而成形的。一旦氧氣和養份的供應不足，便會留下任何蛛絲馬跡……

我們的身體同時也是思想的產物，每個不愉快的思想，都是潛藏在身體裡的不良能量，內在的喜悅才是健康的泉源。我們可以從很多修行人或是快樂的老人得知，愉快的心情和睡眠比食物還重要。

皮膚和五官是健康的鏡子，我們可以從一個人的顏面狀況來判斷或預知健康的好壞。所以黃帝經內曾經說：「問而知之為下醫，切而知之為中醫，望而知之為上醫。」醫已病者為下醫，醫欲病者為中醫，醫未病者為上醫。佛經也說眾生初學，修菩提時，當知病為最大障礙，若諸眾生，身有疾病，心則不安，豈能修習諸波羅蜜，是故眾生修菩提時，先應治療身所有疾。

所以，聖人不治已病治未病；聰明的人，不會等到生病再去找醫生，必須懂得預防勝於治療。因此，如何能從顏面預知健康狀況是很重要的課題。

一、耳朵如果特別小或異形。

這表示孕婦在懷孕的期間，健康出了點問題。

耳朵是最後成型的器官，如果孕婦的健康不佳，營養供應不足或是早產兒，其耳形就會較小或不美。耳小腎就小，於是從幼兒開始體內的胎毒代謝緩慢，免疫力差，健康也就差。如此，便會常常生病，幼年時必定不容易養育。

二、額頭窄小或凹凸不平的人。

這顯示孕婦在懷孕的時候常常心情不佳、情緒起伏大，或夫妻的感情、環境等不好。

每一次生氣或情緒低潮都會影響胎兒的腦細胞分裂，腦細胞的量一離開母體就不再分裂，所以胎兒的額頭美不美與孕婦的心情好壞有很大的關係。如果懷孕期間孕婦的心情都很好，保證胎兒的額頭都很飽滿，很美、腦容量多，都會很聰明。在十二歲以前，要讓孩子的腦細胞活絡，要多學習、多開發。

十二歲以前，腦細胞若沒有開發使用，反應就會很差。所以，在十二歲以前，小朋友都比較好奇，喜歡問東問西；此時，大人應給予充分的解答，讓孩子的腦細胞能連串活化起來，以後長大後會比較聰明、熱情、有自信。

三、如果鼻孔較小的人。

這表示他的心臟也較小。心臟小供氧量便少，所以血壓較低，心臟較無力，這種人便不適合做太激烈的運動或是太粗重的工作，否則心跳太快會喘不過氣來，長期下來，會使心肌肥大，心臟問題就來了。

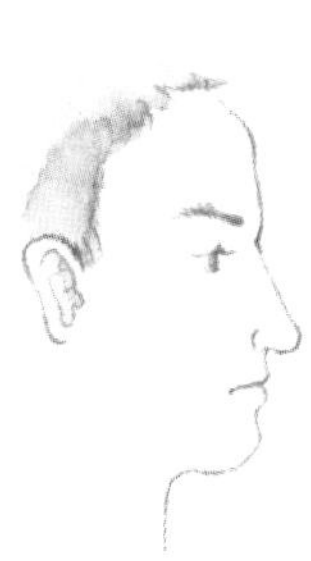

如果鼻樑短又低的人，脊椎架構較差，做點事就容易腰痠背痛，所以都比較沒耐性，因此必須多做脊椎保養來改善問題。

如果鼻樑中段常泛青紫色的人，是貧血的現象，保證手腳供血不足所以常冰冷，應多吃紅肉或補充微量元素鐵，來改善造血功能。

四、人中兩旁常泛青紫色的人。

這表示其胃的供血不足。如此一來，胃的蠕動無力，食物在胃裡不容易消化，胃酸會偏多，胃容易脹氣，此種情形大部分是容易緊張和壓力引起的。若能常壓勞宮穴或足三里，問題很快就會改善。

五、太陽穴下陷。

這種人較為神經質、肩膀容易痠痛，因為睡覺時腦壓降不下來，所以睡眠品質都不太好，容易形成黑眼圈。如果沒有立即改善，免疫力會衰退，下巴也會變得很晦暗。

如果太陽穴的靜脈明顯曲張，表示此人壓力大、容易緊張，使大腸的蠕動變慢，所以容易造成便秘。

六、太陽穴下陷，眉毛又淡的人。

這表示先天的胸腔較小，肝也因而比較小，造成肝的交感神經太活躍，肝的毒素也會比較多，容易有小情緒，睡眠品質也不太好。如此，在人際關係和感情的處理上便容易起爭執。如果不趕快改善，肝不好的人生就會變黑白而不是彩色的。

以上現象，如我們能及早發現，立刻改善，人生就能變得美好。健康是無價的，是我們最大的財富，擁有健康，才能擁有一切；健康不好。一切都會歸零。

每一人都必須為自己的健康多用點心，從平安起步，走向幸福。請將生命當成自己的責任，妥善經營，從照顧身體基本做起，避免疾病的危害，再進一步豐富心靈，充實自己。

從臉上看婚姻

每一個人都希望擁有一個幸福的婚姻生活，但我所接觸過數萬對結過婚的人，真正幸福的卻少之又少。往往有的看起來很幸福，但每當我幫他們解讀了心靈的深處的真正感受時，很多人都淚流不止。為了要維持一段看似幸福的婚姻，卻要付出很大的代價。

他們都發覺相處那麼多年，他們的另一半都不知道自己在想什麼？根本不瞭解彼此的感受。其實，這是每一個人的問題，也同樣不瞭解對方的需求和感受。

每一個人都有不同的夢想，都按照自己的方法不停地追逐，很少人願意停下腳步改變方向，陪著你的另一半，照著他的方式走一段路。真正幸福的婚姻生活是需要特別用心去經營的，夫妻之間沒有對和錯，只有愛和不愛。夫妻就像鳥的兩隻翅膀，只有一個目標，努力的飛翔，才可以自由自在、幸福美滿。

如果彼此間常為了些理念或小事而斤斤計較誰對誰錯時，那婚姻就已亮起紅燈了。如果誰愛誰多，那個人便會先妥協。古人說，娶錯老婆就不怕下地獄；婚姻不幸福，才會知道什麼叫「痛苦」。

成功的男人背後總有個賢內助，要如何尋找另一半呢？我們用簡單的方法從臉上來幫您選擇您需要的另一半。

一、女性如果額頭漂亮代表聰明、機伶、早熟、有長輩緣；但也較有男孩子個性，比較獨立。

二、兩眉清秀，夫妻官飽滿；表示此人情緒穩定，人緣好。

三、鼻美有肉。鼻有肉，表示個性溫和，有定力，有耐力，反應好。

四、上下唇要均勻。如果上唇薄表示好勝心較強，從小與父親的互動較差，對男人也會有距離感。

五、地閣飽滿，體力健康較好，心胸寬大，不會成為男人的包袱。

如果能善用以上五個原則，您就能娶到一個幫夫運強的老婆。

那女性如何找到一個如意郎君呢？

一、男人的手要軟如棉，表示聰明過人，賺錢輕鬆且有錢。

二、眉要濃，表示較重感情；眉要順，表示情緒穩定；眉尾聚，表示較理智，不會感情用事。

三、鼻美有肉，表示財運好，貴人多，ＥＱ好又能吃苦耐勞。

四、口大地閣豐滿，表示企圖心強，體力充沛，執行力好，事業心又強，較有責任感的男人。

以上這些都是一個好男人應該具備的條件。問題是人不可能十全十美，不足的地方如果能由另一半來彌補，那才叫十全十美。

夫妻是緣，不是冤家不聚頭，如果命中註定要成為夫妻，也讓人無可奈何。男人通常要等到看到女人流了眼淚，才知道問題大了。所以，婚前的冷靜思考是很重要的。

一般談戀愛大都是男方主動追女方，但結婚通常都是女方催促男方。女性一般較沒有安全感，交往一陣子後會認為，唯有結婚才能安定下來。男人只有結完婚，才會知道，婚姻生活和想像的不一樣。也唯有婚姻的生活才能讓一個男人有責任感。

綜觀現在社會的離婚率為什麼近六成?其實，都與現代的女性獨立性愈來愈高有關。現代女性再也不必依靠男人過活了，所以結婚是女性先提出的，離婚幾乎也都是女人先提出的。女人只要不擔心離婚後的生活問題，就會採取行動；男人卻會為了面子問題而不敢面對。

女性高離婚率的面相是：

一、額頭太高。

這表示聰明，直覺力強，個性較獨立，容易給男人較多的壓力。從另一方面來看，也就是男人的缺點或說謊時都瞞不了她，夫妻間便容易產生磨擦。當然，夫妻間要坦誠以對，若沒有互信基礎，無論如何，婚姻都難以維持。

二、皮薄、眉淡、太陽穴下陷。

臉皮太薄的人凡事都很敏感；眉淡是膽小又理智；太陽穴下陷的人又很神經質。所以，這樣的人容易有情緒，老是胡思亂想，所以較會影響夫妻的感情。

三、鼻小。

女人的鼻子看夫運，鼻美夫便美。鼻子小的人較孩子氣，平常脾氣好，容易相信人，但一生氣就很難以控制，通常較無法管得住老公。

四、鼻樑沒肉。

鼻樑沒肉的人脾氣較剛直，不溫柔，故夫妻間的爭吵較無法善後。

五、兩顴太高或下巴太大。

兩顴太高較不喜歡人家管，脾氣也較差，所以相書上說：「兩顴高，殺夫不用刀。」氣就會把老公氣死，何必殺他。下巴太大的人，決心毅力太強，凡是她決定的事很難改變，所以夫妻間的溝通會變差。

其實，面相學是經過長期的統計經驗而來，讓我們可以找到問題的所在。當我們發現個性上有某些缺點，應該要趕快改善，好好的修心養性，個性改變了，面相就會改變，這就是相隨心轉。

其實，幸福婚姻生活的祕訣是簡單的生活，豐富的心靈，用心關懷對方。自古以來，那些幸福的女人，都具備這些美德，不一定是大美女。

為何大美女，人人都想娶回家，反而少有幸福的呢？其實，女人若只有外表的美，內在卻不夠溫柔、體貼、端莊。這就猶如一朵花，美卻不香，無法讓人愛不釋手，很快便會被擺在一旁了。

大美女常犯的毛病就是愛鬧情緒，這種習慣在婚前美其名是撒嬌，婚後可能就變成婚姻的毒素。所以，俗語說「紅顏薄命」，人不一定要長得漂亮，但要活得漂亮，主要是個性決定一切，而不是外表。

【附錄二】主要維生素一覽表

【維生素】	【主要功能】	【主要來源】	【每天建議攝取量】	【缺乏時症狀】	【注意事項】	【特殊需求族群】	【過量時影響】
維生素A	●預防夜盲症、眼疾、視力減退 ●治療消化道潰瘍、表皮組織的修護 ●幫助骨骼、牙齒發育，防禦感冒 ●防止呼吸道受感染、減緩老化	黃綠色蔬果、紅白蘿蔔、蘆筍、南瓜、地瓜、紅青椒、木瓜、菠菜、芒果、杏仁、花椰菜、甜菜、魚肝油、動物肝臟、乳製品……	●男性：約700微克 ●女性：約600微克	●夜盲症、乾眼症、淚液分泌不足 ●呼吸性的感染 ●若長期嚴重缺乏，易導致失明	●肝臟有毛病者不應大量攝取 ●服用避孕藥者，要減少維生素A補充品用量 ●糖尿病及甲狀腺機能衰退者，應該避免β-胡蘿蔔素的攝取	●電腦族、眼睛乾澀疲勞者 ●吸收能力不好的人 ●孕婦及授乳婦女	成人數月連續攝取15毫克或嬰兒日攝取量超過6.5毫克，將引發中毒，會有視力模糊、嘔吐、頭痛、肝臟肥大等現象
維生素B_1 〈硫胺素〉	●促進血液循環、協助醣類代謝 ●維持神經系統、心臟之正常運作 ●對學習能力及生長障礙有幫助 ●可治療腳氣病、幫助腸胃消化	米糠、瘦豬肉、香菇、花生、豌豆、糙米、芝麻、小麥胚芽、蔬菜、荔枝、馬鈴薯、黃豆……	●男性：1000微克 ●女性：800微克	●消化不良、體重下降、便秘 ●嘔吐、腳氣病、心臟肥大 ●精神不振、注意力不集中、憂鬱、神經紊亂等現象	●抗生素、磺硫藥劑、避孕藥可能降低其含量。怕高溫，容易在烹調過程中遭破壞 ●避免與含重碳酸納的腸胃藥一起服用 ●與維生素B_1、B_6一起均衡攝取，效果最佳	●常抽煙、喝酒者 ●糖尿病患、高醣飲食者 ●常熬夜、睡眠不足者 ●壓力大或特別緊張者	要超過5-10毫克才會有副作用

維生素B_2〈核黃素〉	●促進成長、細胞再生、解毒功能 ●減輕眼睛疲勞、治療白內障 ●強化脂肪代謝、醣類、蛋白質代謝 ●促進皮膚、毛髮、指甲健康生長	牛奶、乳酪、核果類、魚、瘦肉、蛋、菠菜、蘆筍、綠花椰菜、香菇、木耳、酪梨、芝麻……	●男性：1.2-1.8毫克 ●女性：1.0-1.5毫克	●皮膚炎，口腔、舌、唇發炎 ●眼睛充血發炎、弱視 ●容易有疲勞倦怠感、輕度貧血	容易被光、鹼性物質、抗生素、酒精破壞	●素食者 ●長期精神緊繃者 ●糖尿病、潰瘍患者	一次服用過多劑量，可能會引發搔癢、刺痛、灼熱、麻痺等現象
維生素B_3〈菸鹼酸〉	●促進血液循環、維持消化系統正常 ●維持神經系統、皮膚、心理健康 ●降低膽固醇、血壓，緩和下痢症狀 ●治療口腔炎、防止口臭	綠豆、小麥胚芽、糙米、綠花椰菜、香菇、紫菜、馬鈴薯、蕃茄、乳酪、蛋、魚、豬肉、雞肉、芝麻、花生、芝麻、啤酒酵母……	●男性：13-17毫克 ●女性：11-13毫克	●疲勞、抑鬱、精神緊張 ●皮膚炎、皮膚粗糙、有色素皮疹 ●腹瀉、嘔吐、噁心、頭暈 ●孕婦會影響胎兒健康	●體內若缺乏維生素B_1、B_2、B_6，將無法製造菸鹼酸；皮膚敏感者會有搔痛、灼熱感 ●孕婦、痛風、常胃潰瘍、青光眼、肝病、糖尿病患者不宜補充過量的菸鹼酸	●甲狀腺機能亢進者 ●精神分裂者	一次服用100毫克以上，有副作用
維他命B_5〈泛酸〉	●消除緊張、治療憂鬱、焦慮 ●維持消化功能正常、減緩噁心狀況 ●製造抗體、腎上腺賀爾蒙 ●減緩經前症候群、幫助傷口癒合	綠葉蔬菜、全穀類、豆類、玉米、花生、核果類、海魚、蛋、豬肉、牛肉、母奶、啤酒酵母……	一般：3-7毫克	●疲倦、憂鬱、失眠 ●食慾不振、腸胃消化不良 ●血液及皮膚異常	加熱、人為加工、酒精、咖啡因、安眠藥都會破壞泛酸	●服用抗生素者 ●服用避孕藥者 ●關節炎患者	未發現

【維生素】	【主要功能】	【主要來源】	【每天建議攝取量】	【缺乏時症狀】	【注意事項】	【特殊需求族群】	【過量時影響】
維他命B6〈吡哆醇〉	●製造紅血球及免疫抗體的產生 ●維持神經系統及大腦的正常 ●天然的利尿劑、抗過敏、關節炎 ●減緩經前不適症、防止腎結石 ●促進核酸的合成、減緩老化	啤酒酵母、蜂蜜、胡蘿蔔、豌豆、菠菜、葵花子、小麥胚芽、核桃、蛋、魚、肉類……	●男性：1.2-1.6 ●女性：1.2-1.4	●白血球素偏低、貧血 ●脂漏性皮膚炎、舌炎 ●經前症候群 ●腎結石	●興奮劑、動情激素、口服避孕藥會增加身體對維他命B6的需求 ●易溶於水，烹煮時應避免加過多的水 ●補充維他命B6之膠囊或錠劑時，不可咬碎	●糖尿病患、心臟病患 ●酗酒者、服用避孕藥者 ●孕婦及授乳者	未發現
維他命B12〈氰辜胺素〉	●促進紅血球形成及再生、抗貧血 ●促進正常的生長與發育、增強記憶 ●預防神經受損、維持生育能力 ●促進醣類、脂肪代謝	紫菜、海藻類、牛奶、豆腐、蛋、魚類、肉類、海鮮、動物肝臟……	一般約1.5微克	●惡性貧血、經期不順 ●記憶力減退、幻想症、痴呆 ●消化不良、食慾不振、眼疾 ●皮膚發黃、牙齦出血、走路畸形	●蔬果中幾乎找不到維生素B12，只有海藻類及紫菜有蘊含 ●要補充B12最好的是複合維生素B群 ●老年人吸收較困難，不過可透過注射吸收	●純素食者 ●吸煙、大量飲酒者 ●老人、剛動手術者	●目前為止沒有毒性報告 ●大量服用葉酸會降低血液中維生素B12的濃度

生物素〈輔酶R〉	●幫助醣類、脂肪、胺基酸代謝 ●促進汗腺、神經組織、骨髓健康 ●維護毛髮、皮膚健康、治療禿頭 ●幫助維他命B群的利用	全穀類、水果、酵母、黃豆、蛋、牛奶、海魚、熟蛋黃、肉類……	一般約30-100微克	●少年白髮、易掉髮、頭皮屑 ●嬰兒脂漏性皮膚炎、膚色暗沉 ●鬱悶、憂鬱、失眠等神經症狀 ●肌肉疼痛、易疲倦	●生蛋白會妨礙生物素吸收，應煮熟和蛋黃一起吃。能在體內製造，不需特別額外補充 ●腐敗的油脂、代糖、抗生素、磺胺劑、香煙等會妨礙生物素的吸收及利用	●孕婦、授乳者 ●少年白、禿頭跡象者 ●喜吃生蛋白者	未發現
葉酸	●幫助胎兒神經細胞正常發育、生長 ●促進紅血球細胞生成、預防貧血 ●幫助消除憂鬱、焦慮 ●促進乳汁分泌	全穀類、啤酒酵母、綠葉菜類、牛奶、乳酪、蛋黃、豆類、核果、柳橙、南瓜、魚類、豬肉、雞肉、羊肉、動物肝臟……	一般約200微克	●舌頭紅、痛 ●巨球性貧血 ●容易健忘或迷糊 ●容易焦慮、躁動不安、失眠	●口服避孕藥會增加葉酸的需求量 ●患有賀爾蒙相關的癌症或痙攣，應避免高劑量的葉酸 ●與維生素B_{12}結合，最能發揮功效	●長期壓力過大者、酗酒者 ●孕婦及授乳者 ●剛動完手術者 ●大量攝取維生素C者	未發現

【維生素】	【主要功能】	【主要來源】	【每天建議攝取量】	【缺乏時症狀】	【注意事項】	【特殊需求族群】	【過量時影響】
維生素C	●預防壞血病、治療牙齦出血 ●協助細胞組織生長、修補、製造膠原 ●預防病毒、細菌感染，提升免疫力 ●降低膽固醇、血壓、預防動脈硬化 ●防止血栓、瘀血、促進傷口的癒合 ●與維生素E會相互合作	番石榴、奇異果、綠葉蔬菜、青椒、柑橘類、葡萄柚、蕃茄、檸檬、草莓、芒果、鳳梨、洋蔥、木瓜、柿子、香菜……	●一般約40-60毫克 ●吸煙者至少80毫克 ●孕婦：約100毫克	●牙齦出血、易瘀血、皮膚乾燥等 ●成長遲緩、骨骼發育不健全 ●貧血 ●長期缺乏可能會有心臟病及產生癌症的憂慮	●人體無法儲存，必須每天攝取 ●阿斯匹靈、鎮痛劑、興奮劑、抗凝血劑、口服避孕藥、類固醇、酒、煙會降低其含量 ●糖尿病的藥及磺胺劑和C服用，會失去藥效	●抽煙、酗酒者 ●不愛吃蔬果者 ●經常感冒、有便秘者 ●壓力沉重者 ●懷孕或授乳者	●短時間過量，會產生多尿、下痢、皮膚發疹等副作用 ●長期過量，可能導致草酸及尿酸結石 ●若大量補充2-3公克，突然停止，可能引發壞血症
維生素D〈鈣化醇〉	●促進鈣、磷的吸收，強化骨骼、牙齒 ●對小孩的骨骼、牙齒成長與發育尤其重要 ●可幫助維生素A的吸收 ●可預防與治療骨質疏鬆症、軟骨症、痀僂症	牛奶、乳製品、蛋、燕麥、地瓜、日曬後的香菇、海魚、魚肝油、動物肝臟……	一般約10微克	●容易患骨質疏鬆症 ●軟骨症 ●兒童易骨骼畸形〈痀僂症〉 ●肌肉無力及緊張	●脫脂牛奶中不含維生素D ●應和鈣一起攝取 ●小腸、肝臟、膽囊有病症者，會影響其吸收 ●太陽中所含的紫外線能被轉化成維生素D	●少接觸陽光者、素食者 ●55歲以上的老年人 ●停經後的婦女 ●孕婦及授乳者	●懷孕期間若服用過量，可能導致胎兒不正常 ●成人每天攝取6毫克、兒童5.4毫克以上，可能會有腹瀉、異常口渴、眼睛發炎、皮膚癢

	維生素E〈生育酚〉	維生素K〈氰化鉀柰〉
	●延緩細胞老化、防止老人斑 ●預防心血管疾病及癌症的抗氧化劑 ●可防止血液凝固、疤痕的形成 ●改善運動機能及腿部痙攣 ●對胸肌纖維化、經前不適症治療有幫助 ●抑制脂質過氧化及形成自由基	●促進血液正常的凝固 ●可協助骨骼的形成 ●預防內出血、新生嬰兒出血疾病 ●減少女性生理期的大量出血 ●將葡萄糖轉化成肝糖以儲存在肝臟中
	冷壓植物油、全穀類、小麥胚芽、綠葉蔬菜、糙米、杏仁、葵花子、核桃、地瓜、大豆、蛋、鰻魚、牛奶、動物內臟……	深綠色蔬菜、花椰菜、苜蓿芽、大豆、小麥、黑麥、燕麥、蛋黃、乳酪、優酪乳、海藻、魚肝油、動物肝臟……
	●男性：約12毫克 ●女性：約10毫克	一般成人體重每公斤約1-2微克即可
	●兒童溶血性貧血 ●肌肉虛弱 ●缺乏活力、精神無法集中 ●性能力降低	●不正常凝血、如瘀血、流鼻血、胃出血、尿血等 ●新生嬰兒如吐血及臍帶、包皮及腸子部位出血；小兒慢性腸炎
	●不要同時攝取鐵及維生素E ●糖尿病、風濕性心臟病或甲狀腺機能亢進者，都不宜使用高劑量。 ●維生素E多含於冷壓植物油中，生吃最能有效攝取〈拌沙拉〉	●抗生素會干擾維生素K的吸收 ●在強光中不安定，容易被分解 ●阿斯匹靈、冷凍加工、X光、放射線及空氣污染，都會破壞其吸收 ●在強光中不安定，容易被分解
	●心血管疾病患者 ●血液循環不良者 ●面臨或更年期婦女 ●帕金森氏病患者 ●正服用避孕藥、賀爾蒙劑及授乳者	●容易流鼻血者 ●早產嬰兒 ●缺乏足夠膽汁者，需注射補充 ●嚴重灼傷或外傷者
	●會耗盡儲存在體內的維生素A及降低維生素K的利用 ●若每天服用超過800毫克，將導致出血，影響免疫力及性功能	●過量的補充品會損害肝臟 ●孕婦及授乳者避免高劑量，可能導致胎中嬰兒中毒 ●全身發紅、過敏及出汗

【附註一】維生素即俗稱的維他命，可分為水溶性維生素、脂溶性維生素、微量維生素。

【附註二】水溶性維生素，主要有九種：維生素B_1、B_2、B_3、B_5、B_6、生物素、葉酸、C，顧名思義，指可溶於水的維生素，不容易儲存在體內，如果遇到水、光、熱、氧氣等外力時，非常容易遭受破壞。

【附註三】脂溶性維生素，主要有四種：維生素A、D、E、K，即指可溶於油脂中的維生素，攝取後會儲存於體內，比較不易受光、熱、氧氣等破壞。

【附註四】微量維生素，有維生素F、P、膽鹼、肌醇等。

【附錄二】主要礦物質一覽表

【礦物質】	【主要功能】	【主要來源】	【每天建議攝取量】	【缺乏時症狀】	【注意事項】	【特殊需求族群】	【過量時影響】
鈣	●構成人體骨骼及牙齒的主要成分 ●活化神經傳導物質及肌肉收縮 ●幫助血液凝固及維持心臟正常收縮	海藻類、乳製品、深綠色葉菜、沙丁魚、杏仁、芹菜、牛奶、葵花子、大豆、花生、胡桃……	●兒童1000-14000毫克 ●兒童1000-14000毫克 ●孕婦1200-1300毫克	●肌肉痙攣、齒齦萎縮、關節炎 ●骨質疏鬆症、心血管疾病 ●陽萎、失眠症、精神憂鬱症	●腎結石、腎臟疾病者勿食用鈣補充品 ●鈣、鐵一起服用會降低效用 ●缺乏維生素D，磷、鎂過量，會阻礙鈣吸收	●嬰幼兒 ●經前症候群、經痛 ●孕婦、受乳及停經婦女	會干擾鋅的吸收
鎂	●300多種酵素的活化劑、調整酸鹼值 ●維持神經、心臟、肌肉之正常功能 ●防膽固醇的附著	魚類、綠色葉菜、未加工穀類、小麥胚芽、香蕉、杏仁、無花果、蘋果、酪梨、瓜子、海帶……	●兒童：250毫克 ●成人女性：280毫克 ●成年男性：300毫克	●心血管疾病、頭暈、憂鬱 ●肌肉抽痛、手腳顫抖、疲倦 ●神經過敏、暴躁、發育不良	●人工合成的維生素D，會消耗體內的鎂 ●高量的脂肪、魚肝油、蛋白質、鈣、會降低鎂的吸收	●長期劇烈運動者 ●老年人 ●酗酒者	可能引發運動機能障礙
鈉	●和鉀共同維持體內的酸鹼平衡 ●防止因過熱而中暑	食用鹽、海帶、醬油、乳酪、貝類、醃製品、蔬菜、水果……	●成人：1-4公克 ●高血壓者宜2公克以下	●易疲勞、心絞痛、肌肉無力 ●腎上腺分泌的賀爾蒙會不足	鈉廣泛存在於食物中，通常不需額外補充	經常大量流汗者	●導致高血壓，使腎受損 ●造成體內嚴重缺鉀

【礦物質】	【主要功能】	【主要來源】	【每天建議攝取量】	【缺乏時症狀】	【注意事項】	【特殊需求族群】	【過量時影響】
鉀	●使神經系統傳導正常 ●與鈉共同維持人體酸鹼平衡及水分、滲透壓的平衡	新鮮蔬菜、香蕉、海藻類、胚芽、葡萄乾、向日葵、杏仁、芹菜、大豆、地瓜、肉類……	平均約4公克	●神經傳導不正常、心臟病發作 ●低鉀血症 ●腸蠕動受礙、便秘	●在體內和鈉互為消長 ●服用利尿劑者，缺鉀是必然現象，需補充	●鹽攝取過量者 ●服利尿劑者 ●運動員	高鉀血症——腎上腺機能不足
磷	●80%與鈣結合，強化骨骼及牙齒 ●參與各種能量的生成及代謝作用 ●維持腎臟功能正常	深綠色葉菜、未加工穀類、蘆筍、南瓜子、葵花子、芝麻、豌豆、杏仁、花生、蛋、魚類、肉類……	●兒童：900-1100毫克 ●成人：800毫克	●骨骼畸形〈痀僂症〉 ●肌肉無力、發育不全 ●各種代謝性疾病	●大部分的食物均含磷，缺乏者少 ●汽水、速食麵中磷含量多，勿過量攝取 ●鈣和磷的攝取量最好為1：1	副甲狀腺機能亢進者	會造成鈣的流失
硫	●消除細胞內毒素、抵抗細菌感染 ●降低血糖、促進肝臟分泌膽汁 ●促進毛髮光澤及皮膚健康 ●促進人體基本代謝、腦部機能	甘藍菜、乾豆類、小麥胚芽、蛋、魚、蛋、波菜、洋蔥、大豆、瘦肉、牛奶、蒜……	目前未確定	●骨關節炎 ●皮膚皺紋 ●指甲易脆 ●氧化老化	●濕氣和熱度可能損壞或改變硫在體內的作用 ●有機型態的含硫物質〈如硫胺基酸、輔酶A、維生素B_1等〉才能被利用	硫	大量服用無機硫〈非存在生物體內〉，可能引發副作用

銅	鐵	鋅
●幫助紅血球、血紅蛋白、骨骼的形成 ●可幫助鐵質的吸收，提振活力 ●和鋅、鐵配合，有助於氧的吸收	●與酵素蛋白、銅結合，以合成血紅素 ●促進孩童成長及抵抗力 ●幫助神經傳導	●促進人體內核酸及蛋白質的合成 ●促進性機能正常發育、治療生殖障礙 ●調整血液中的膽固醇量
牡蠣、杏仁、大豆、全麥食品、香菇、豆類、酪梨、綠葉菜、肝、貝類、蝦、蜂蜜、葡萄乾……	海藻類、酵母、黑砂糖、胚芽、蘆筍、核果類、南瓜子、大豆、芝麻、肝臟、瘦肉、蛋、牡蠣……	牡蠣、魚、生薑、花生、啤酒酵母、魚、蛋黃、小麥胚芽、芝麻、大豆、葵花子、南瓜子魚、瘦牛羊肉……
成人：2-3毫克	●一般：12毫克 ●懷孕：40-50毫克 ●哺乳期：40-50毫克	一般：12-15毫克
●降低免疫力、神經異常 ●骨骼易脆、心臟疾病、糖尿病 ●貧血、不孕症、頭髮沒光澤	●缺鐵性貧血、臉色蒼白 ●容易缺氧、疲勞 ●消化不良、便秘、水腫	●攝護腺腫大、不孕症、畸型兒 ●動脈硬化、糖尿病、氣喘 ●免疫衰退、老年癡呆症
和鋅、維他命C互為消長〈過量情況〉	●地中海貧血者不能攝取鐵質 ●茶、咖啡會影響鐵的吸收 ●維生素C能使鐵質的吸收提升30%	●每日服用鋅100毫克以上，會抑制免疫系統 ●老年人、月經不順、素食者、運動員、抽煙、喝酒者需要比一般人稍多的鋅
年齡大、酗酒、食用大量纖維者，容易缺銅	●孕婦、授乳婦女 ●青春期女性 ●成年女性	●前列腺肥大者 ●糖尿病患者 ●生理期不順者
●容易造成威爾遜症〈色素沉澱、肝腫大〉 ●容易在體內形成有毒金屬	容易累積在體內對人體有害〈如心跳加快〉	

礦物質	主要功能	主要來源	每天建議攝取量	缺乏時症狀	注意事項	特殊需求族群	過量時影響
氟	●預防齲齒 ●預防骨質疏鬆 ●幫助鐵的吸收，促進傷口癒合	綠茶、蘿蔔乾、魚粉、沙丁魚乾、鱈魚、蘋果、牛奶、蛋……	一般：1.5毫克左右	●蛀牙、骨質疏鬆症 ●不孕症、貧血	牙齒琺瑯質要堅固亮麗，需氟與鈣、磷結合	老年人	●會產生毒害 ●達2-8毫克，會產生齒斑 ●與鈣結合，造成腎結石
錳	●可活化數百種酵素，行生理作用 ●提供腦部與神經細胞所需的營養 ●可取代鎂離子，參與能量的生成	茶、核果、酪梨、杏仁、菠菜、未加工穀類、藍莓、豌豆、栗子、鳳梨、花生、綠葉菜類、海藻……	一般：2-5毫克	●運動失調、痙攣性麻痺、不孕 ●神經不安、心血管疾病、陽萎 ●嬰兒失聰、目盲、耳聾	●缺鐵貧血者必備的礦物質 ●人體無法製造，需從飲食中獲取 ●攝取大量的鈣、磷，會妨礙錳的消化	●偏好葷食、少蔬果者 ●不喝茶者	
硒	●提供精力與免疫的泉源 ●抗氧化、抗老化、抗癌 ●與維生素E協力，幫助抗體的製造及維持心臟健康	啤酒酵母、綠花椰菜、小麥胚芽、牛奶、蕃茄、洋蔥、芹菜、南瓜、海鮮、雞肉、蛋、未加工穀類……	一般：50-200微克	●心血管疾病、貧血、紅血球破裂 ●癌症、免疫系統衰退、畸形兒 ●不孕、慢性疲勞、纖維化囊腫 ●陽萎、肌肉萎縮、肝功能失常	孕婦、授乳期婦女，勿大量食用硒補充品	所居住之地土壤缺硒者	

碘	鉻	鈷
●促進代謝率，燃燒分解過多的脂肪 ●和甲狀腺素具有強化精神、言語、毛髮、牙齒、皮膚的功能	●維持醣、脂肪正常代謝、強化肌肉 ●活化胰島素，控制糖尿病 ●預防高血壓、肥胖、心臟病	●幫助紅血球的形成 ●協助維生素B_{12}產生作用 ●治療貧血
海帶、海魚、貝類、海菜、海鮮、海鹽、芝麻、大豆、波菜、菇類……	全穀類、啤酒酵母、乳酪、香菇、帶皮馬鈴薯、海鮮、魚、蛋、新鮮水果、玉米、雞肉、牛肉……	海帶、紫菜、牛乳、蛋、貝類、牡蠣、魚類、肉類、肝臟……
●一般：110-150毫克 ●懷孕期：165毫克 ●授乳期：175毫克	一般：50-200微克	一般：約3微克
●甲狀腺腫大、體重增加 ●精神反應遲鈍 ●毛髮、皮膚乾燥	●生長發育不良 ●冠狀動脈硬化、慢性疲勞、肥胖 ●高血脂、免疫系統衰退	●巨球性惡性貧血、維生素B_1缺乏 ●降低肝臟中銅的聚集 ●降低血漿中維生素C、葡萄糖、及鹼性磷酸水解酵素含量
●如果有甲狀腺機能減退的症狀，應限制甘藍菜、白花椰菜、桃子、梨子、波菜的攝取 ●生的高麗菜中含有阻礙碘的吸收物質	酗酒、運動傷害、壓力大、老人、攝取過量醣類的人，均易造成鉻缺失	植物性食物中除了紫菜、海帶外，其他都不含鈷
遠離海洋的山區居民	糖尿病患	純素食者
●超過30倍，會使口腔生瘡、及產生金屬味 ●容易唾腺腫脹、下痢、嘔吐	●大量的六價鉻有毒性 ●500微克以下都沒有毒害	可能造成甲狀腺異常腫大

【礦物質】	釩
【主要功能】	●預防心血管疾病、降低血糖、膽固醇 ●促進骨骼及牙齒的形成、預防乳癌 ●影響碘代謝及甲狀腺功能
【主要來源】	大豆、玉米、橄欖油、花生、海水魚、全穀類、肉類油脂〈雞肉豬肉〉、小黃瓜……
【每天建議攝取量】	一般：2-4毫克
【缺乏時症狀】	●高血糖及糖尿病 ●慢性疲勞症狀
【注意事項】	
【特殊需求族群】	
【過量時影響】	如果攝取合成釩，容易引起毒性，要注意

【附註一】人體及所有其他生命有機體，皆需要特定的營養素來維持身體組織的健全並提供活動所需的熱量。一般所指的營養素包含兩大類：一是巨量營養素，有蛋白質、碳水化合物及脂肪，用來提供熱量及組織物質。另一種是微量營養素，所需的量極少，有維生素及礦物質，雖不能提供熱量，但在體內生化代謝上卻扮演相當重要的角色

【附註二】酵素及維生素固然重要，但如果缺少了礦物質，就無法發揮其作用了，如維生素不易被吸收，許多酵素也將完全失去其活性。

【附註三】礦物質是無機營養要素，人體無法自行製造，必須由食物或外在物質提供。人體有二十六種左右的礦物質及元素，才可維持生體健康。碳、氫、氧、氮、硫是基本組成元素。其他二十一種礦物質根據體內需求的多寡，分成巨量礦物元素及微量元素。

【附註四】巨量礦物元素，即每天需求量超過100毫克者，包括：鈣、鎂、鈉、鉀、磷、硫、氯等七種。微量元素，即每天需求量低於100毫克甚至是微克，包括銅、鐵、鋅、氟、錳、硒、碘、鉻、鈷、釩、鉬、硼、鍺、鎵、鎳、錫、鑭、鋰。

【附錄三】市售常見養生保健食品一覽表

養生保健食品	【主要營養成分】	【主要功能】	【認識與說明】
靈芝	●小分子蛋白質、多醣體、核酸類化合物 ●三帖類、酚類、生物鹼、甾醇類等 ●鍺、鋅、硒、鉻、錳、鈷、銅、鉬	●強化心血管功能、防止動脈硬化 ●增強免疫功能、防止惡性腫瘤的生長 ●強心、降低膽固醇、延緩老化 ●保護肝臟、降血糖、降血壓、改善高血脂 ●舒緩慢性支氣管炎相關症狀 ●延緩老化、對黃褐斑、肝斑、暗瘡有療效	靈芝是一種大型的高等真菌，在《神農本草經》中將靈芝分為六種：赤芝、黑芝、青芝、白芝、黃芝、紫芝。儘管顏色有所不同，但根據研究，實際療效卻相差無幾。人工栽植的靈芝療效比野生靈芝相差許多，要特別注意其所含的營養成分。
蜂膠	●黃銅類、胺基酸 ●澱粉、組織蛋白、脂肪、胰蛋白等酵素 ●硒、鉻、鋅、錳、鈷、鉬、鋅、氟	●抑制惡性腫瘤、癌細胞繁殖、抗氧化 ●具特殊的防腐抗菌功效、促進細胞活化 ●可保護毛髮、防止脫髮、頭皮屑 ●可抗過敏、氣喘、感冒、心血管疾病、消化不良、關節炎、花粉症等	工蜂採蜜時，會同時採擷樹脂質，在經過咀嚼和唾液混合，形成深棕褐色黏液的芳香物質，然後塗在蜂巢四周，薄薄的一層，即所謂的蜂膠，以保護蜂巢、增加蜂巢的免疫力。蜂膠的功效被廣泛運用在醫學上，如牙科、皮膚科、婦產科、美容等。
冬蟲夏草	●富含18種胺基酸、其中8種為必須胺基酸 ●腺甘、麥角固醇 ●維生素B_1、B_2、E ●硒、鉻、鋅、鈣、磷、鉀、鎂、鐵、銅、錳、碘	●提高免疫力、抑制癌症 ●滋補強身、改善虛弱體質、解麻藥中毒 ●對於肺結核、去痰鎮咳，貧血、吐血、胸痛、四肢冰冷、腰酸背痛、腎臟病、神經衰弱、食欲減退、呼吸系統有其功效	冬蟲夏草屬於蘑菇類，因冬天寄生在昆蟲體內，夏天則形成像草般的植物體，故稱之。冬蟲夏草藉由孢子的飄散，進入昆蟲的體內，隨著體液擴散到昆蟲全身，並以此吸收營養，使昆蟲體內充滿菌絲，最後被全部佔據而死亡，菌絲因而度過冬天。到了夏天，其子實體就像草一樣迅速成長，至此形成冬蟲夏草。冬蟲夏草以其宿主不同，而有不同的名稱。如寄生於蜜蜂則稱「蜂茸」。

養生保健食品	【主要營養成分】	【主要功能】	【認識與說明】
巴西蘑菇〈姬茸〉	●多醣體、多醣蛋白質 ●食用纖維 ●維他命B_1、B_2 ●類固醇類、麥角固醇	●抗腫瘤、制癌的作用 ●調節免疫機能，防止免疫機能異常的疾病 ●防止輻射傷害，調節血糖、血脂肪 ●可大幅減輕化療、放射性治療的副作用 ●提供維生素D_2，改善骨質疏鬆症	巴西蘑菇又稱為姬松茸、姬茸、太陽菇，因發現於巴西故得名。巴西蘑菇被發現主要是，在巴西一個山區中的居民，自古即以健康長壽著稱，吸引美國許多學者注意而加以研究，最後發現當地居民從印加時代，就經常食用一種野菇，也就是現在大家所稱的巴西蘑菇。
蜂王乳	●含23種胺基酸 ●特殊R物質、蛋白質 ●維生素A、C、D、E、F、B_1、B_2、B_6、B_{12}、葉酸 ●鉀、鈉、鎂、銅、鐵、亞鉛	●對於容易致癌食品，有解毒功效 ●促進兒童發育，增進食欲和體重 ●促進內分泌失調，改善更年期之障礙 ●具造血功能，改善血紅素，改善關節炎 ●美白柔嫩肌膚，改善性能力，控制糖尿病	蜂王乳是工蜂所分泌的乳液，因為是餵與女王蜂，故稱之。工蜂孵化後3-13天，頭部咽喉腺即會分泌乳液，運送到口腔組織，最初三天微量餵食給工蜂、雄蜂、女王蜂的幼蟲，到了第四天，工蜂餵以花蜜、花粉，女王蜂則持續餵以蜂王乳。
花粉	●含18胺基酸，含酵素及輔酵素 ●維生素A、B群、C、D、E、F、K、芸香甘 ●硒、鉻、鋅、鈣、磷、鉀、硫、鈉、鎂、鐵、銅、錳、碘、鈷、鉬、硼、氟、氯	●活化細胞，產生自然治癒力，預防癌症 ●促進成長因子，改善知能發展遲緩的孩童 ●能調整腸菌的平衡，對便秘、下痢有效 ●強精，降低更年期障礙，經期不穩定者 ●對貧血、感冒、肝病、皮膚……等有幫助	花粉是植物的雄性因子與雌蕊交配後，繁殖後代的生成物。
絞股藍〈七葉膽〉	●含80多種絞股藍皂甘，其中4種與人蔘皂甘結構相同、11種相似 ●水溶性胺基酸、多種維生素鐵、鋅、鋅、錳、鎂、銅等	●有助於脂類的代謝，降血脂、降膽固醇 ●對偏頭痛有良好效用，預防肝病 ●促進食慾，抗緊張、鎮靜等功能 ●滋補健胃，延緩老化，改善體質 ●防止常細胞癌化，可將癌化細胞轉為正常	絞股藍係葫蘆科多年生草本植物，中藥名為七葉膽，是一種藥用、食用同源的植物，被喻為南方人蔘，是人蔘的替代品。

紅麴	●麥角固醇、蛋白質分解酵素 ●胺基酸 ●天然纖維素 ●鋅、硒、鉻	●活血化淤健脾胃，增進腸內益菌的繁殖力 ●可降血壓、血糖、膽固醇 ●避免氧化及老化，增強免疫力、預防癌症 ●可吸著排除重金屬	紅麴主要的成分是紅酵母，將洗淨煮熟的優質米，加上紅酒漕、天然蓼草汁、明礬水發酵而成。發酵過程中，酵母菌中的菌絲會在米粒內部生長，使整個米粒成紫紅色。因有大量紅色素，呈深紅色，故稱為紅麴。
沙棘	●黃酮類、多酚類、不飽和脂肪酸 ●維生素A、D、K、E、β胡蘿蔔素 ●鐵、鋅、鈣、鎂、銅、錳、碘、硒 ●植物固醇及甾醇類 ●卵磷脂、腦磷脂	●止咳利肺、消食化滯、活血化淤等作用 ●預防感冒、舒緩感冒症狀 ●對燒、燙、刀、凍傷，褥瘡有功效 ●增強免疫力，對輻射有防護作用 ●調理女性身體，如更年期、陰道炎 ●幫助孩童成長	俗稱「酸刺、醋柳」，可長出一串串誘人的黃色小果，因渾身長刺，故稱之。從內蒙古大興安嶺到騰格里沙漠的西部，在乾燥、炎熱、寒冷的惡劣環境中隨處可見到一種特別的野生植物，就是沙棘，以頑強的生命力著稱。據說當年成吉思汗橫掃歐亞時，為了提高戰力，將一批連年征戰、體若多病的戰馬棄於棘林中，凱旋歸來時卻發現牠們健壯地奔蹄長嘶。從此，士兵們經常服用沙棘，個個身強體健，作戰時更是精神抖擻，如虎添翼。
蛋油卵磷脂	●卵磷脂、蛋白質 ●維生素B群、葉酸、膽鹼、生物素、維他命E ●硒、鋅、鐵	●防止脂肪肝，保護肝臟機能 ●促進血液循環，預防心血管疾病 ●降低膽固醇，減少動脈硬化 ●活化腦細胞，增強記憶力，預防老人癡呆症 ●細胞膜重要成分，維持細胞正常新陳代謝，延緩老化 ●滋潤肺部，強化呼吸功能 ●幫助脂溶性維他命A、D、E、K的吸收	蛋油是把新鮮且品質佳的雞蛋黃長時間不斷炒動所萃取出來的精華油。1884年，法國科學家——哥布利成功地從蛋黃中分離出卵磷脂，並以希臘語命名為「Lecithos」，意思是蛋黃、蛋油之意。後來才演變成今日英文名稱的「Lecithin」——卵磷脂。所謂卵磷脂是脂質的一種，因其含有磷的成分，所以也被視為磷脂質的一種。雖然它是脂肪的一種，卻和那些蓄積在皮下的脂肪不同。蛋油卵磷脂是身體各組織與神經系統之構成物質之一，有著極為重要的地位。大豆、小麥胚芽、鰻魚、牛肝……等食品中均含有卵磷脂，不過含量最豐富的則是雞蛋蛋黃。實際上，蛋油卵磷脂正是蛋黃的主成分。

【附錄四】市售常見保健食品成份一覽表

【中文】	【英文】	【功能】
蘆薈萃取物	Aloe extract	蘆薈含有多種對人體有益的活性成分，如蘆薈多醣、蘆薈素、蛋白質、胺基酸、微量元素、維生素、活性酶等等，具有增強免疫力、抗腫瘤、消炎抗菌，並有促進傷口癒合，治療燒傷、皮膚病，能中和細菌毒性。其營養價值符合聯合國糧農組織（FAO）推薦，蘆薈對於軟化皮膚、收斂、保持皮膚細嫩潔白有很好的效果，更具有防曬、預防粉刺與老人斑、雀斑的優越作用，廣泛用於醫藥、保健品、美容等領域。
西洋參	American ginseng	西洋參主要出產於美國、加拿大等地，由於美國威斯康辛州所出產的人參質優量多，所以一般被稱為花旗參。西洋參含有多種西洋參皂角苷、多醣、揮發油、多種胺基酸及10種以上的微量元素等營養成分，其中鋅可以促進生長發育、防高血壓、抗衰老；鈣、磷可預防軟骨症；銅鐵可預防貧血，錳、鍺、鉬、矽可防癌、抗癌。此外，西洋參所含的各種胺基酸，可增強身體的免疫機能、促進皮膚膠原細胞再生、幫助生長發育、抗衰老及預防肝病、耳疾、腸胃疾病、貧血、關節炎、婦女病、皮膚病及心血管疾病的產生。
蘋果萃取物	Apple extract	蘋果是一種富含多酚的水果，有相當好的抗氧化性。對於健康的好處，尤以心血管疾病最具功效。過去我們發現，蘋果中的水溶性纖維，可以減少油脂的吸收，加速膽固醇的代謝，因此對於高膽固醇的人來說，多吃蘋果，可以發揮降膽固醇的效果。研究中發現，蘋果多酚可以抑制壞膽固醇氧化。蘋果同時具有降膽固醇及抑制膽固醇氧化的功效，如此就能在血管上，形成雙層的保護效果，難怪蘋果常被視為預防心血管疾病的最佳推薦食物。綜合眾多的研究顯示，蘋果多酚有預防心血管疾病、中風、老年痴呆、白內障等功效，所以蘋果多酚可說是人類健康的好幫手。

雷公根萃取物	Asiatic gentella	近幾年來，西方人流行將雷公根當作神經滋補品，以幫助鬆弛並增強記憶力，最近的研究指出，雷公根對循環系統有正面的影響，它可以強化血管和毛細管，因而幫助全身的血液循環。而且拿來治療靜脈炎、腿部痙攣及腫脹和腿部沈重都非常有效。
蝦紅素	Astaxanthin	「蝦紅素」為廣泛存在於動植物、藻類、微生物中的一種葉黃素類色素，亦是類胡蘿蔔素家族的一員，而其抑制及清除自由基的能力，卻是β-胡蘿蔔素的10倍、維生素E的550倍，因此有「超級維生素E」之稱，2000年獲美國FDA核可為膳食補充品之後，安全性更被廣泛的證實。蝦紅素還有一項生理的特性，即能通過血腦障壁(Blood Brain Barrier, BBB)，直接帶給腦部與中樞神經系統抗氧化益處。 1. 天然強抗氧化劑。 2. 調節免疫，預防化學致癌。 3. 增加高密度脂蛋白（HDL），預防動脈硬化等相關疾病。 4. 改善視力。 5. 預防神經性疾病的發生，如老年癡呆症、帕金森氏症。 6. 抵禦紫外線輻射損害。 7. 提高免疫力。 8. 預防傳染病。 9. 消炎。 10. 預防不孕症。
黑木耳	Auricularia polytricha	黑木耳營養十分豐富，在每百克黑木耳中，含蛋白質10.6克，脂肪0.2克，碳水化合物65克，鈣357毫克，磷201毫克，鐵185毫克，胡蘿蔔素0.03毫克，維生素B_1 0.15毫克，維生素B_2 0.55毫克，菸鹼酸2.7毫克以及維生素C、纖維素和膠質等人體所需的全部營養。其中，碳水化合物包括葡萄糖、甘露糖、甘露聚糖、木糖、戊糖等，脂肪包括卵磷脂、腦磷脂等。因此，黑木耳是一種滋補健身的營養佳品。

【中文】	【英文】	【功能】
乳酸B菌（雙叉桿菌）	Bifidobacterium bifidum	腸內細菌與其宿主的營養有著極為密切的關連，人類在抗生素應用過程中所常出現的維生素缺乏症，就足以證明這層關係。雙叉桿菌（Bifidobacterium bifidum）對人的健康效應之一就是營養作用，實驗證明，雙叉桿菌能產生丙胺酸、纈胺酸、天冬胺酸和酥胺酸等胺基酸，同時其菌體蛋白大部份可為宿主所用，此外該菌亦分泌各種酵素，將原本的不溶性蛋白、脂肪和醣等變為可溶性，以利進行新陳代謝，改善如食慾不振、乳糖不耐、脹氣等消化不良的症狀，並且會在腸內生產好幾種維生素，包括硫氯素(B_1)、核黃素(B_2)、菸鹼素、葉酸、吡多醇(B_6)、銨胺素(B_{12})等維生素B群以及維生素K、H等。
山桑子萃取物	Bilberry extract	山桑子對眼睛有益，是起源於二次大戰時，英國皇家空軍飛行員在進行夜間轟炸飛行任務前，都會配給含有山桑子果醬的飲食。山桑子富含「花青素」，可以促進視紫質生長，加強視力敏銳度，保護眼部微血管，改善眼睛血液循環，免受自由基傷害，消除眼睛的疲勞，更可以有效地增強視力。
維生素P	Bioflavonoids	維生素P也稱生物類黃酮(Bioflavonoids)，為水溶性物質，被發現於植物和花，他們是顏料的天然形式，賦予蔬菜、水果的顏色，生物類黃酮在身體中扮演著抗氧化劑的角色，對我們的健康有許多好處，可幫助人體對抗病毒、致癌物、毒素與過敏物質。芸香甘（Rutin）以及槲皮素（Quercetin）是生物類黃酮的二位大將，而類黃酮是天然類黃酮，公認是世界上最強之抗氧化劑，它的抗氧化能力是維生素E的50倍，維生素C的20倍，尤其是它的分子結構小，水溶性，易被人體吸收，無蓄積性作用。 1. 增進微小循環，保持血管暢通。 2. 增進血管彈性，維持血管通透性良好。

苦瓜萃取物

Bitter melon fruit extract

苦瓜為葫蘆科植物，味苦、性寒涼，可明目、解毒；苦瓜含苦瓜素、多種胺基酸、維生素(尤其含豐富維生素C)、胡蘿蔔素、礦物質(鈣、鐵、磷)。苦瓜可健脾胃，促進食慾，用在癌症病人身上可紓解胃熱煩渴，也有研究顯示苦瓜素可抑制鼻咽、舌、喉及肝方面的癌，並可提升免疫力，減緩癌細胞生長。研究顯示，苦瓜萃取物能降低血糖值，其作用在於苦瓜種子含有和胰島素功能相似的蛋白質，讓胰島素具有使血液中的葡萄糖轉換為熱量的功能，借此可調節人體的血糖，使血糖保持在正常的狀態下。苦瓜除了能促進胰島素的分泌，還可改善接受體對胰島素的抗性。因此，苦瓜的果實或種子的萃取物能促進糖分分解，具有使過剩糖分轉化為熱量的作用，改善體內的脂肪平衡，並能消除因糖尿病而產生的肥胖或便秘。苦瓜除了上述功能外，它的生理活性對人體幫助還有提高人體的防禦力，促進傷口的癒合、鎮痛，目前苦瓜也常被推薦為減肥菜單中食物之一，而且常吃苦瓜也能令肌膚細緻，有光澤。

苦橙

Bitter orange

苦橙在中藥屬味苦，性微寒，有行氣除脹滿、化痰開痹、消積導滯的功能，生化學家證實，苦橙中含有可以與腎上腺素β-3接收體結合作用的成分，因此可以提高人體的新陳代謝率，不過這種成分並不會通過血腦障壁進入腦部，因此不具興奮作用，也不會如麻黃素使心跳上生、失眠的作用，除此之外，這種成分還具有輕中度食慾抑制作用，苦橙是一種自然草本萃取物，含有一種促進消化的橙橘果實的精油。在臨床研究中，苦橙被發現是有生熱減脂作用，可以刺激身體去燃燒多餘脂肪及卡路里，以達到減少脂肪的儲存、消耗更多贅肉的目的。

黑芝麻

Black sesame

根據當代醫藥學研究結果表明，黑芝麻有顯著的醫療保健作用。黑芝麻中的維生素E非常豐富，可延緩衰老。每百克芝麻中含蛋白質21.9克，脂肪61.7克，鈣564毫克，磷368毫克，鐵50毫克，還含有芝麻素、花生酸、芝麻酚、油酸、棕櫚酸、硬脂酸、甾醇、卵磷脂、維生素A、B、D、E等營養物質。正因為芝麻含有如此豐富的營養，因而在延緩人的衰老及美容方面，可起了極大的作用。常吃芝麻，可使皮膚保持柔嫩、細致和光滑。有習慣性便秘的人，腸內存留的毒素會傷害人的肝臟，也會造成皮膚的粗糙。芝麻能滑腸治療便秘，並具有滋潤皮膚的作用。利用節食來減肥的人，由於其營養的攝取量不夠，皮膚會變得乾燥、粗糙。而芝麻中含有防止人體發胖的物質蛋黃素、膽鹼，因此芝麻吃多了也不會發胖。在節食減肥的同時，若配合芝麻的食用，粗糙的皮膚可獲得改善。

【中文】	【英文】	【功能】
黑豆	Black soy beans	黑豆是一種天然的防老抗衰食物，具有醫療食療特殊功能。我國自古以來就有用黑豆保健養生的傳統。黑豆的蛋白質含量高達36-40％，相當於肉類含量的兩倍、雞蛋的三倍、牛奶的十二倍；黑豆的十八種胺基酸含量豐富，特別是人體必需的八種胺基酸含量，較美國FDA規定的蛋白質標準還高。黑豆含有19％的油脂，其中不飽和脂肪酸達80％，吸收率高達九成五以上，除了能滿足人體對脂肪的需求外，還有降低血液中膽固醇的作用。膽固醇是許多老年性疾病的罪魁禍首，而黑豆即是扮演著不含膽固醇，只含一種植物固醇，具有抑制人體吸收膽固醇，降低血液中膽固醇含量的角色。
啤酒酵母	Brewer's yeast	何謂啤酒酵母？就是釀造啤酒所使用的酵母菌。在啤酒的製造過程中，需加入啤酒酵母，經過五至十次的發酵，由於污染增加，使啤酒酵母逐漸喪失繁殖能力，漸漸成為死菌，沉澱於啤酒桶槽中，撈起後，經過乾燥處理，便成為含豐富營養素的健康食品。一些以加工方式所製得大量繁殖的酵母菌，其實也含有豐富的維生素群，及蛋白質、礦物質，但真正經過多次發酵後所生成的退休啤酒酵母，雖然略有苦味，但也才含有人體容易消化吸收的鉻元素。啤酒酵母之所以受到如此重視，是因為它含有品質佳，且含量豐富的蛋白質、維生素B群（除維生素B_{12}外）及14種以上的礦物質，所以又有人稱它為「素食者的雞精」。它的蛋白質含量高達50％，一大匙（約15公克）的啤酒酵母，約含有5公克左右的蛋白質，且脂肪含量低；豐富的維生素B群，甚至比肉類的含量高，它們在體內可協助蛋白質、醣類及脂肪的代謝，提高體內熱量的燃燒，並且可維持神經系統的正常運作，減輕壓力，疲倦感及焦慮，使人恢復體力。在礦物質方面，啤酒酵母含有十四種以上的礦物質，其中較特別的就是鋅、硒和鉻等元素。鋅和硒啤酒酵母亦有增強免疫力的效果，而鉻在維持血糖的穩定上，扮演重要的角色。近年來的研究中發現，人體缺乏鉻元素時，會影響胰島素的功能，使血糖上升。在美國，鉻的每日建議量為120微克，但多數的美國人無法達到此標準。有許多研究中指出，糖尿病人每日補充200微克的鉻，可能對病情有所幫助，因為鉻元素可提高胰島素的效能。

藤黃果萃取物	Brindall berry extract (Hydroxy Citric acid ,HCA)	藤黃果是來自印度的一種類似柑橘的果實，藤黃果中萃取出來的HCA成分，可以阻止碳水化合物轉化為脂肪，還能夠促進脂肪燃燒，排除體內多餘的脂肪，用餐前30分鐘攝取HCA，可以達到最佳功效。此外，HCA還具有增加飽足感，達到降低食慾及減少飢餓感的效果。藤黃果HCA的作用原理，就是在人體的葡萄糖轉為脂肪時，抑制其中一個ATP Citrate lyase的酵素，使脂肪酸無法合成，並且抑制糖解（glycolysis）作用的進行，因此減少體內能量的吸收。通常，這類產品如果單純以HCA來減少熱量吸收，效果並不會十分顯注，而且是屬於一種溫合性的產品，需耐心地服用才會有效果。因此，通常產品會搭配一些具有燃脂效果的L-carnitine與提高胰島素利用度的chromium元素，才會加強效用，因為L-carnitine（肉酸）會增加粒腺體對於脂肪酸的利用，具有燃脂功效，搭配HCA使用效果極佳，而chromium元素（鉻），則可以增加糖類的利用，加速三酸甘油脂的代謝，並降低血脂濃度。
鳳梨酵素	Bromelain	鳳梨酵素是很好的蛋白質分解酵素，由鳳梨提取出來的鳳梨酵素是目前在歐美國家非常流行的保健食品，由於鳳梨酵素具有抗發炎、增加免疫力及溶解血栓的三大功效，因此，歐美國家的民眾常服用鳳梨酵素來緩解酸痛、促進血液循環、預防心血管疾病、預防中風、預防癌症、保護頭腦、防止老人癡呆症的發生及增加抵抗力等。
糙米	Brown rice	稻穀的構造由外而內分別有稻穀、糠層（果皮、種皮、糊粉層的總層）、胚及胚乳等部分，去除稻穀後之稻米即為糙米。米粒糠層中含有豐富的蛋白質、脂質、維生素及纖維質，尤其現代人常為肥胖及便秘所苦，米糠中的纖維可清除人體消化道中的殘渣，促進排泄。此外糙米可協助去除體內污染毒素，並含有對膽固醇代謝有關的特種成分β-穀脂醇（β sitosterol）、以及植酸(phytic acid)，可以和有毒的重金屬如汞、鉛、鎘等結合，並隨糞便排出，而降低血液中的膽固醇。
乳酸鈣	Calcium lactate	很多研究顯示鈣質和乳酸結合成乳酸鈣時，比較容易被人體吸收，而牛奶裡就含許多乳酸鈣。一般嬰兒只要喝牛奶就能長大，顯見牛奶裡的鈣質的確可以有效率的讓人體吸收。乳酸鈣，指鈣與乳酸結合的一種鈣形式，通常存在乳製品，而這種乳酸鈣具有較好的吸收利用率。

【中文】	【英文】	【功能】
綠藻	Chlorella	綠藻俗稱小球藻，又名【海中金翡翠】，是生長在新鮮、無污染水域的單細胞植物，是植物界的元老級人物（2.5億年前的植物）。它與其他藻類通稱為【綠色食物】。綠藻所含有的葉綠素是植物界之冠，故其顏色呈現翡翠綠色。它在17-20小時內可以分化4次，因此綠藻所含的核酸也是非常豐富。綠藻中含約60％的植物性蛋白質、20％的複合性澱粉、11％的脂肪，其中的82％為不飽和脂肪酸、豐富的DNA及RNA（核酸）、超過23種的維生素及礦物質、8種必需胺基酸。綠藻除了含有上述的一般營養素外，它也含有一些特殊的營養素，如細胞壁纖維、DNA及RNA和葉綠素。除此之外，研究也顯示綠藻可以提高血液中的白蛋白的含量。白蛋白是體內的強力抗氧化劑之一，同時白蛋白也是體內不可或缺的運輸工具，可將體內所需的營養素運送至全身。若白蛋白含量不足時，會直接影響到肝臟、腎臟及免疫系統。此外當人體老化時，體內的白蛋白含量會逐漸下降，因此白蛋白可能與協助人體保持健康及活力有關。
鉻酵母	Chromuim yeast	鉻可防止糖尿病、營養不良症、心臟與血管的疾病、預防眼疾。主要的功能為促進胰島素的作用，另外可活化參與體內代謝的酵素。鉻參與醣類代謝、促進胰島素作用、影響脂肪代謝、維持核酸穩定及調節基因表現。
柑橘纖維	Citrus fiber	食物經消化後，營養成份陸續被腸道吸收供身體利用，然而纖維是無法消化吸收的，它吸收了水份，並吸附其他殘渣及廢物（當然也包含了許許多多的有害物質），形成了軟硬適中的堆體，進而刺激大腸的蠕動，將廢物排出體外。柑橘中含有一種食物纖維庚烘，以往的研究中就發現，它能夠抑制血液中膽固醇的升高，實驗證明，它還具有分解脂肪和抑制人體吸收脂肪的功能。纖維對於糖尿病及膽固醇的控制很有幫助，因此可以延緩糖尿病所引發的後遺症與膽固醇過高所造成的血管硬化。此外，纖維也有助於腸道有益細菌的孳生、抑制害菌生長，達到整腸的功效。對於控制體重的人，纖維更是最沒有副作用的減肥藥，因為它提供了飽足感，卻不會提供熱量。而且纖維豐富的食物脂肪含量較低，因此不會不自覺的使熱量攝取過多。

薏仁粉 Coicis semen

薏仁可促進體內血液和水分的新陳代謝，有利尿、消腫的作用，能達到減肥的效果，薏仁還含有豐富的水溶性纖維，可以吸附膽汁中專門負責消化脂質的膽鹽，使腸道對食物的油脂吸收變差，進而可以降低血液中脂肪的含量，對於長期便秘者，食用薏仁後也有助於排便。

水解膠原蛋白 Collagen

膠原蛋白是存在於人體的含醣蛋白質，主要分布在人體的結締組織中，作為骨骼、肌腱、血管及皮膚等器官的構成材料，其在人體內的含量會隨著年齡增長而逐漸減少，膠原蛋白減少後，會使皮膚出現皺紋現象，因此膠原蛋白含量減少是產生細紋的關鍵。水解膠原蛋白的製造方法是在多次階段用溫度從50至100℃的溫水生化合成萃取而得，過程中變成液體，之後將微量的纖維除去則成為純化的溶液，再進一步過濾、及離子交換過程，溶液溫和地在真空蒸氣中濃縮，並使用超高熱蒸氣殺菌消毒，冷卻過後的膠原蛋白在無菌的空氣中乾燥，則成為高精純度、分子量小，且易溶解的粉末，極易被人體皮膚及體內組織細胞所吸收，而達到良好效果。

膠原蛋白 Collagen

膠原蛋白，又稱作「膠原質」(Collagen)，是組成各種細胞外間質的聚合物，在動物細胞中扮演結合組織的角色，亦即膠原蛋白是動物結締組織(Connective Tissue)中最主要的構造性纖維蛋白質，它是動物體內含量最多的蛋白質，約占人體蛋白質的25-33％，相當於人體重量的6％，分佈遍及全身各個組織器官，如骨骼、軟骨、韌帶、皮膚、角膜、各種內膜筋膜等等；其主要功能是維持皮膚和組織器官的形態和結構，膠原蛋白主要是以不溶性纖維蛋白的形式存在，扮演有如建構房屋之「鷹架」的功能，提供組織張力藉以保護並連結各種組織，支撐起人體結構，也是修復各損傷組織的重要原料物質。骨骼中的膠原蛋白含量約佔20％，流失時會使骨中的鈣質量也降低，即時增加鈣質的補充也不容易改善骨質疏鬆的現象，因為鈣無法在骨中保住，多吃也只是流失，所以此時補充膠原蛋白會比補充鈣來的有助益。

【中文】	【英文】	【功能】
紅花共軛亞麻油酸80％	Conjugated Linolenic Acid (CLA)	共軛亞麻油酸（CLA）是亞麻油酸的同分異構物，主要存在乳製品、肉類的脂肪中，不過由於現代人的健康概念使然，攝取乳脂肪及動物脂肪的機會越來越少，這也同時使得人們獲得CLA的機會相對減少，共軛亞麻油酸並不直接存在天然紅花子或葵花油中，不過共軛亞麻油酸補充劑主要是由葵花油或紅花子油經過生化技術提煉出來的，從八○年代開始，科學家就開始注意到它的生理效應了。近來有越來越多的臨床研究報告都證明，CLA在體重控制上的卓越表現，因為一般人減肥都只會著重在減「重」而非減「肥」，也就是說體脂肪比率不一定會有改變，減肥的人如果能配合CLA的使用，可以有效的降低體內脂肪組織相對於瘦肉組織的比率，真正的減到肥肉，而使瘦肉比率上升，這樣的好處是瘦肉越多，體內新陳代謝能力越高，於是形成良性循環，減肥將更容易達到目標。另外，臨床上發現，服用CLA的減肥者，情緒穩定性較高，比較能持之以恆的進行減肥計畫，睡眠和精神狀況也比較好，還有研究報告指出，CLA可以避免減肥者出現YOYO症狀，使減肥者不至於陷於體重減輕而復胖，胖而復減的惡性循環中。CLA也很適合使用在運動員的營養補充劑，可以最有效最安全的方式建立肌肉組織。
輔酵素Q_{10}	Co-Q_{10}	輔酶Q_{10}，被稱為肌膚動力原（CoQ_{10}），也稱為ubiquinone，其實輔酶Q_{10}是我們人體可自行合成的內生性活性物質，他分佈於全身各處細胞內，尤其是心臟、肝臟、腎臟、胰臟等等組織器官細胞，有一半以上儲存於粒腺體中（Mitochondria），而粒腺體是細胞產生能量的主要部位，是維持人體所有組織與器官健康不可或缺的重要物質。輔酶Q_{10}經過醫學界十多年來臨床研究顯示，輔酶Q_{10}因大量存在心肌，補充輔酶Q_{10}對心臟有保護功能已是不爭的事實，可以增進心臟細胞的功能、保護血管、降低血壓、預防動脈硬化發生，因此可降低心臟病的機率，輔酶Q_{10}在治療上都扮演極重要角色。它有兩大主要功能：一是啟動並在細胞內運送能量，負責基本的細胞功能；另一項功能則為保護細胞不受自由基的傷害。而自由基會導致組織結構受損並影響細胞功能，是造成肌膚老化的元兇。
冬蟲夏草	Cordyceps Sinensis	現代的藥理研究證實冬蟲夏草除了增強免疫功能、抗腫瘤、保護損傷肝臟、擴張支氣管與抗腎炎外，並具有抗衰老和雄性激素樣的作用，臨床研究用以治療肺結核、咳嗽、神經衰弱、病後體虛、慢性肝炎、性功能障礙與老年性疾病。

蔓越莓萃取物

Cranberry extract

蔓越莓屬蔓越橘科，是一種特產於北美少數地區，生長在矮藤上，小小、圓圓、表皮富彈性的鮮紅果子，也有人稱它為小紅莓。蔓越莓需要以特殊的環境及氣候條件栽培，全球的蔓越莓產區不到4萬英畝，產量有限，因而有「北美的紅寶石」之美稱。相關研究顯示，蔓越莓抗菌黏附機制在臨床治療及流行病學的研究上，都有相當突出的表現。蔓越莓90%的成分為水，但亦含有其它有機物質，包括兒茶素、類黃鹼素、前花青素和其它有機酸等，蔓越莓來預防和治療尿道炎的真正機轉尚不清楚，但生化學家發現，蔓越莓中有兩種成分能壓抑細菌的附著黏膜的功用，一是前花青素，可以壓抑大腸桿菌纖毛的附著力，使存在尿液及泌尿道中的細菌不易附著在尿道管壁上，二是果糖，可以壓抑第一型大腸桿菌纖毛的附著力，使引發泌尿道感染的細菌會比較容易隨尿液被排出體外；另外，蔓越莓具有酸化尿液的作用，會使泌尿道變成比較不利於細菌滋長的環境，其它可能機轉有馬尿酸的殺菌作用。近年來，研究中證明蔓越莓中的A型鍵前花青素，在尿液中有抗菌黏附的作用，使尿液中大腸桿菌無法黏附在尿道黏膜上，其它飲用的葡萄汁、蘋果汁、綠茶、熱巧克力，因只含B型鍵前花青素，則沒有抗菌黏附的作用，不能預防尿道感染。蔓越莓還有含量很高的生物黃酮，它們是一種強力的抗自由基物質，由於生物黃酮的對抗自由基作用，它可能對於預防心血管老化病變、癌症的發生與進展、老年癡呆、皮膚老化等具有很好的效果，此外，在美國德州舉行的國際營養補充劑及機能食品展示與研討會上，以色列特拉維夫大學發表研究指出，蔓越莓中濃縮單寧酸成份具有抗黏附機制，在幽門螺旋桿菌已黏附在胃黏膜上的情況下，飲用蔓越莓汁仍可抑制細菌黏附以免導致胃潰瘍，並且具有很強的抗氧化作用，可降低低密度膽固醇與三酸甘油酯。因此，多吃蔓越莓或是喝蔓越莓果汁，或補充這方面的濃縮營養品，除了是女性朋友泌尿道感染的預防武器，也因為它的抗氧化物豐富，具有使皮膚漂亮、防癌抗老的功能，是值得多食用的健康好幫手。

蒲公英根粉

Dandelion

很多利尿劑會造成身體中鉀的流失，但是蒲公英就沒有此缺點。可用於肝臟不適、膽囊、消化不良、痔瘡、痛風、風濕類疾病、濕疹和泌尿問題。據藥用植物網站Botanical.com稱，蒲公英在專利藥品中是屬於鎮定劑，不具有毒素，因此可以大量服用，與其它成份結合功效最好。蒲公英根常被用於飲食和消化飲料中，製成酒則是很好的補藥，能激勵身體、淨化血液。蒲公英可以作為咖啡的替代品，它較不會對神經和消化器官有害，卻可以全面刺激身體系統，使得肝臟和腎臟更加有效地工作和保持腸道的乾淨。

【中文】	【英文】	【功能】
EC-12 乳酸腸球菌	Enterococcus faecalis	每克高達5兆個壓倒性菌數，是乳酸菌中高質量模範生，根據實驗證明，乳酸球菌EC-12比其他乳酸菌有更高的活性化，具有促使腸道產生免疫細胞的效果，故能使腸道感染症狀減少，EC-12乳酸菌還可增加抗體IgE的產生，能緩和花粉症的發作，對於易位性皮膚炎也有很好的改善效果。
月見草油	Evening primrose oil	月見草種子含有豐富的必需脂肪酸（γ-次亞麻油酸 Gamma-Linolenic acid, GLA），屬於特殊的3-6系列必須脂肪酸，人體並不能自行製造GLA，因此必須從食物中攝取。 月見草油的功能： (1)舒緩經前及更年期的不適症狀：GLA是前列腺素（prostaglandins, PS）先驅物，會產生類似賀爾蒙的物質，幫助調整賀爾蒙的平衡，可紓解經前症候群及更年期的障礙。 (2)促進皮膚健康：GLA有維持細胞膜的健康，並使細胞保留較多水分的功能。月見草油一般用於舒緩濕疹、改善皮膚異常症狀，維護健康的皮膚、頭髮及指甲，紓解經前症候群與更年期障礙，並改善特異性免疫疾病，如：改善氣喘、過敏與風濕性關節炎等。 (3)提升免疫力：GLA在人體內會轉變成賀爾蒙的前驅物質，也稱為「好的前列腺素」（prostaglandin E1, PGE1），PGE1能協助降低血壓、血膽固醇及預防血小板不正常的聚集，並能刺激免疫系統的T細胞，以維持免疫細胞的正常運作。 (4)促進新陳代謝：GLA所合成出來的前列腺素，可以刺激棕色脂肪組織，藉由粒腺體產生能量消耗、降低脂肪堆積。
葡萄糖酸鐵	Ferrous gluconate	鐵質對於女性的重要，鐵質是所有紅血球的重要成份，如果鐵質不足，紅血球生成亦會不足，氧氣的輸送將會發生問題，身體的新陳代謝會受到影響。而葡萄糖酸鐵可提供容易吸收的鐵質，讓女性天天好精神、好氣色。

果寡糖 Fibrulose

果寡糖是一種大分子的醣類，故果寡糖是很難被人體吸收利用的，它就像水溶性纖維素一樣，沒有熱量，對人體當然就沒有負擔，不過除了沒有負擔外，果寡糖卻是人體腸胃道益生菌的主食，果寡糖甚至可能使腸胃道中的比菲德氏益菌濃度上升十倍之多，有很多天然植物如香蕉、洋蔥、大蒜、蘆筍、大麥、蕃茄等都含有豐富的果寡糖。補充果寡糖和補充益生菌的道理類似，都可以使體內的好菌濃度上升，進而抑制壞菌的生長，增加人體對抗疾病的能力，促進消化系統的健康。另外，醫學上相信，果寡糖增加腸道內益生菌的生長作用，將同時具有促進脂肪之代謝，降低血脂肪濃度及減低肝臟的負擔；另外，在動物實驗上同時發現果寡糖會提升腸道對鈣及鐵質的吸收率。果寡糖不會被人體吸收，所以沒有熱量，也不會增加胰島素的分泌量，當然糖尿病人也可以安心食用。

茴香萃取 Foeniculi fructus extract

茴香具有開胃、利胃的效果，並能幫助腸道排除廢物、消脹氣，茴香還可以調節女性荷爾蒙，對身體的保溼效果極佳，具抗皺、預防肌膚橘皮組織及身體淨化很有功效，對消化系統也很有幫助。

米胚芽精華（GABA） GABA

從發芽玄米胚芽萃取的GABA，能抑制交感神經活化，使血管收縮減少，具有降血壓功效。GABA是腦內分泌的一種神經傳導物質，可安定神經系統，例如鎮靜劑、安眠藥等，即作用在GABA接受體，以產生鎮靜效果。

白果萃取物 Ginkgo semen extract

銀杏是一種非常古老的植物，而銀杏的果實又稱為白果，是中藥裡不可或缺的一種藥材，打從二億五千萬年前的恐龍時代，它就已經在地球上了，可見其生命力之強。

1.促進血液循環：銀杏中的類黃酮和銀杏苦內酯，能提高血管平滑肌的收縮力，使血管恢復彈性，也可以防止血小板的凝聚作用。另外銀杏的類黃酮異於其它植物的類黃酮組合，根據德國的研究，銀杏的類黃酮組合能增加心臟血管的血流達78%，血液循環一旦順暢，血液中代謝物便能快速的排放，血液就更清爽，緊接著由血液心血管所造成的疾病，如老人痴呆、腦中風、高血壓、糖尿病、痛風、肩膀酸痛等疾病也就容易控制。

2.強力的抗氧化劑：銀杏的抗自由基能力已經被許多研究所證明了，它既能掃除自由基，又不會損壞白血球中的嗜中性白細胞的能力，因此銀杏能巧妙的控制自由基的量，使人不易生病。

3.預防老人癡呆：銀杏已被證明具有使血管柔軟、擴張、腦部血液循環順暢的功效，而且流入腦部的血液得到淨化，這就符合「腦的老化從血管開始，而血管的老化從血液開始」的公式。

【中文】	【英文】	【功能】
銀杏果萃取物	Ginkgo semen extract	銀杏對提高血液循環以及促進營養對眼睛及眼周細胞組織的輸送很有幫助，實驗證實，銀杏是具抗氧化的草藥，也被證實能有效提升視力以及保持較年長者的視力。
人參	Ginseng	中國人服用人參補氣養生已有數千年的歷史，經現代科學研究證明，人參含有30多種人參皂苷、20多種揮發油、16種以上的胺基酸、9種醣類及維生素A、B_1、B_2、C，礦物質鈣、鐵、鎂、鈉、鉀、鋅、鍺及黃酮物質、膽鹼、脂肪酸、人參稀、人參醇、人參酶等人體所需的營養成分，確實具有補虛扶正、滋補、輕身延年等之廣泛效用。
人參皂苷	Ginsenoside	人參含有多種天然活性物質，其中人參皂苷、人蔘多醣與揮發性成份是人參起滋補治療作用的有效成份。人參皂苷是人參最重要的有效成份，迄今已發現有30種以上單體皂苷。人參皂苷具有抗衰防老、抗感染、抑制癌細胞生長、降血脂、抑制脂肪吸收、強身、增強免疫、鎮靜止痛、降血糖、保護心肌、改善凝血等多種作用。此外，人參所含的有機鍺會誘發人體產生干擾素，使淋巴細胞的功能加強，可抑制壞細胞及癌細胞的生長，達到抗菌防癌的功效。而有機鍺還有助自由基的清除，可使人體耗氧量降低、組織細胞供氧量增加，達到抗衰防老、修復身體受損組織功效，具預防貧血、冠心病、心絞痛、中風、肝硬化、肝炎、關節炎、骨質疏鬆、膠原病等疾病的作用。

葡萄糖胺

Glucosamine

葡萄糖胺是動物及人體內的一種胺基糖，是以具有黏度的黏多醣成分（一種多醣體的組成成分）存在於軟骨與結締組織的各處，也是形成軟骨細胞最重要的營養素之一。人類與動物都可以在體內自行合成葡萄糖胺，只是隨著年齡的增加，合成的速度趕不上分解的速度，於是發生體內及關節缺乏葡萄糖胺的現象，進而影響關節內細胞的新陳代謝。葡萄糖胺在體內會被分解成為胺基酸，可以轉換成半乳糖，也可以轉換成軟骨素。藉由自然界葡萄糖胺的補充，可以促進體內蛋白多醣以及膠原蛋白的製造，補充關節滑液，並提供受傷後關節恢復健康軟骨組織所必須的材料。和美國相較之下，歐洲方面更早就開始了葡萄糖胺的臨床試驗，並早已證明了其卓著的功效，並且列入醫藥品的範圍加以開發，葡萄糖胺是生物體內所含有的成分，不具有害物質，食用後可以快速地被人體吸收，運送到各個組織。葡萄糖胺的安全性經過小白鼠之急性毒性試驗及微生物變異原性試驗等試驗證明為安全無毒之食品，在歐洲方面，大多數的變形性關節炎的患者都將葡萄醣胺當成一種治療藥劑長期地服用，且已有實際成效，目前為止，尚無任何異常報告出現。不但如此，在攝取過度的安全性方面，經試驗證明，健康人就是一次食用正常使用量的三倍也不會出現健康或是腸胃、自覺症狀等方面的異常。所以，葡萄糖胺是一種可以安心食用的健康食品，及早補充葡萄糖胺更可以達到預防的效果。

葡萄糖胺的功能

1. 維持關節完整及骨骼結構功能：葡萄糖胺可用來製造使關節柔軟的蛋白多醣，防止骨骼摩擦，使關節活動有彈性。
2. 修復並治療關節：葡萄糖胺能刺激製造軟骨，促進關節傷害的治療。葡萄糖胺加上水份就能讓軟骨吸收營養的效果更好。
3. 預防因老化而產生的關節失調：隨著身體老化，關節組織會磨損，葡萄糖胺可以提升、保護並強化軟骨結構以預防因老化引起的關節失調。
4. 減緩骨質疏鬆症對關節的傷害：葡萄糖胺無法恢復已耗損的軟骨，但卻可使各種程度的骨質疏鬆症減緩惡化。
5. 舒緩因骨質疏鬆症引起的疼痛、僵硬和腫脹：骨質疏鬆症會使軟骨耗損並逐漸瓦解，最後導致碎裂剝落，當關節少了這一層緩衝，就會產生痛苦的僵硬和發炎，葡萄糖胺可舒緩疼痛和其他關節炎的症狀。
6. 控制背痛：背痛是肇因於關節炎和肌肉緊繃，可經由葡萄糖胺改善，藉由強化軟骨，以加強支撐背上脊椎骨的組織，同樣的，葡萄糖胺對上脊椎和頸部疼痛都有療效。醫學上亦發現，合併具有關節軟組織修補效果的軟骨素（Chondroitin）的複方葡萄糖胺對於關節炎症狀的改善方面更具加成效果。

【中文】	【英文】	【功能】
葡萄籽萃取物	Grape seed extract	葡萄籽萃取物，近年來在歐美國家中大為風行，甚至被稱之為「口服皮膚保養品」，因為葡萄籽萃取物不但不會讓您喝醉，更因為它具有比維他命E強五十倍，比維他命C強20倍的抗氧化能力而聲名大噪！葡萄子萃取物含有花青素（OPC），是強效的抗氧化劑（抗氧化能力約是維他命E的50倍），可維持正常的細胞連結、血管的穩定、增進微細血管循環、提高微血管和靜脈的流動，還能有效抑制破壞眼部細胞的酵素，這也說明了花青素為什麼有益於眼睛的健康。OPC，這種花原色素屬於生物黃酮類的一種，是讓花卉水果變成多采多姿顏色的因子，在葡萄子中有極為豐富的含量，大約有80%-85%左右的含量，除此之外，葡萄籽中還含許多強力的抗氧化物，如兒茶酸、表兒茶酸、咖啡酸、肉桂酸、延胡索酸與香草酸等各種天然有機酸，不但共同組成強力的抗氧化家族，也能夠幫助OPC的吸收。研究指出，日光中的紫外線是皮膚老化的主要殺手，紫外線產生的自由基能造成肌膚中的膠原蛋白彈力蛋白的受損，進而使皮膚的緊密度變差，保水性也下降，因此看起來無光澤而容易產生皺紋，常見的抗氧化劑如維他命C、E與β-胡蘿蔔素因為能夠抵抗紫外線產生的自由基，所以能夠達成皮膚抗老的作用，有了比維他命C強數十倍的葡萄子OPC，當然能夠更加保護皮膚免於老化的傷害，因此稱之為「口服的皮膚保養品」。除了對於皮膚的效用，葡萄子的抗氧化能力已有國外研究證明能夠對抗與預防許多與自由基有關的老化疾病，如常見的心血管疾病、動脈硬化、過敏、糖尿病併發症、甚至於癌症。
葡萄皮萃取物	Grape skin extract	花青素屬於多酚類，是一種強力的抗氧化劑，可以捕捉自由基。同時，由於花青素會利用磷脂質去補強上皮細胞，達到增強微血管內壁的作用；另它會促進膠原質的合成，來強化微血管外壁，降低血液外滲。 1.維護血管系統的健康，在某些器官更能降低出血性的傷害，如胃出血導致的胃炎。 2.多酚類化合物可避免低密度脂肪蛋白（LDL）被氧化，進一步預防動脈硬化。

青木瓜萃取物 Green papaya extract

青木瓜內含豐富的木瓜酵素、木瓜蛋白酶、凝乳蛋白酶、胡蘿蔔素等，並富含十七種以上胺基酸及多種營養元素，是一種營養豐富、有百益而無一害的「果之珍品」。木瓜裡內含木瓜酵素，而青木瓜的木瓜酵素是成熟木瓜的二倍左右，這些木瓜酵素不僅可分解蛋白質、醣類，更可分解脂肪(其分解脂肪的能力可以說是木瓜最大的特色)，通過分解脂肪可以去除贅肉，縮小肥大細胞，促進新陳代謝，及時把多餘脂肪排出體外，從而達到減肥的目的。

瓜拿納果萃取物 Guarana extract

瓜拿納果Guarana(Paulinia cupana)是在亞瑪遜森林中發現的一種世界有名的植物，巴西印第安土著使用瓜拿納果的歷史已超過數個世紀，他們深信瓜拿納是賜予他們青春、美麗和健康，人們亦稱它為巴西可可，是印第安人視瓜拿納為稀世珍寶的原因。瓜拿納果可促進體能，是豐富的咖啡因來源。因富含溫和性咖啡因，故能把儲藏在身體的脂肪轉化成能量，供肌肉與肝臟使用，防止疲倦及從緊張的肌肉化解過量的乳酸。

益母草萃取物 Herba leonuri extract

保健推廣協會理事長劉吉豐表示，西醫治療婦女更年期症狀，多半使用「荷爾蒙」療法，但卻可能有罹患乳癌的顧慮，而具微寒性的「益母草」可說是「中藥荷爾蒙」，能活血調經、祛瘀生新、利尿解毒、止血止痛、收縮子宮、利水消腫。益母草含有硒、錳等多種微量元素，能抗氧化、防衰老，具有相當不錯的益顏美容、抗衰防老功效。

仙人掌萃取物 Hoodia Gordonii

Hoodia Gordonii是一種仙人掌肉質植物，只有在南非的喀拉哈利沙漠地區可見。喀拉哈利沙漠的部落原住民在沙漠中長途狩獵時，因為沒有食物來補充體力，會食用蝴蝶仙人掌的果肉，以它來增加飽足感並抑制飢餓感。進一步分析Hoodia Gordonii是一種天然的食慾抑制劑，Hoodia所含的天然分子成份P-57會把類似葡萄糖訊號傳送到大腦控制食慾的下視丘，讓下視丘以為已經吃飽了，讓多數人大大降低對食物的興趣，幫助減少熱量的攝取，以達到減輕體重效果。尤其對於澱粉或甜食無法克制的肥胖患者效果較明顯。

【中文】	【英文】	【功能】
異麥寡糖	Isomalto oligosaccharide	「異麥芽寡糖」簡稱(IMO),以食用澱粉為原料,利用生物科技,採用α-葡萄糖轉移酵素移轉工程,研發產製的機能性寡糖。經食用後直接被棲息於大腸內的有益菌如雙叉桿菌與乳酸菌攝食利用而增殖,其代謝所產生的乳酸及醋酸,可降低腸道pH值及促進腸道蠕動,抑制有害菌的增生,減少有害菌代謝所產生的有毒廢物,以做好體內環保,活化人體機能之功效。 異麥芽寡糖對人體的益處: 1.整腸防癌:因雙叉桿菌代謝所產生的乳酸及醋酸可促進腸內腸道蠕動以改善便秘,並可抑制腸內有害菌之增殖,因有害菌代謝所產生的氨、硫化氫、苯等物質會增加血液中毒性,而加重肝臟、腎臟負荷極致癌物質產生,故多食用具有整腸和預防癌症之功效。 2.降低血液膽固醇:因雙叉桿菌可抑制體內膽固醇合成或促進膽固醇酸排泄,以降低血液中的膽固醇。 3.合成多種維他命:雙叉桿菌已被證實能在腸內產生維生素B_1、B_6、B_{12}、菸鹼酸,以補充由日常食物中所攝取之不足。 4.低熱量:異麥芽寡糖中之寡糖幾乎不被唾液、胃液、小腸液所分解而轉換熱能,經食用後直接送到大腸供雙叉桿菌利用,是一種難消化的低熱量甜味劑。
乳酸A菌(嗜酸乳桿菌)	Lactobacillus acidophilus	在腸胃道裡也存有嗜酸乳桿菌(Lactobacillus acidophilus),它不僅能幫助消化,也可以抑制酵母菌的生長,如白假絲酵母(Candida albicans),很多種陰道酵母菌感染都是由白假絲酵母引發的。事實上,利用嗜酸乳桿菌來醫治酵母菌感染是一種常見的民俗療法,更重要的是,最近的研究指出嗜酸乳桿菌還可以協助人體免遭其他種感染。
芽孢乳酸菌	Lactobacillus sporogenes	芽孢乳酸菌學名Lactobacillus sporogenes(屬於Bacillus coagulans的一種),是由綠麥芽萃取出之菌種,亦稱為有孢子性乳酸生成菌。具備自行「產孢」的特性,其形成之「孢子」,可像防護罩般保護活性乳酸菌成份並通過耐強酸驗證,成功抵達消化道。芽孢乳酸菌因其具產生內生孢子(endospore)之特性,能成功的抵達消化道發揮乳酸菌之功能。且一般市售的乳酸菌大都必須冷藏,低溫菌在經過7-14天會慢慢衰退死亡,使用效果會大大降低;反之,芽孢乳酸菌不需冷藏,可在室溫儲存而不影響菌數。食用芽孢乳酸菌確實可幫助改變消化道內菌叢生態,促使消化道內之「比菲德氏菌」大量繁殖增生,讓消化道內充滿健康益菌以促進消化道蠕動,使排便順暢,並可調整體質,增進體力,有益人體健康。

L-精胺酸	L-Arginine	精胺酸（Arginine）為必需胺基酸。精胺酸可以增強人體對抗細菌、病毒及腫瘤之免疫力、促進生長激素之分泌，促進傷口癒合及肝細胞再生，精胺酸還能促進肌肉形成及減少脂肪囤積。
L-肉酸	L-Carnitine	L-carnitine是運送長鏈脂肪酸通過細胞膜進入粒腺體代謝，以產生能量的運輸工具，左旋肉鹼L-carnitine:是一種營養補充品，是由人體內的兩種胺基酸，離胺酸(lysine)和蛋胺酸（methionine）之前趨物所合成，人體內亦可以在自己肝臟合成製造。L-carnitine屬於水溶性維他命，有人稱為（左旋肉酸、卡尼丁），營養學家多稱它為（肉鹼），目前國內將肉酸視為營養保健類食品，主要功能在於使肝臟、骨骼肌和心肌的脂肪酸氧化，產生能量。L-Carnitine 為脂肪和能量代謝所必須的物質，長鏈脂肪酸只能自細胞運送至粒線體外，待其與 L-Carnitine 結合後，方能進入粒線體中進行能量代謝循環。因此L-Carnitine 能促進並加速脂肪酸產生能量之作用。當L-carnitine缺乏時，脂肪酸會堆積在細胞內，其代謝物會累積在粒線體中而產生毒性，身體所需的能量因而匱乏，出現疲勞、肌肉無力、肥胖、血脂升高。
L-酪胺酸	L-Tyrosine	酪胺酸（Tyrosine）它是腦中神經傳導物之一，可協助克服憂鬱、改善記憶，並可促進甲狀腺，腎上腺及腦下垂體之功能，酪胺酸還可促進新陳代謝，藉由提高甲狀腺功能，而達到燃燒脂肪效用。

【中文】	【英文】	【功能】
瑪卡／蠻哥	MACA	在秘魯從印加帝國以前開始，MACA就因為是一種對慢性病疲勞和滋養強壯，非常有效的天然植物而深受喜愛。數千年以來，MACA生長在高寒地區無蟲害、無農藥、無化學毒物的污染，經陽光曬乾後，可製成涼拌菜、採收期的新鮮果實可打成果汁、煮成熟食當菜餚來食用，不管滿足感或效果性都非常顯著，而且完全沒有副作用，是養生保健最佳的天然營養食品。MACA的效能有： 1. 具有抵抗壓力、強化免疫能力：礦物質和維生素是與神經、壓力和免疫力特別有關的營養素，而MACA蘊含豐富的維生素和礦物質，能培養抵抗壓力的能力。維生素B群是對抗壓力，維護神經功能的營養素，共有B_1、B_2、B_6等八種，維生素C能阻斷壓力、合成膠原（佈滿於細胞之間的纖維狀蛋白質），維護血管、骨、軟骨、筋肉和皮膚等的強壯，更有免疫增強作用，而眾所週知，自古以來它更有美容效果，並能促進鐵質的吸收。鈣質具有抑制焦慮的功能、細胞代謝的活性化、荷爾蒙分泌的調整、免疫力強化的作用。鈉具維持血壓衡定，鉀可增加腦力及思考力，磷能傳導訊息、供應能量的功能。鐵含酵素catalase及血紅素Hb成分，可促進活力與補血，並能去自由基與殺菌。鋅、銅、錳更是抗氧化、抗老化、提供能量的泉源。因此礦物質和維生素是人體不可或缺的營養素，更具有抵抗壓力的作用，而有效地蘊含這些維生素及礦物質的就是MACA。 2. 增強性能力：MACA含有效治療緊張性不舉的生物鹼，還有促進精子與卵子量的類固醇，以及令陰莖動脈血液運行流暢的糊精，恢復性能力素有「性的礦物質」之譽的鋅，具有精力增強作用的天冬胺酸等等……所以要使性生活更活性化，MACA是兩性最完美的天然威而鋼。 3. 調節荷爾蒙：經實驗證明顯示，MACA與食用激素能產生相同的效果。MACA含有豐富的鈣、鐵、銅等各種礦物質與胺基酸產生相互作用，可以促進雌激素的分泌及荷爾蒙平衡正常化的效果。另外MACA對於甲狀腺的恢復和容易著涼的體質也具有良好的效果，甲狀腺荷爾蒙會刺激交感神經，產生使精神活動活潑的作用，MACA中所含的碘能活化甲狀腺荷爾蒙，使身心充滿元氣。
葡萄糖酸鎂	Magnesium gluconate	鎂的作用是調節神經細胞的功能，充足的鎂元素對於神經元交接處的神經訊息激發傳導十分重要，如果鎂元素不足，神經細胞會變得十分容易受到刺激，一點小小的刺激都會使神經細胞興奮，所以，可能會發生情緒容易激動或視覺過於容易受激的現象，而腦細胞也會受太多訊息刺激而不容易入睡。葡萄糖酸鎂能幫助神經傳導和肌肉舒展的功能，並且能穩定身體的代謝，輔助體內基本酵素活動。

金盞花萃取物	Marigold extract (Lutein)	金盞花萃取物內含眼睛保養最重要的營養素-葉黃素（Lutein）。葉黃素對眼睛具有特殊的作用，攝取葉黃素後會分佈到眼睛的兩個部位：(1)視網膜及黃斑區；(2)水晶體。 葉黃素在自然界中與玉米黃質素共同存在，是構成蔬菜、水果、花朵等植物色素的主要成分，也是構成人體眼睛視網膜黃斑區域的主要色素。黃斑位於眼底視網膜中央，黃斑體的視網膜組織層裡有大量的葉黃素，這種元素是人體無法自行合成製造的，必需靠攝取葉黃素來補充。黃斑是聚集感光細胞的地方，負責在視野中央提供顏色和具體細節，而黃斑區的脂肪外層特別容易受到太陽光的氧化性傷害，如果黃斑區失去了正常的功能，也許可能還有黑白色調的視覺功能，但主要的視力功能會逐損壞，甚至會有失明的危險。葉黃素還是一個很好的抗氧化劑，也是唯一可以存在水晶體的類胡蘿蔔素，其能增進水晶體的抗氧化能力，抵抗紫外線與自由基的傷害，並可保護眼睛的微血管，維持良好的血液循環。由於年輕時的活動力和行動力都較高，在陽光底下曝曬的機會也相對較大，所以，葉黃素的補充還是越早越好，每天只少6毫克的葉黃素可維持眼睛的主要功能。
紅麴	Monascus purpureus	紅麴的保健功效近年來在保健市場上已逐漸受到肯定，除了應用在一般料理外，也有生物科技提煉的紅麴製品，近年對於紅麴的研究則著重在其降低膽固醇、預防心血管疾病的功用上，美國FDA即在一九九五年通過，認為紅麴為新一代最有效的降血脂保健食品，成大醫院營養部主任也指出，紅麴其實就是一種菌，之所以能具有降低膽固醇的作用，主要是其係發酵過程中，會釋放出一種Monakolin K成分，能抑制HMG-CoA redutase的活性，該HMG-CoA redutase正是合成膽固醇的關鍵酵素，因此被視為是腦及心血管健康的守護者，目前國內外已有多篇研究證實其在降低膽固醇、三酸甘油脂方面的功效，拿來應用在日常飲食上，不失為日常保健的好選擇。
山藥	Mountain yam	山藥含豐富澱粉質、蛋白質以及必需胺基酸、維生素A、B_1、B_2，以及維生素C、礦物質鈣、磷、鐵以及碘。另含黏液質、膽鹼以及纖維素等基本營養成份。而研究顯示山藥可促進賀爾蒙合成，其黏質液含有賀爾蒙的基本物質Diosgenin，所以山藥有促進賀爾蒙的合成作用，並能提高新陳代謝，改善體質。

【中文】	【英文】	【功能】
桑葉萃取物	Mulberry Leaf Extract (1-Deoxynojimycin ,DNJ)	桑葉能抑制血糖上升，主要功能物質是桑葉中的DNJ（1-Deoxynojimycin）這種物質可阻止糖分解酶發揮作用，因而有降低血糖、抑制 動脈硬化等功效，DNJ能抑制 α-葡萄糖苷酸活性，從而阻止及延緩澱粉食物分解為葡萄糖、果糖等單糖，明顯抑制食用後血糖的急劇上升，不被小腸吸收輸送到大腸內的糖質，由腸內菌叢作用生成二氧化碳及氫氣及丁酸、丙酸、醋酸、乳酸等有機酸，使腸內環境酸性，抑制有害細菌增殖，達到整腸效果，改善便秘、改善腹部脹滿感。桑葉不僅能有降血糖作用，桑葉中還會有大量礦物質，食物纖維等營養物質，桑葉還能除去體內多餘水改善水腫效果。
納豆	Natto	納豆除了含有維護人體健康所需的皂素、卵磷脂、葉酸、食物纖維、鈣、鐵、鉀、維生素及多種胺基酸與礦物質外，另外還具有幾種納豆發酵後所產生獨特的保健功效成份，諸如納豆激酶（Nattokinase）、Pyrazine（吽類）。Pyrazine是一種使納豆具有獨特風味的酵素，可預防血液凝結。以及吡啶二羧酸（Dipicolinic acid）等，增加智力、養顏美容、抗癌、衰老、減肥、清除體內垃圾等多種功效，是深受現代人歡迎的長壽養生食品。納豆食品中因含有大量的Vit K_2、Vit E、卵磷脂、亞麻酸等，故有延緩衰老、提高記憶力等保健功能。另外，常吃納豆食品對癌症、糖尿病、高血壓、動脈硬化、肥胖病、婦女病經等均有促進和緩解。1986年，日本生理學教授即發現納豆中含有天然的血栓溶解酵素，並命名為納豆菌酵素，也就是納豆激酶，因此，日本人認為常吃納豆對引起血管心肌梗塞的血栓有溶解作用。另外，納豆也被認為對預防痴呆、骨質疏鬆有幫助，能避免鈣從骨頭流失，還能降低膽固醇，維持血管的疏通，促進血液循環，對預防皮膚乾燥、動脈硬化及清腸作用也有顯著效果。
荷葉萃取物	Nelumbinis folium	荷葉含豐富之蘋果酸，可使人體內的脂肪分解，防止體態過胖，並使皮膚潤滑柔嫩。研究發現，蘋果酸可降低膽固醇，動物試驗表明，蘋果酸可在腸中與膽酸結合，阻礙腸內膽固酸重新被吸收，從而促使血中膽固醇向膽酸轉化，達到降低膽固醇的效果。荷葉也含有生物鹼、多酚等，能加強人體細胞裡的抗氧化酵素活性，多酚類能保護動脈管壁，防止動脈硬化，還能抑制血液中低密度膽固醇（LDL）氧化改變，並抑制血小板凝結，預防血栓的產生。荷葉能加強人體細胞內對抗自由基的活性，清除囤積在體內的廢物。

燕麥粉 Oatmeal

美國營養專家說，燕麥不但能讓人果腹，還能有效減低罹患心臟病的機率。根據美國專家表示，在與冠狀動脈心臟病魔搏鬥之際，燕麥片是最便宜且隨手可得的反擊「武器」。由於燕麥中含有水溶性纖維、蛋白質和維生素，都是有益人體的物質，而這些物質在製造成可食用的各類型燕麥片時，都不會被破壞。美國食品和藥物管理局已在一九九七年證實，各種燕麥食品都有其低飽和脂肪、低膽固醇的優點，其中的水溶性纖維能降低人們患心臟病的可能性。另外，燕麥片亦可幫助人們減低高血壓和肥胖。

橄欖葉萃取物 Olive leaf extract

橄欖葉萃取物的多酚抗氧化劑可有效中和自由基，自由基是身體內的不穩定氧化分子，帶著不成對的電子，自由基會使身體生命力降低而導致老化、心血管問題及退化性疾病。研究橄欖葉醫學特性的科學家自橄欖葉分離出一種酚類化合物，稱「橄欖多酚（oleuropein）」，研究人員發現橄欖多酚具有降低血壓的作用，且藥理學家也發現橄欖葉萃取物能夠促進動脈血管壁放鬆，顯示橄欖葉萃取物不但可以預防心臟病，而且在對抗高血壓時，也起關鍵作用。

橄欖葉萃取物在控制血糖方面有顯著的效果，而oleuropeoside的降血糖作用有二種機制：

1. 促進葡萄糖所誘發的胰島素的釋放。
2. 增加四肢對於葡萄糖的攝取利用。換句話說，橄欖多酚確實可以刺激身體製造胰島素（胰島素在身體利用血糖的過程中扮演關鍵的角色）或提高四肢對於血糖的利用。

牡蠣精 Oyster extract powder

牡蠣富含蛋白質與鋅，鋅可以促進身體的免疫能力、預防感冒的產生，促進精神的敏銳程度。加上鋅可以促進蛋白質的生合成，也就是在有充足的蛋白質時，可促進肌肉的生長。因此會有增強體力、恢復精神的效果出現。若人體鋅含量過低，會造成男性性慾不振、不孕症，因此補充富含蛋白質與鋅，可以協助精子的製造、增加性慾。

【中文】	【英文】	【功能】
木瓜酵素	Papain	木瓜酵素也是一種很好的蛋白質分解酵素，其優點如下： 1.木瓜酵素可分解蛋白質、醣類、及脂肪，其分解脂肪的能力可以說是木瓜最大的特色。細菌或黴菌等原始生命也都無法分解脂肪。 2.木瓜酵素不論是在酸性、鹼性、甚至是中性的環境中發揮作用，不像其他的酵素僅能在單一環境中發生作用與活性。 3.木瓜酵素能強力分解食物或體內衰敗的細胞組織或老廢物，就像是感應器一樣，有強力的選擇性來分辨出老舊、壞死、受傷、異常的細胞蛋白質加以分解，但不會對體內正常細胞產生任何作用。 4.木瓜酵素可以幫助消化，可消化比本身重35倍的蛋白質。現代食物因過度烹煮、化學農藥、油炸食物和微波所造成較難消化的情況，而木瓜中其他的成分都有助於改善此缺失。 5.日本醫學博士中川菜一指出木瓜酵素可改善平衡失調的機能，抑制過剩、補充不足、改善體質。它有分解脂肪的作用亦可分解血管內的中性脂肪和膽固醇。此外，分解醣的作用能夠提高醣的代謝，它可重建血管、健康血液，使全身血液循環順暢，恢復青春。木瓜酵素有助美容：木瓜酵素對肌膚乾燥或因為紫外線受傷的肌膚護理非常有效。
西番蓮萃取	Passion extract	西蕃蓮能使頭腦平靜下來，緩和一些由焦慮引發的症狀，在歐洲是頗負盛名的草藥，常見於草本飲料中，自古被認為含有有機鈣、鎂離子和其他營養成分，能克制失眠、神經衰弱、焦慮憂鬱、頭痛、神經痛及婦女經痛等現象，適用於治療睡眠失調和焦慮不安，還具有消炎和抗痙攣之作用，對肌肉痙攣、癲癇有很好的成效。
薄荷萃取	Peppermint extract	薄荷具有安撫低落情緒、振奮神經、讓人心生歡愉及平和的作用；並能驅蟲健胃、改善腹部脹氣、消化不良等等功效。

胜肽
Peptide

胜肽（Peptide）是人體最重要的直接營養素，胜肽是一種分子量很小，由3-18個必需胺基酸結合而成的天然物質，只需微量就有極強的生理功能及生理活性，這一點與生物體的賀爾蒙功能類似。例如人體的胰島素及大腦中的腦啡就是一種胜肽化合物，部份的荷爾蒙是由Peptide所構成；實用藥物方面也有部份是屬於Peptide類，人體內約有一萬多種胜肽，是人體經由一般食物消化水解、吸收利用自體合成，合成不足使用時，最佳的方法就是直接補充所需之胜肽。

白腎豆萃取物
Phaseolamin

科學家在白腎豆的萃取物中發現具澱粉酵素抑制作用的成分，抑制食物中的大分子碳水化合物（如米飯、麵等澱粉食物），分解為小分子的葡萄糖的消化反應，當澱粉食物無法被分解為小分子的葡萄糖，就無法變成熱量儲存在人體，當然也就不會因為吃太多麵食、飯類食物而造成肥肉堆積的問題。

白腎豆的功能：

1.白腎豆含有Phaselarmin的成分，此成分有抑制α-澱粉酶將澱粉轉成醣類的作用，因此可以協助因為愛吃澱粉類食品（如：米飯五穀雜糧、麵食、饅頭包子、麵包）而肥胖者控制體重。

2.另外澱粉酵素阻斷劑也是糖尿病患者很好的補充劑，每餐飯前500-1000毫克，可以降低醣類食物分解成葡萄糖，因而有效的降低糖尿病患的飯後血糖濃度，不過對於未服降血糖處方藥前，飯前血糖高於200mg/dL的糖尿病患者，仍然需要處方藥物的協助，才能控制好血糖。

3.由於吃進去的大分子碳水化合物，也就是澱粉，無法被分解，腸胃道中就容易產氣，糞便也會比較軟化，對於有便秘問題的人，也是有部分助益的。

松樹皮萃取物
Pink bark extract

松樹皮萃取物含有黃酮類、前花青素，而這些物質，不僅有抗氧化效果，還能降低壞膽固醇、減少血液凝集、鬆弛動脈、改善血液循環。

【中文】	【英文】	【功能】
虎杖萃取物	Polygonum cuspidatum powder extract	虎杖萃取物的有效成分主要為白藜蘆醇（Resveratrol），他是一種抗真菌屬化合物的抗氧化物，許多研究報告指出，白藜蘆醇能夠預防心血管病變，也是抗癌的潛力植物性化合物(phytochemical)之一。根據研究顯示，白藜蘆醇可降低血液中的膽固醇總含量，並且可擴張血管，使血流更順暢，避免動脈硬化及血栓症發生。 1.降低心臟疾病：白藜蘆醇具有抗氧化作用，可清除人體內自由基，降低血液中的膽固醇，避免動脈硬化及血栓症的發生率，並且預防老年癡呆症的症狀。 2.舒緩更年期障礙：白藜蘆醇具有擬雌激性素作用，可補充中年女性因雌激素來降低引起的更年期障礙，包括熱潮紅、心悸、盜汗、皮膚老化、失眠、焦慮…等等症狀。 3.預防癌症：白藜蘆醇能抑制異常細胞的形成，促使NF-kappaB基因關閉，致使癌細胞易受化療殺死，防止癌症蔓延。白藜蘆醇（Resveratrol）它是一種強效抗氧化物質，可以殲滅自由基，防止老化，因此是一種吃的養顏美容保養聖品。
洋車前子	Psyllium seed husk	在歐美，洋車前子（psyllium）常是加在高纖早餐當成纖維質的添加物，他是一種純天然植物纖維來源，可吸收其重量數倍的水分，形成果凍狀的黏稠物質，增加糞便的含水量與體積，比起其他植物纖維，洋車前子吸水度較佳，可軟化糞便，避免便秘的產生，且所形成的凝膠具有鎮定作用，還可達到減肥少吃目的。大量的資料顯示，纖維不僅可以預防腸胃疾病，而且還可預防一些致命的疾病，研究報告指出，如膳食中缺少纖維質，將增長食物殘渣停留在腸道的時間，而增加致癌因子的生成及其與腸壁粘膜的接觸時間，易引致大腸癌或其他病變的罹患機會，反之，如有適量纖維質存在，可能改變腸內微生物的種類及數目，另因纖維之吸收保水性而降低致癌物或有害物質之濃度，及因促進腸道蠕動，加速其排出，減少與腸壁粘膜接觸的時間，而可預防或降低大腸炎等腸道疾病之罹患率。
南瓜子萃取物	Pumpkin seed Extrac	南瓜子富含高營養價值，其含有極大的鋅（Zinc）含量，根據衛生署食品衛生化驗結果，南瓜子每一百公克含七點八毫克的鋅，為目前食品含量最高，而高濃度鋅含量對前列腺有極高的保護作用。男性40歲過後，大多數人有攝護腺肥大的問題。美國一項實驗發現，讓攝護腺肥大的患者服用南瓜子的萃取物，確實減少了患者頻尿的次數，也改善了其他症狀。而科學家的研究也證明南瓜子確實對人的身體有益，特別是男性的攝護腺和膀胱，並且南瓜子也是維生素E的最佳來源，可以抗老化。

紅花苜蓿

Red clover

紅花苜蓿含有天然的植物性雌激素——四種天然植物性異黃酮素：Genistein, Daidzein, Biochanin A, Formononetin。比一般僅含1--2種的大豆異黃酮素為優，多種的天然植物性異黃酮素能調節生理機能，可幫助身體平衡荷爾蒙，此種機制可協助因受雌激素支配所引起的許多疾病，近年來的研究報告也指出，紅花苜蓿含有抗微生物的化合物，這可以有效地抵抗許多細菌、病毒、黴類所引起的傳染病，它也可以被當作一種血液淨化劑，促進水液和毒素經由皮膚、腎臟、及胃道排出。

紅酒萃取物

Red wine extract

紅酒當中含有為數最多的多酚類物質，如沒食子酸、兒茶素、槲皮酮、原花青素、白藜蘆醇等等，都具有抗氧化作用，效果更勝維他命E。白藜蘆醇同時具有良好的保濕特性及抗炎作用，還可延緩肌膚細胞衰老的過程，甚至亦能抑制酪胺酸　的活性，減少黑色素的形成。

大花紅景天萃取物

Rhodiola crenulata extract

紅景天是現代發現的植物中抗缺氧作用最明顯的草本植物。紅景天可有效地改善人體的供氧，表現在肺活增大；心功能增強；末梢血管的擴張和微循環的改善；動靜脈氧壓差加大；氧的有效利用率提高，特別是心、肝、腎細胞供氧增強和對低氧環境損壞的保護作用，表現特別突出。由於紅景天有淨化血液，提高血液質量的奇效，因而它可以預防腦血栓的形成，加快腦梗塞病灶的恢復，改善心肌缺血，預防和緩解冠心病心絞痛。同時能緩解頭痛，解除疲勞，延緩衰老，增強記憶力，提高整體免疫能力也有顯著功效。紅景天是西藏醫學中極為珍貴的藥草，多數紅景天都生長在海拔三千五百公尺以上的高山或叢林中，甚而出現在喜馬拉雅山，因此採收量並不是很多。由於紅景天多數生長在海拔較高的純淨雪山之中，經過長期對缺氧，乾燥及強紫外線等惡劣環境的適應與選擇，所以具有獨特的生物活性成分，而這樣的成份，對人體健康大有幫助。大花紅景天主要成份為：紅景天苷（Salidroside）及其苷元酪醇（Tryosol）、6-氧-沒食子醯基紅景天苷、1,2,3,4,6-五氧-沒食子醯基-β-D-吡喃葡萄糖、草質素-7-氧-α-L-吡喃李糖苷、草質素-7-氧-（3-氧-β-D-吡喃葡萄糖基）-α-L-吡喃李糖苷，用於自由基增多的疾患，如腫瘤，幅射損傷，肺氣腫，老年白內障等，具有良好的效果。

【中文】	【英文】	【功能】
紅景天萃取物	Rhodiola rosea extract	紅景天主要的有效成份有：紅景天甘及對一酪醇，此外尚含有澱粉、蛋白質、脂肪、鞣質、黃酮類化合物及微量揮發油，還含有具生物活性的微量元素鐵、鋁、鋅、銀、鈷、鎘、鈦、鉬、錳等，葉與莖中含少量生物鹼。國內外作為強壯劑，應用於老年性心衰、抗疲勞、鎮靜、糖尿病等。
玫瑰果萃取物	Rosehip extract	玫瑰果自古以來就享有維他命C之王的美譽，其維他命C更是檸檬的60倍，長期飲用由玫瑰果所泡製的玫瑰果茶，不但能生津止渴、養顏美容、促進新陳代謝，更能舒緩忙碌緊張的情緒。另玫瑰果含多元不飽和脂肪酸，其中最珍貴的亞麻酸及亞油酸更高達80%，研究中發現玫瑰果所含有的特殊成分對皮膚及頭髮均有益處，故玫瑰果有強化原有細胞、促進新細胞再生及新陳代謝之功能，所以用在疤痕的癒合和淡化上，以及皮膚組織再生、防止老化等方面有顯著功效。
蜂王乳	Royal Jelly	蜂王乳又名「蜂王漿」係由工蜂將採集之花粉、花蜜經其嚼後，與咽頭下腺分泌液溶合而成，為天然活性荷爾蒙，是工蜂提供蜂王的珍貴糧食，色如奶油狀，略帶酸辣味，蜂王與工蜂同屬雌性，蜂王食用蜂王乳後壽命比一般工蜂長達20倍（工蜂之壽命1-3個月，蜂王4-5年），每天能產卵1—3000粒，遠比本身為重，為此各國學者曾致力研究，證明蜂王乳確有驚人的生長力，活化力、生殖力，是其他食品所無法替代的。蜂王乳的天然活性物質主成份為活性蛋白、癸稀酸及糖蛋白酵素等，活性蛋白對細胞有很驚人之復活力，癸稀酸具有強力之殺菌功能。 1.抗老化：蜂王乳可以促進生長發育、蛋白質合成，以及新陳代謝，並增強抵抗力。另外，亦有實驗證明，蜂王乳可以促進肝、腎、神經細胞的再生。 2.抑菌作用：蜂王乳中所含的10-HDA具有抑制細菌生長的作用。 3.調節免疫：在老鼠的實驗中，蜂王乳可以使免疫細胞增生，提高抗體量。 4.調節內分泌：蜂王乳中含有促性腺激素樣物質，可以增加實驗動物精囊重量，並使卵泡早熟、產卵增多。也可以促進內分泌腺活動，以提高抵抗力和對惡劣環境的耐受力。 5.改善新陳代謝：蜂王乳可以提高基礎代謝率。 6.促進造血：蜂王乳可以使血中鐵的運輸增加，並增加紅血球及血小板的數量。 7.抗癌：蜂王乳對於白血病、腹水癌與其他癌細胞具有抑制的作用。也有人提出蜂王漿具有乙醯膽鹼樣作用的理論，並表示醚溶性部份會有較強的抗癌作用。 8.降血膽固醇：有報告顯示，如果血管硬化患者，每天服用蜂王乳50-100毫克，可以減少血清總膽固醇以及血清總脂質。 9.美容方面：蜂王乳含有多種對皮膚有益的物質，是一種不錯的美容劑。 10.其他方面：蜂王乳還具有鎮痛、促進腸管蠕動並促進子宮收縮等作用。

鼠尾草萃取 Sage extract

現今醫學實驗證明，鼠尾草含有雌性賀爾蒙，對女性的生殖系統確有幫助，更年期的婦女飲用鼠尾草，有助消除潮紅的不適感，但哺乳期間的產婦絕對不能喝，因會妨礙乳汁的分泌。它還含有苯酸和崔柏酮成份，可殺菌預防感冒、活潑腦細胞增強記憶力。今人常將鼠尾草用來幫助消化、退熱降血壓、減輕婦女經痛。

沙棘葉萃取物 Sea buckthorn extract

沙棘含有豐富的脂肪酸，是人體內無法自行合成的亞麻油酸和次亞麻油酸，此類脂肪酸對於保持動脈的彈性、收縮度及血小板的凝固、血液的黏度正常化等，都有很好的功能。沙棘具有消炎抗潰瘍、抗微生物、消除疼痛、降低血脂和血液黏度、調節免疫功能及促進組織再生等效用。沙棘含有豐富的SOD，能清除人體內的自由基，具有很好的抗衰老活性，且沙棘中的SOD的熱穩定性很高，能被人體有效利用，對於皮膚老化、皺紋及黑斑具有良好的美容抗老效果。

鯊魚軟骨素 Shark cartilage

鯊魚軟骨主要是由多種黏多醣蛋白、水分及以鈣磷為主的礦物質灰分所組成，其中的軟骨素（chondroitin）是鯊魚軟骨粉中具生理作用的主要成分，可抑制新生的血管生成。也因鯊魚軟骨素含有豐富的粘多糖及軟骨素，均為軟骨的重要成分，適量補充可以加速軟骨組織及關節液之修復及生成，所以能幫助關節軟骨的重建，降低關節發炎的程度，並減緩發炎腫脹之情形。此外，鯊魚軟骨也被證實具有消炎止痛的作用，因此也對於許多發炎性及自體免疫性疾病伴隨有血管異常增生的情況，如風濕性關節炎、乾癬、紅斑性狼瘡等皆有改善的效果。但也因為鯊魚軟骨粉的主要生理作用機轉是在阻斷新生血管的生成，因此，正在生長發育中的兒童是不宜服用的；再者就是孕婦，胚胎在母體中的血管新生作用是很旺盛的，這也關係著寶寶的正常發育，所以，孕婦絕不可以使用鯊魚軟骨粉。

【中文】	【英文】	【功能】
大豆萃取物（含40％大豆異黃酮）	Soybean extract (40% Soy isoflavones)	大豆異黃酮除了有助於婦女更年期症狀解除（潮紅、盜汗等）、預防骨質疏鬆、預防癌症（乳癌、前列腺癌）發生、預防心血管疾病及抗氧化等五大功能外，其實它還有一個重要的特性就是「很安全」，在所有的臨床研究中目前並無發現嚴重的副作用，僅有少部分在超出標準劑量的安全評估實驗中有輕微不適反應如反胃、輕微浮腫及乳房敏感等，而這些都是因個人體質不同所引起之短暫性的現象，因此對更年期婦女來說是相當好的保健產品，大豆異黃酮因為有雌激素的特性卻沒有雌激素的副作用，因此有部分醫生認為可作為無法或不願使用荷爾蒙療法的替代品，提供一種天然、溫和且安全的保健方法。 1.改善更年期熱潮紅、盜汗等症狀：發表於「更年期雜誌」中的臨床報告顯示：75名受試更年期婦女，經每天給予70mg大豆異黃酮，發現確實具有改善更年期婦女熱潮紅症狀的效果。 2.預防骨質疏鬆新契機：骨質疏鬆一直是中年族群中一項重要的健康問題，尤其是停經婦女，根據報導年齡在50歲以上的女性，每三個人就一人有此疾病。2002年專業骨科醫學期刊（J Bone Miner Res）中，義大利研究人員研究證實，大豆異黃酮可明顯改善更年期後婦女骨質疏鬆（osteoporosis）問題，可防止骨質流失（bone loss）及增加骨質生成作用（bone formation）。因此大豆異黃酮與鈣質補充同步進行是更年期婦女「骨骼保健的重要概念」。 3.預防心臟血管疾病：根據研究報告指出，每天給予大豆異黃酮的實驗中發現，大豆異黃酮確實能明顯提高血中HDL（高密度脂蛋白）量，可預防冠狀動脈疾病，減少心臟血管疾病。 4.降低抗乳癌發生率：流行病學研究，大豆食物讓亞洲女性乳癌罹患率偏低，其中的植物性異黃酮類被認為是主要的活性成份，目前研究認為大豆異黃酮的抗癌作用主要是它具有調節estrogen的合成、代謝，及它的抗氧化活性。
菠菜	Spinach	菠菜有補血養血作用，主要是因菠菜含有豐富的鐵，每100克菠菜中含鐵1.3毫克，此外，其維生素C的含量比一般蔬菜高，維生素C可以促進鐵的吸收和利用，因而使鐵的吸收率高達50％，對貧血及各種出血者均有益處，菠菜中含有一定量的食物纖維，有通便作用，可治療便祕。

水蘇糖 Stachyose

水蘇糖是功能性低聚糖（寡糖）中的一種，無糖份及低熱量，它具有水溶性纖維的功效，有助改善腸道環境及淨腸作用，能顯著地促進雙歧桿菌等益生菌激增數千億以上，抑制有害菌滋生，對食用者的健康很有幫助，更是糖尿病人及肥胖症患者的理想補充食品。水蘇糖能通過並增加腸道內雙歧桿菌的生長活性和增殖，且具有改善腸道菌叢的特性，維持有效的身體免疫調節作用，減輕多種胃腸道感染和不適，減少結腸癌的發病率。水蘇糖對治療便秘與口臭的功效也很顯著，它還能促進腸道吸收礦物質及改善骨骼中礦物質的沈積，並且不會產生齲齒。

綠茶萃取物 Tea Polyphenols

綠茶中的芳香族化合物能 溶解脂肪，化濁去膩防止脂肪積滯體內，而維他命B_1、C和咖啡因能促進胃液分泌，有助消化與消脂。此外，綠茶可增加體液、營養和熱量的新陳代謝，強化微血管循環，減低脂肪沈積體內。許多研究顯示，「長期性的壓力會使人吃得太多，累積大量脂肪、造成體重過重。」壓力過大，有時會讓人不自覺的用大吃大喝來紓壓，於是胃容量就逐漸闊增，陷入「飽欲感麻痺」狀態，身材當然也會日漸走樣，綠茶萃取物含茶胺酸（L-Theanine），能刺激產生α腦波，使緊張狀態回復到清醒又放鬆的情境，故能調整壓力，降低吃的欲望，而達到調整體態的效果。自由基是人體內正常代謝反應時就會存在的，但飲食不均衡、工作壓力和環境污染等因素，都會造成體內產生大量的自由基，此時這些自由基會攻擊細胞及器官，造成細胞死亡、老化或突變。而綠茶萃取物（綠茶多酚）可中和自由基、亞硝胺及毒素等之特性，可經胃腸道吸收並產生生物效用，當體內綠茶多酚類濃度高時，能避免大量自由基對身體的傷害，提供強力的保護作用。

百里香萃取 Thyme extract

百里香豐富的麝香草酚成份，可以鎮靜、提振精神、消除疲勞、強心、抗風濕、恢復體力、減輕婦女經痛。

白木耳 Tremella

白木耳又叫銀耳，是一種含有豐富的胺基酸和多糖的膠質補品，食用後，可增加腸道的容積，幫助腸子蠕動，的確是改善便秘的有效飲食。其實，白木耳還含有蛋白質、脂肪、鈣、硫、磷、鐵、鎂、鉀、鈉、維他命B等多種營養素，是很好的營養補充品，白木耳更具有潤肺止咳、補腎健腦、健身嫩膚的功效，擅長補益肺氣，可以提高肺組織的防禦功能，提高機體的免疫能力，從而增強體質，達到抗衰老的作用。

【中文】	【英文】	【功能】
纈草萃取物	Valerian extract	纈草是一種長得高高的、似羊齒狀的植物，有些人稱纈草為「神賜的鎮定安眠藥」。許多醫學研究以能證明纈草可用來對付失眠、壓力和緊張性頭疼。（它和合成藥物Valium雖然名稱很像，其實完全無關聯）而且它還能治療常因壓力引起的肌肉痙攣，效果極佳，纈草可安心服用，也不會讓人上癮，但會引起睡意，因此只適合晚上服用。而在其它許多國家，纈草也用於處理失眠及神經毛病。在18世紀，纈草是公認的鎮靜劑，並用來治療因神精系統疾病所引起的消化道不適。中樞神經系統的鎮靜作用是由接收器（GABA-A）所調節，纈草也許是因為能與接收器（GABA-A）結合，所以能行使鎮靜的功效。
蔬果濃縮精華	Vegetable concentrate	蔬果含有豐富的食物纖維，可促進腸子蠕動、消除便秘，使致癌物質之類的有害物排出體外；而食物纖維裡的纖維素和木質素具有抗菌作用，有抑制癌症細胞生長的功效，可以預防大腸癌及胃癌，此外，食物纖維也可以延遲腸子吸收糖分的速度，有效預防肥胖及糖尿病。
綜合維生素B群	Vitamin B complex	維生素B_6則可以幫助製造血清素，而且它和維生素B_1、B_2協同作用，使色胺酸得以轉換成為菸鹼酸。色胺酸，是人體八種必須胺基酸的其中之一，它也是大腦製造血清素（serotonin）的重要原料。血清素是一種神經傳導物質，它能讓人放鬆、使得心情愉悅，進而可以產生鎮定神經的作用，使人感到舒緩、安寧的感覺，而易於入眠。
維生素D_3	Vitamin D_3	維生素D經過活化後能促進鈣質的吸收，增加血清鈣的濃度，鈣吸收後隨血液進入骨骼，鈣與磷的沉澱即產生骨骼鈣化，使骨骼硬化有足夠支撐的力量。維生素D的功能主要促進鈣的吸收，所以當維生素D缺乏時，鈣的吸收受到影響造成鈣缺乏的症狀，在小孩子則產生佝僂症，成及老年人則出現骨質疏鬆症。太陽照射可將皮膚內的7-脫氫膽固醇轉變成活化型之維生素D_3，為人體直接利用，而添加維生素D_3的食品可以幫助補充到體內的鈣質確實進入骨頭裡，更加提高人體鈣質利用率。

西印度櫻桃萃取物	West indian cherry extract	西印度櫻桃果實自從1945—46年（民國34—35年）被發現每百公克含有1,000—4,000毫克超高量之維他命C後，甚受北美洲南部、中美洲及西印度群島加勒比海等地區國家之重視，除果實可製造各種加工產品外，更可萃取維他命C，製成C片供為人體營養補充用，另外每百公克綠熟果肉尚含有維他命B_1、B_2、菸鹼酸及鈣、磷、鐵等礦物質，其高營養價值，可說是現代人的天然保健食品。
小麥胚芽粉	Wheat germ	小麥胚芽又稱麥芽粉、胚芽，是咖啡色屑狀粉末。麥芽是小麥發芽及生長的器官之一，約佔整個麥粒的2.5%，含豐富的維他命E、B1及蛋白質，營養價值非常的高。小麥胚芽粉萃取自小麥胚芽菁華，含有豐富的維生素E與二十八烷醇。維生素E是脂溶性抗氧化維生素，對油脂擁有很好的親合力，因此可減少脂質過氧化的現象發生，進而降低心血管疾病的發生機率。維生素E並具有稀釋血液黏稠度、增加血管彈性、促進血液循環、預防中風、活化細胞、減緩細胞老化的功能。二十八烷醇則是小麥胚芽中的另一個重要成分，是改善體力、增加耐力、減緩運動後肌肉疼痛的秘密武器。實驗證實二十八烷醇可增加運動時的氧氣利用，改善肌肉中肝醣的儲存與運動的反應能力。建議吃素者、油脂攝取過多者、年長者、易疲勞者、耐力不足者、運動員，應多攝取小麥胚芽粉。
葛根萃取物	White kwao krua extract	高顆是泰國特有的豆科植物，當地人稱之為Kwao Kreu，學名為野葛根（pueraria mirifica），近年來廣為被女性使用的是白高顆，白高顆富含女性荷爾蒙誘導素和含異黃酮的植物性雌激素，目前多被製成豐胸產品，有內服和外用，一般認為高顆中的葛雌素可改善乳房血液循環，促進乳腺發育，因而使乳房豐滿。此外，還有一些功效包括改善更年期不適、改善膚質，讓肌膚細緻有彈性、延緩老化。
烏靈蔘萃取物	Xylaria nigripes extract	烏靈蔘是四川雲南等地著名補益可食用菌類植物，具有補氣固腎、養心安神功效。烏靈蔘可以單獨服用，也能在中醫處方中配合使用。 天然的烏靈蔘有以下用途： 1.補氣健脾、養心安神，用於神經衰弱的改善。 2.具有治心悸失眠的良好效果。烏靈蔘既是藥用真菌又是食用菌，有較高營養和藥用價值，是較理想的保健食（藥）品。

【中文】	【英文】	【功能】
白山藥	Yam	山藥的黏液蛋白，能預防心血管系統的脂肪沈積，保持血管的彈性，防止動脈粥樣硬化，減少皮下脂肪沈積，避免肥胖。山藥所含的多巴胺，具有擴張血管、改善血液循環的功能。
玉米黃素	Zeaxanthin	金盞花中也含有玉米黃質素（Zeaxanthin）。 1.增進視力：視網膜暴露於陽光、氧氣中，會受到自由基的傷害，玉米黃質素可濾掉藍光，降低色差，使視力更精準。 2.保護視網膜：玉米黃質素為一種抗氧化劑，可避免視網膜內的DHA不飽和脂肪酸的氧化。 3.改善視網膜色素變性：視網膜色素變性時，視網膜上的桿狀細胞與錐狀細胞會發生退化性病變，補充玉米黃質素對此症狀有助益。
β-胡蘿蔔素	β-carotene	β-胡蘿蔔素可以有效吸收光線中有害的藍光，也由於他們是強而有力的抗氧化劑，所以經實驗證明類胡蘿蔔素能確實保護視網膜，進而改善視力，但人體攝取了類胡蘿蔔素之後，是需要優質的脂肪酸（如必需脂肪酸）來攜帶，增加吸收力。
東洋參		日本所產的人參即為東洋參，它是由原產於中國東北或韓國的種子栽培而得，人參所含的有機鍺會誘發人體產生干擾素，使淋巴細胞的功能加強，可抑制壞細胞及癌細胞的生長，達到抗菌防癌的功效。而有機鍺還有助自由基的清除，可使人體耗氧量降低、組織細胞供氧量增加，達到抗衰老、修復身體受損組織等功效，具預防貧血、冠心病、心絞痛、中風、肝硬化、肝炎、關節炎、骨質疏鬆等疾病的作用。

亞洲最大命理網站「占卜大觀園」命理總顧問

陳哲毅 著作

學面相學的第一本書

定價：250 元

圖文搭配解說，讓您輕鬆學會面相學。

學會手相學的第一本書 2（事業、感情篇）

定價：250 元

按圖索驥，一分鐘告訴你愛情、事業運。

學會手相學的第一本書（基礎入門篇）

定價：250 元

精采圖文搭配，讓讀者輕輕鬆鬆看懂掌紋秘密。

第一次學面相學就做對

定價：250 元

最完整詳盡的解說，讓您有系統掌握面相學堂奧。

陳哲毅

◎亞洲最大個人命理資料庫網站「占卜大觀園」命理總顧問。

◎淡江大學、華梵大學、萬能技術學院等校易學研究社指導老師。

◎中華民國九十二年十大傑出命理金像獎。

◎曾任中國河洛理數易經學會理事長、日本高島易斷總本部學術顧問。

◎現任中華聯合五術團體總會會長、中國擇日師學會理事長、中華五術社團聯盟總會會長、大成報專欄作家。

◎著有《學梅花易數，這本最好用》《第一次學手相學就學會——事業感情篇》《第一次學手相學就學會——基礎入門篇》《第一次學面相學就學會》《學會面相學的第一本書》《姓名學開館的第一本書》《陳哲毅姓名學講堂》《學習姓名學的第一本書》《陳哲毅教您取好名開福運》等 70 餘種。

中國五術教育協會副理事長

黃恆堉 著作

學八字，這本最好用	學姓名學，這本最好用	學數字斷吉凶，這本最好用	初學手相，這本最好用

定價：300 元
（附八字論命光碟）
看完本書，保證你一定會精準斷八字。

定價：320 元
（附光碟）
保證一分鐘得知姓名吉凶!!附贈價值 2000 元電腦軟體。

定價：320 元
(附數字斷吉凶光碟)
史上最容易上手，最實用的命理書只要看懂中文字，隨時隨地都能上手。

定價：300 元
（附光碟）
彩色圖文整合解說，附贈超值光碟論命軟體，一本就搞定紛亂複雜的掌紋秘密。

黃恆堉

◎吉祥坊易經開運中心負責人
◎右成企管顧問有限公司負責人
◎中國五術教育協會理事兼學術講師
◎中華風水命相學會學術講師
◎智盛國際公關有限公司專任講師
◎永春不動產加盟總部陽宅講師兼顧問
◎中華眞愛生命關懷協會常務理事
◎美國南加州理工大學 MBA（研究中）
◎國際行銷大學企業行銷班講師
◎中小學、大專、社團全腦開發兼任講師
◎緯來電視台天外有天粗鹽開運節目老師
◎大學社團、讀書會、命理與人際關係養成講師
◎各大壽險公司，命理行銷專題講師（1000个場）
◎扶輪社、獅子會、青商會、婦女會等社團命理講座
◎中信、住商、太平洋、信義房屋、面相陽宅開運法講師
◎著有：學姓名學，這本最好用
　　學八字，這本最好用
　　八字論命軟體一套
　　數字論吉凶隨查手冊一本
　　十二生肖姓名學 VCD 一套
　　開運名片教學 VCD 一套
　　開運印鑑教學 VCD 一套
　　奇門遁甲流手冊及軟体一套
　　心想事成開運法 VCD 一套
　　手相速查手冊彩色版一本

周易道玄養生堂負責人

黃輝石 著作

活學妙用易經 64 卦

定價：350 元

中國古老智慧，一生必讀經典。

活學活用生活易經

定價：260 元

輕鬆霑濡《易經》的博大精深。

學會易經・占卜的第一本書

定價：300 元

易經占卜最權威，最暢銷的一本書，引領您輕鬆進入易經占卜的世界。

黃輝石

◎祖籍台灣嘉義朴子，一九五八年生。

◎東方工專工管科畢業、中華道教學院研究生。

◎現任周易道玄養生堂負責人、中華道教學院易經講師、中華道教學院校友會第二屆會長。

◎早年興趣頗爲廣泛，研究過堪輿、紫微、八字、姓名學、奇門遁甲、六壬神式、手面相、道教神學、易經卜卦等。

◎人生志願：希望能研究出一套簡捷的方法，讓易經生活化。

國家圖書館出版品預行編目資料

大師教你一次就會觀人術 / 陳為聖著.
第一版——臺北市：知青頻道出版；
紅螞蟻圖書發行, 2008.04
面 ；　公分. ——（大師系列；8）

ISBN 978-986-6643-10-1（精裝）

1.面相
293.21　　97003183

大師系列 8

大師教你一次就會觀人術

作　　者 / 陳為聖
美術構成 / Chris' office
校　　對 / 周英嬌、楊安妮、陳為聖
發 行 人 / 賴秀珍
榮譽總監 / 張錦基
總 編 輯 / 何南輝
出　　版 / 知青頻道出版有限公司
發　　行 / 紅螞蟻圖書有限公司
地　　址 / 台北市內湖區舊宗路二段121巷28號4F
網　　站 / www.e-redant.com
郵撥帳號 / 1604621-1　紅螞蟻圖書有限公司
電　　話 / (02)2795-3656（代表號）
傳　　真 / (02)2795-4100
登 記 證 / 局版北市業字第796號
港澳總經銷 / 和平圖書有限公司
地　　址 / 香港柴灣嘉業街12號百樂門大廈17F
電　　話 / (852)2804-6687
新馬總經銷 / 諾文文化事業私人有限公司
新 加 坡 / TEL：(65) 6462-6141　FAX：(65) 6469-4043
馬來西亞 / TEL：(603) 9179-6333　FAX：(603) 9179-6060
法律顧問 / 許晏賓律師
印 刷 廠 / 鴻運彩色印刷有限公司
出版日期 / 2008年4月　第一版第一刷
2012年2月　第三刷

定價399元　港幣133元

ISBN 978-986-6643-10-1　Printed in Taiwan